LANZAROTE

www.baedeker.com

Verlag Karl Baedeker

Top-Reiseziele

Lanzarote ist eine kleine zauberhafte Insel mit einer Handvoll herausragender Sehenswürdigkeiten, mit traumhaften Stränden, hübschen Dörfern und einer vom Vulkanismus geprägten Natur. Wir haben für Sie zusammengestellt, was Sie auf keinen Fall versäumen sollten.

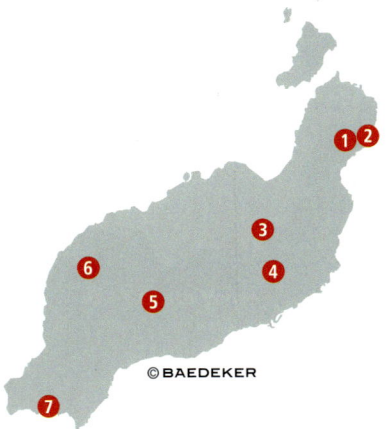
© BAEDEKER

❶ ✱✱ **Cueva de los Verdes**
Lavatunnelsystem, entstanden zwischen 3000 und 1000 v. Chr. beim Ausbruch des Vulkans La Corona
Seite 124

❷ ✱✱ **Jameos del Agua**
Die Natur und César Manrique schufen diese in die Vulkanlandschaft Lanzarotes eingebettete Anlage mit Museum, Restaurant und Pool.
Seite 144

Lust auf ...

... feurige Berge, unterirdische Lagunen und Labyrinthe? Auf einmalige Landschaftskunstwerke, Strände von Weiß bis Schwarz oder überraschend gute Weine? Für Ihr ganz persönliches Erlebnis auf Lanzarote helfen vielleicht diese Anregungen.

UNTERIRDISCHES

- **Cueva de los Verdes**
  Gewundene und bunt schillernde Stollen führen tief in einen Vulkan.
  Seite 124
- **Galería Aljibe in Haría**
  Die Insel ist voll von unterirdischen Zisternen, in denen einst Regenwasser aufgefangen wurde. In einer davon ist heute eine Galerie zu Hause.
  Seite 143
- **Jameos del Agua** ▶
  Durch eingestürzte Decken einer großen Vulkanröhre flutet Licht in eine geheimnisvolle Lagune.
  Seite 144

FEUER UND VULKANE

- **Casa de los Volcanes**
  Unser Planet ist ein explosiver Erdball. Das »Vulkanhaus« registriert jede seismische Veränderung auf Lanzarote und zeigt auf, wo überall auf der Welt Vulkane tätig sind.
  Seite 146
- ◀ **Parque Nacional de Timanfaya**
  Im Nationalpark fühlt man sich wie auf einem anderen Stern: Kegel, Krater, Aschenebenen so weit das Auge reicht.
  Seite 161
- **Centro de Visitantes Mancha Blanca**
  Wie kommt es zu Vulkanausbrüchen? Hier erfahren Sie es!
  Seite 166

WEIN

- **Museo del Vino, Arrecife**
  Fast alle Weine von der Insel gibt es in dieser Bodega.
  Seite 114
- **El Charcón, Arrieta**
  Ein deutsch-kanarisches Gespann keltert den mit Preisen geadelten Rotwein La Grieta.
  Seite 120
- **Weinanbaugebiete** ▶
  Am Monte Corona und im Lava-Tal von La Geria werden dem Inselboden feine Tropfen abgetrotzt.
  Seiten 142, 149

LANDSCHAFTSKUNSTWERKE

- ◀ **Jardín de Cactus**
  Einst ein Steinbruch, heute ein Garten voller stacheliger Exoten
  Seite 138
- **Mirador del Río**
  Ein von Manrique gestalteter grandioser Aussichtspunkt
  Seite 158
- **Monumento al Campesino**
  Welch ein Kontrast: Kubismus und traditionelle Gutshausarchitektur
  Seite 182
- **Fundación de César Manrique**
  Stilvolles Wohnen in der Vulkanlandschaft
  Seite 183

STRÄNDE

- **Playa de Famara**
  Kennern gilt er als Spaniens schönster Strand.
  Seite 148
- **Playa Francesa** ▶
  Paradestrand auf La Graciosa
  Seite 153
- **Playas de Papagayo**
  Helle Sandbuchten, eine herrlicher als die andere
  Seite 169

PREISKATEGORIEN
Restaurants (Preis für ein Hauptgericht inkl. Getränk und Nachtisch)
€€€€ = über 35 €
€€€ = 25–35 €
€€ = 15–25 €
€ = unter 15 €
Hotels (Preis für ein DZ)
€€€€ = über 150 €
€€€ = 100–150 €
€€ = 50–100 €
€ = unter 50 €

Hinweis
Gebührenpflichtige Servicenummern sind mit einem Stern gekennzeichnet: *0180....

TOUREN

REISEZIELE VON A BIS Z

Es gibt sie noch, die Ziegenherden

PRAKTISCHE INFORMATIONEN

nachdenken · klimabewusst reisen
atmosfair

HINTERGRUND

Kurz und knapp, verständlich geschrieben und schnell
nachzuschlagen: Wissenswertes über Lanzarote, über die
Bewohner der Insel, über Wirtschaft und Politik, Gesellschaft und
Alltagsleben

Ein irdisches Paradies

Schon in der Antike kannte man die Kanaren als die »Glückli-chen Inseln« oder die »Inseln der Seligen«. Sie lägen am Ende der bewohnten Welt, hieß es, und seien Überreste des versun-kenen Atlantis – ein irdisches Paradies, in dem ein stets ange-nehmes mildes Klima herrsche.

Lanzarote ist sicherlich die faszinierendste und bizarrste der »glück-seligen« Kanaren. Kein Vergleich mit Teneriffa oder Gomera, den grünen Inseln im Westen des Archipels! **Lanzarote ist karg**, und Nordafrika, vor dessen Küste die Insel liegt, ist schon zu spüren. Beim ersten Hinsehen wirkt die Landschaft öde und wüstenähnlich, ja, fast etwas unfreundlich. Braune Farbtöne, ein paar Erhebungen, hier und da eine Palme und sonst nicht viel. Doch schon im Verlauf des ersten Tages, den man auf Lanzarote verbringt, verändert sich das Bild Stunde um Stunde.

VULKANISMUS PUR

Lanzarote hat sehr viel elementare Natur zu bieten: gleißende Sonne, der ständige Passatwind, das endlose Meer, Pflanzen, die mit wenig Regen auskommen und dem Wind standhalten, und Vulkane. Vul-kanismus wird auf Lanzarote greifbar wie nur an wenigen Orten der Erde. Ein Großteil der Insel ist im 18. Jh. von Lavamassen überrollt worden und gleicht noch heute einer fantastischen Mondlandschaft.

Abendstimmung an der Casa Roja im Hafen von Puerto del Carmen

KUNSTVOLLER WEINANBAU

In eben dieser Mondlandschaft bewältigen die Lanzaroteños ihren Alltag. Bezeichnend für die Zähigkeit und den Einfallsreichtum der Insulaner ist ihre Art des Weinanbaus: Mitten in die Lava setzten sie Reben und schützen sie in flachen Kuhlen oder mit kleinen Lavawällen vor dem andauernden Wind. Natürlich gibt es hier keine weiten Weinfelder, sondern einzelne flach wachsende Weinreben, die sorgsam gehegt und gepflegt werden (▶Baedeker Wissen S. 62). Und überall kann man sehen, wie sich die Bewohner der Lavainsel eine Landwirtschaft geschaffen haben, die ihresgleichen sucht und deren Produkte sie über die Zeiten einigermaßen ernähren konnten.

GESTALTETE INSEL

Die Vulkanausbrüche haben **einzigartige Naturphänomene** hinterlassen. Viele dieser spektakulären Erscheinungen sind zu besichtigen, etwa die kilometerlangen unterirdischen Lavahöhlen. Teils sind sie naturbelassen – wie die Cueva de los Verdes –, teils wurden sie als Sehenswürdigkeit gestaltet wie die Jameos del Agua. Überhaupt – Lanzarote ist »gestaltet«, und zwar mit einigem Bewusstsein für die Inselnatur wie auch für die traditionelle ländliche Bauweise. Viele Neubauten sind in Anlehnung an typisch kanarische Häuser entstanden. Alte Bauernhöfe wurden wunderschön restauriert und zu Museen oder Restaurants umfunktioniert, Bergdörfer und Küstenorte sorgsam herausgeputzt. Oft hatte bei der Gestaltung der Künstler und Architekt **César Manrique** seine Hand im Spiel.

URLAUBSPARADIES

Die Schönheit der Insel und das angenehme Klima lassen die Urlauber in Scharen kommen. Lanzarote lebt heute vom Tourismus, der auch hier Spuren hinterlassen hat. Wer aber Costa Teguise, Playa Blanca oder Puerto del Carmen – die touristischen Zentren – verlässt und die Insel erkundet, wird das Lanzarote kennenlernen, das schon so viele Maler, Fotografen, Musiker und Schriftsteller angezogen hat. Und wer einfach ausspannen möchte, kommt allemal auf seine Kosten: Lanzarote hat ein paar wunderschöne Sandstrände, türkisblaues sauberes Meerwasser, fast jeden Tag Sonnenschein und den Wind, der für angenehme Temperaturen sorgt. In **kulinarischer Hinsicht** bietet die Insel all denen Genüsse, die einen Bogen um internationale oder Fast-Food-Lokale machen. Vor allem auf dem Land gibt es alteingesessene Restaurants, in denen kanarische Köstlichkeiten auf den Tisch kommen. Kurzum: Auf Lanzarote kann man sich wohlfühlen.

Natur und Umwelt

Bis Ende des 20. Jh.s gab es immer wieder neue Theorien um die Entstehung der Kanarischen Inseln. Mal sprach man vom versunkenen Kontinent Atlantis, der hier vermutet wurde, mal wurde behauptet, dass die Region einst Teile des afrikanischen Kontinents waren.

Die heutige Forschung hält die Kanaren für Erhebungen der rund 4000 m tiefen Schollenbruchstücke des Atlantikbodens, der hier zwischen 150 bis 180 Mio. Jahre alt ist. Tektonische Kräfte aus dem Zusammenstoß der europäischen und der afrikanischen Platte haben den ostwärts driftenden Ozeanboden gestaucht, zerbrochen und ineinander geschoben, wobei sich die so entstandenen Schollenbruchstücke wie Keile unterschiedlich nach oben schoben. Entlang den Bruchstellen quoll seit dem mittleren Tertiär (vor ca. 30 bis 40 Mio. Jahren) **Magma aus dem Erdmantel** nach oben. Letzte Zweifel über den vulkanischen Ursprung der Kanaren beseitigte 1999 eine Expedition mit dem Forschungsschiff »Meteor«. Die Wissenschaftler bargen unzählige Gesteinsproben aus bis zu 2500 m Wassertiefe. Das Ergebnis: Alle Gesteine sind vulkanischen Ursprungs. Die kanarischen Inseln haben sich also tatsächlich in zahlreichen Eruptionen und in mehreren Entstehungsphasen vom Meeresboden her aufgebaut. Die Landmasse oberhalb der Wasserfläche ist nur das i-Tüpfelchen dieser Eruptionen: Lanzarote tauchte vor ca. 16 bis 20 Mio. Jahren aus dem Meeresspiegel auf.

Entstehung des kanarischen Archipels ▶Baedeker Wissen S. 14, 164, 168

VULKANISMUS

Bis in die jüngste Vergangenheit waren Lanzarotes Vulkane aktiv und veränderten die Inseloberfläche. Um 1000 v. Chr. entstand das Corona-Gebiet. Erst im 18. Jh. erhielt die Timanfaya-Region ihr heutiges Aussehen. Zwischen 1730 und 1736 wurde dieses Gebiet durch eine **Serie von Vulkanausbrüchen** verwüstet. 1824 gab es nochmals mehrere Eruptionen, die bisher letzten auf Lanzarote. Die hohen Temperaturen, die in der Timanfaya-Region nur wenige Meter unter der Erdoberfläche gemessen werden, lassen aber darauf schließen, dass die Vulkantätigkeit noch nicht endgültig erloschen ist.
Entsprechend der **Vulkantätigkeit in jüngerer Zeit** ist die Insel mit vielfältigem vulkanischem Gestein bedeckt. Das flüssige Magma, das sich in einer Tiefe zwischen 2 und mehr als 50 km in Kammern

Lava prägt die Oberfläche

Ein stachliger Geselle im Lavameer von Lanzarote

Von Vulkanen geformt

Einen Rundblick über ganz Lanzarote gewährt der höchste Berg der Insel, der Peñas del Chache mit seinen 671 Höhenmetern, während auf Meereshöhe kristallklares Wasser zum Baden einlädt. Und wer den Vulkanismus aus nächster Nähe erleben will, der sollte den Parque Nacional de Timanfaya besuchen!

❶ La Graciosa

La Graciosa ist die größte Insel des Archipelago Chinijo, der Lanzarote im Nordosten vorgelagert ist. Zum Archipel gehören außer La Graciosa die Inseln Alegranza, Montaña Clara, Roque del Este und Roque del Oeste.

❷ Risco de Famara

Das Bergmassiv fällt an der Nordküste als Steilufer ab. Der Peñas del Chache ist die höchste Erhebung des Risco de Famara und zugleich ganz Lanzarotes.

Weinanbau in der Region La Geria – Not macht erfinderisch.

❸ El Jable

Auf der dünenähnlichen Ebene von El Jable wird Landwirtschaft in den meisten Fällen nur noch zum Eigenverbrauch betrieben. Angebaut werden Mais, Getreide, Tomaten, Kartoffeln und Wein.

❹ Arrecife

Die politische wie auch wirtschaftliche Hauptstadt von Lanzarote macht mit ihren knapp 60 000 Einwohnern im Vergleich zu anderen Orten der Insel einen großstädtischen Eindruck.

❺ Parque Nacional de Timanfaya

Weite Lavafelder und Vulkankegel in Schwarz-, Braun- und Rottönen schimmerndes Gestein – in den Montañas del Fuego erlebt man den Vulkanismus hautnah.

❻ Los Ajaches

Die Bergwelt von Los Ajaches im Südwesten der Insel bietet sich für ausgiebige Wanderungen an.

❼ El Rubicón

Nach Südwesten brechen die Berge von Los Ajaches zur Ebene von El Rubicón ab.

❽ Playas de Papagayo

Etwas abseits gelegen, dafür wunderschön: Die Papageien-Strände blieben vom Bauboom auf Lanzarote bisher verschont.

Valle de Temisa – mühsamer Ackerbau auf vulkanischem Boden. Die Bauern Lanzarotes haben ein schweres Los gezogen.

Feuer und Wasser – Vulkane (re.) formten die Landschaft Lanzarotes, und raue Felsen prägen mitunter die Küste

sammelt, wird bei einem Vulkanausbruch explosionsartig an die Erdoberfläche befördert. Neben Lavaströmen werden Wasserdampf, Gas und so genannte Lockerprodukte herausgestoßen. Lavaströme bilden im Erstarrungsprozess sehr unterschiedliche Formen – Temperatur und damit die Konsistenz der Lava und die Oberfläche des Geländes spielen dabei eine Rolle. So gibt es Laven, die quasi als stehender »See« mit relativ glatter Oberfläche erstarren. Beim Fließen von Lava auf abschüssigem Gelände entwickeln sich mitunter scharfkantige **Schollen und Platten**, die dadurch zustande kommen, dass bereits abgekühlte, zähflüssige Lava durch nachfolgende heißere Massen zusammengeschoben und aufgebrochen wird. Große Teile von Lanzarote sind mit solchen Lavaschollen bedeckt. Da sie ein landwirtschaftlich nicht nutzbares Gelände darstellen, werden sie als »malpaís« (»schlechtes Land«) bezeichnet. Auf Lanzarote haben sich Lavaströme auf einer Länge von bis zu 12 km ergossen. Teilweise sind in ihnen regelrechte **Tunnel und Höhlen** entstanden. Zu diesem Phänomen kommt es, wenn die Außenfläche eines Lavastroms bereits abkühlt, während im Innern noch heiße Lava nachströmt, weiter abwärts fließt und erst dann erstarrt.

Vom Winde verweht Lockerprodukte – also Magma, das unter hohem Gasdruck zerstäubt – werden entsprechend ihrer Größe als Aschen (bis 0,2 cm), Lapilli (bis 6,4 cm) oder als Schlacken bezeichnet. Sie sind nicht nur in unmittelbarer Umgebung des Vulkans zu finden. Vielmehr werden sie bei einem Vulkanausbruch durch Winde in einem weiten Umkreis verteilt. Vor allem in dem Gebiet von **La Geria** werden Lapilliflächen landwirtschaftlich genutzt, da sie zum einen sehr nährstoffhaltig sind und zum anderen als Feuchtigkeitsspender dienen. Unter den Ergussgesteinen ist vor allem der Basalt bekannt, der eine blauschwarze, rostrote und gelbe Färbung annimmt, außerdem der helle raue Trachyt und der graugrünliche Phonolith (= Klingstein). Die Magmaprodukte auf Lanzarote sind größtenteils basaltisches Ergussgestein.

DUNKLE KRATER, WEITE FLÄCHEN

Auf keiner anderen Kanarischen Insel ist die Landschaft derart vom Vulkanismus geprägt wie auf Lanzarote. Über die Insel verteilen sich rund **300 Vulkankegel**, die zwischen 400 und 600 m hoch sind. Etwa 20 % der Inselfläche sind durch die Vulkanausbrüche im 18. und 19. Jh. mit Lavagestein bedeckt worden.

Abwechslung auf engstem Raum Weite Ebenen wie El Jable im Nordwesten und El Rubicón an der Südwestspitze der Insel sowie die Bergregionen Risco de Famara im Norden und Los Ajaches im Süden sorgen für eine abwechslungs-

Ziegenherde bei Teguise –
Schlaraffenland ist anderswo.

Salinas de Janubio –
Salzgewinnungsanlagen
im Abendlicht

©BAEDEKER

Kanarische Inseln Orientierung

reiche Landschaft. Die höchste Erhebung der Insel ist mit 671 m der Peñas del Chache im Risco de Famara. Der **Risco de Famara** fällt an der Nordküste über mehrere Kilometer als Steilufer ab, direkt an der Nordostspitze erhebt sich die Steilwand mit einer Höhe von 479 m über der Meeresenge El Río. Die Berge von Los Ajaches brechen zum Südwesten zur weiten Ebene von El Rubicón ab, die sich bis zur Küste erstreckt. Die Küste ist klippenreich. Jedoch gibt es dazwischen immer wieder auch kleine Strandbuchten mit unterschiedlich gefärbtem Sand und sogar einige kilometerlange Sandstrände (Playas de Papagayo, Playa de Famara und die Strände bei Puerto del Carmen).

Auf Lanzarote gibt es keine natürlichen Quellen und nur in geringen Mengen Grundwasser, das sich zudem spürbar reduziert. Von alters her wurde auf Lanzarote Regenwasser in Zisternen (»aljibes«) aufgefangen. Regenfälle waren aber immer nur unregelmäßig und blieben mitunter jahrelang aus. Den akuten Wassermangel versuchte man eine Zeit lang durch **Wasserlieferungen per Schiff** in den Griff zu bekommen. Mit dem Ankurbeln des Massentourismus musste man sich dann aber andere Lösungen einfallen lassen. Heute werden mehr als 90 % des Süßwassers auf Lanzarote in Meerwasseraufbereitungsanlagen hergestellt (▶Baedeker Wissen S. 18).

Mangelware Wasser

Wasser aus dem Meer

Mit gerade einmal 147 mm Niederschlag jährlich ist Lanzarote die zweittrockenste Insel der Kanaren. Bevölkerungszunahme und steigende Touristenzahlen erhöhten den Wasserbedarf erheblich, der heute zu einem guten Teil aus dem Meer gedeckt wird. Nur Arrecife, Puerto del Carmen, Costa Teguise und Playa Blanca werden rund um die Uhr versorgt.

▶ **Zwei Methoden, ein Ergebnis**
Bei der **mehrstufigen Entspannungsverdampfung (MSF)** wird Salzwasser verdampft und Reinwasser gewonnen. Ber der **Umkehrosmose (RO)** wird Meerwasser durch eine feine Membran (z.B. Polyamid) gedrückt, wobei die Salzmoleküle zurückgehalten werden.

Wärme

Energiezufuhr

Druck

Meerwasser-
zufuhr

▶ **Ertrag und Folgen**
Die RO-Methode ist mit zwei bis vier kWh pro Tonne Trinkwasser deutlich effizienter als die MSF-Methode (bis zu 100 kWh/t). Täglich spülen die Anlagen zusätzlich zu der angereicherten Sole 24t Chlor, 300 kg Kupfer und 65 t andere Substanzen zurück ins Meer. Dadurch steigen in küstennahen Gewässern Salzgehalt und Temperatur.

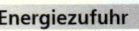

▶ **Meerwasserentsalzungsanlagen auf den Kanarischen Inseln**

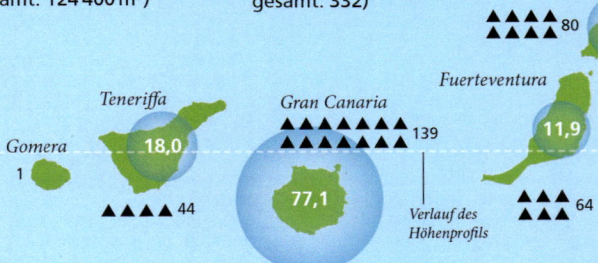

⬤ entsalzte Wassermenge in 1000 Kubikmeter pro Jahr (gesamt: 124 400 m³) ▲ Meerwasserentsalzungs-anlagen (je 10 Anlagen, gesamt: 332)

Lanzarote
▲▲▲▲ 80   16,9

La Palma
0   0

Fuerteventura
11,9

Teneriffa
18,0

Gran Canaria
▲▲▲▲▲▲▲▲
▲▲▲▲▲▲ 139

La Gomera
1

77,1

El Hierro
0,5   4

▲▲▲▲ 44

Verlauf des Höhenprofils

▲▲▲
▲▲▲ 64

Wasser-
dampf

Meerwasser
zur Kühlung

Dampf
kondensiert

 Reinwasser

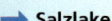 **Salzlake**

▶ **Mehrstufige Entspannungsverdampfung (MSF)**

▶ **Umkehrosmose (RO)**

Semipermeable
Membran

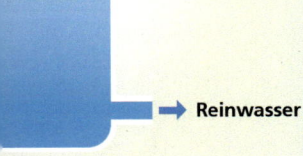

Reinwasser

Salzlake

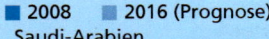

▶ **Meerwasserentsalzung 2008 und 2016**
Staaten mit den höchsten Anlagekapazitäten
in Mio. m³ pro Tag

■ 2008   ■ 2016 (Prognose)

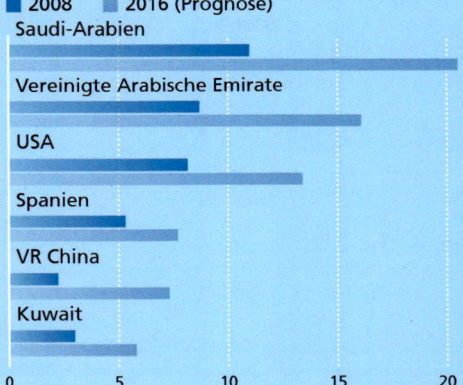

Saudi-Arabien

Vereinigte Arabische Emirate

USA

Spanien

VR China

Kuwait

0   5   10   15   20

▶ **Wasserverbrauch pro Jahr in Mio. m³**

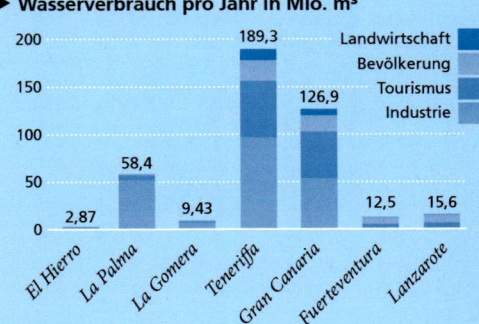

Landwirtschaft
Bevölkerung
Tourismus
Industrie

189,3
126,9
58,4
9,43
2,87
12,5
15,6

El Hierro · La Palma · La Gomera · Teneriffa · Gran Canaria · Fuerteventura · Lanzarote

Höhenprofil Kanarische Inseln
Der fast ständig aus Nordosten wehende Wind treibt die Wolken über die flacheren
östlichen Kanarischen Inseln hinweg, die dadurch deutlich weniger Niederschlag
erhalten als die hohen, im Westen gelegenen Inseln.

©BAEDEKER

VEGETATION: NICHT GERADE ÜPPIG

Einmalige Flora
Wer sich für Pflanzen interessiert, sollte als Reisezeit die Monate Februar bis April wählen. Auf dem kanarischen Archipel gibt es insgesamt fast **3000 Pflanzenarten**. Viele davon wachsen nur hier. Jedoch hat man durch Fossilienfunde in den Alpen, im Mittelmeerraum und in Südrussland festgestellt, dass einige dieser Pflanzen einstmals auch in diesen Regionen vorkamen, durch klimatische Veränderungen dort aber längst ausgestorben sind.

Es war einmal ein Wald ...
Die Vegetation auf Lanzarote ist nicht eben üppig, aber dennoch sehr interessant. Was man zunächst nicht vermutet: Selbst auf der extrem kargen Kanareninsel sind ca. 570 Pflanzenarten zu finden. Durch die fehlenden Niederschläge gedeihen im Wesentlichen Pflanzen, die in extremer Trockenheit überleben können. In der nördlichen Bergregion muss es einmal Wälder gegeben haben – heute sieht man überhaupt nur wenige Bäume, geschweige denn einen regelrechten Waldbestand. Allein das geschützte Tal von Haría im Norden ist für seinen Palmenhain bekannt. Das Gebiet des Risco de Famara ist für botanisch Interessierte am ergiebigsten. Ein einmaliges Gebiet ist auch in botanischer Hinsicht der **Timanfaya-Nationalpark**. Hier entwickelt sich nach den Vulkanausbrüchen des 18./19. Jh.s nur langsam wieder eine Pflanzenwelt, die den unwirtlichen Bedingungen der Region trotzt.

? **BAEDEKER WISSEN**

Namensgeber

Der Name »Lanzarote« geht auf den Genuesen Lancelotto Mallocello zurück. Der Kaufmann und Seefahrer landete wohl 1312 zum ersten Mal auf der Insel, 1336 kam er ein zweites Mal und entdeckte die Kanaren erneut. Er hatte von Portugal den Auftrag erhalten, mit einer Flotte das Ende der Welt zu erforschen, das man damals an der westafrikanischen Küste vermutete. Stattdessen gab es eine neu entdeckte Insel auf der Karte zu verzeichnen, und zwar als »Insula de Lanzarotus Marocelus«.

Endemiten
Insgesamt gibt es auf den Kanaren rund 600 endemische Arten. Auf Lanzarote – und hier überwiegend in der Famara-Region – findet man immerhin gut zehn ausschließlich hier wachsende Arten (zum Vergleich: Ganz Großbritannien bringt es auch nur auf 15 Endemiten).

Sukkulenten
Besonders gut gedeihen auf Lanzarote Sukkulenten, die die Fähigkeit haben, über lange Zeit in den Blättern, Stämmen oder Wurzeln Wasser zu speichern, und auf diese Weise auch lange **Dürrezeiten** überleben können. Auf Lanzarote gibt es zahlreiche Euphorbienarten (Wolfsmilchgewächse). Agaven und Kakteen, die man heute vielerorts sieht, gehören nicht zur ursprünglichen Vegetation der Insel; sie wurden erst von den spanischen Eroberern eingeschleppt.

Hin und wieder begegnet auf Lanzarote dem aufmerksamen Beobachter auch die dekorative **Kanarische Dattelpalme**, die sich von den Kanaren aus im gesamten Mittelmeerraum verbreitet hat. Sie ist an ihrer üppigen Krone aus Palmwedeln zu erkennen sowie an den orangefarbenen kleinen Früchten, die allerdings holzig und nicht wohlschmeckend sind.

Kanarische
Dattelpalme

Nur in Parkanlagen findet man auf Lanzarote den Drachenbaum, den wohl typischsten Vertreter der Kanarenflora. Er gehört zur Gattung der Liliengewächse und ist mit dem bis zu 5 m hohen Stamm und der gabelig verzweigten Krone ein naher Verwandter der Yucca-arten. An den Enden der kargen, dicken Zweige wachsen Büschel aus schwertförmigen, dunkelgrünen Blättern. Das dunkelrote Harz des Drachenbaums, das »Drachenblut«, verwendeten die Ureinwohner für Heilsalben.

Drachen-
baum

Die Vulkanausbrüche des 18. und 19. Jh.s hinterließen eine Mondlandschaft von bizarrem Reiz.

Wüstenschiffe auf der Vulkaninsel

Ein langsamer Ritt durch die spröde Landschaft von Lanzarote auf dem Rücken eines Kamels gehört zu den beliebtesten Touristenattraktionen auf der Vulkaninsel. Kamele sind heute fast ein Wahrzeichen der nördlichsten kanarischen Insel – dass sie erst seit ein paar Jahrhunderten hier beheimatet sind, scheint eher verwunderlich.

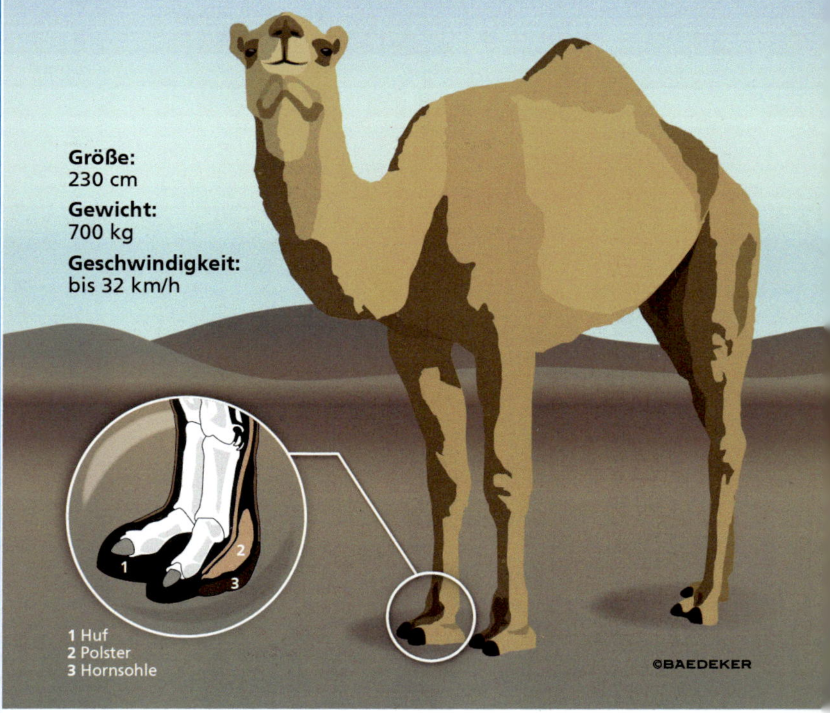

Größe:
230 cm
Gewicht:
700 kg
Geschwindigkeit:
bis 32 km/h

1 Huf
2 Polster
3 Hornsohle

©BAEDEKER

▶ **Kamelrassen**
Kamele gehören als einzige Paar-hufer zu den Schwielensohlern. Das zweihöckrige Kamel (Trampeltier) und das einhöckrige Dromedar zählen zur Gruppe der Altwelt-kamele. Die in Südamerika lebenden Neuweltkamele unterteilen sich in die Gattungen Lama (Guanako und das daraus domestizierte Lama) und Vikunja (Alpaka und Vikunja).

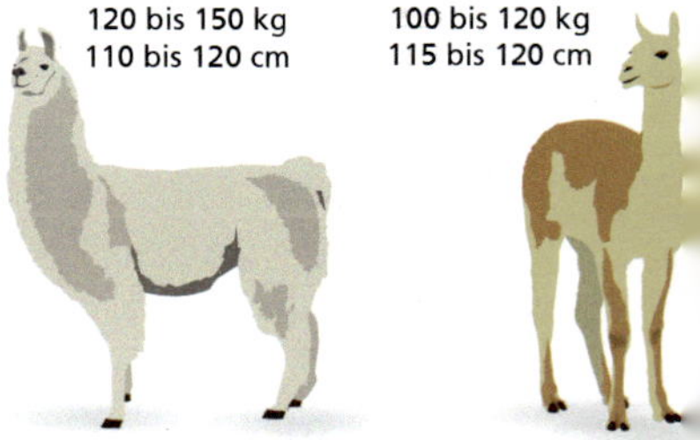

Lama
120 bis 150 kg
110 bis 120 cm

Guanako
100 bis 120 kg
115 bis 120 cm

▶ **So kamen die Tiere auf die Insel**
Zu Beginn des 15. Jahrhunderts kamen die
ersten Kamele nach Lanzarote. Jean de
Béthencourt brachte sie aus Marokko auf die
Insel, wo sie als Nutztiere in der Landwirt-
schaft hervorragende Arbeit leisteten. Für
die Bedingungen auf der heißen, trockenen
Vulkaninsel waren sie wie geschaffen.

▶ **Früher Nutztier, heute Touristenattraktion**
Anfang des 20. Jh.s gab es auf Lanzarote
noch etwa 3000 Kamele. Heute werden sie in
der Landwirtschaft kaum noch eingesetzt,
stattdessen können Touristen einen Kamel-
ausflug über die Insel buchen.

500 Kamele leben derzeit
auf der Insel

288 davon sind zur Beförderung
von Touristen zugelassen

▶ **Kamelmilch ist gesund**
Kamelmilch schmeckt etwas
salzig. Die von Natur aus
fettarme Milch hat einige
Besonderheiten:

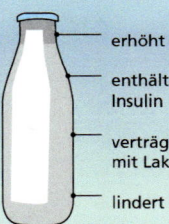

erhöht die Immunkraft

enthält natürliches
Insulin

verträglich für Menschen
mit Laktoseintoleranz

lindert Allergien

▶ **Durchhalten in der Wüste**

Durch Fetteinlagerung
im Höcker

30 Tage
ohne Nahrung

Durch Wasserspeicher
im Magen

14 Tage
ohne Wasser

Wasseraufnahme

100 Liter Wasser
in 10 min.

Trampeltier
450 bis 500 kg
180 bis 230 cm

Vikunja
40 bis 50 kg
90 bis 100 cm

Alpaka
55 bis 65 kg
100 bis 110 cm

Pflanzen, die viel Wasser benötigen, sind auf Lanzarote fehl am Platz.

FAUNA: WENIGE ARTEN

Geringe Vielfalt
Weniger artenreich ist die Tierwelt der kanarischen Inseln. Auch hier gibt es einige endemische Arten, die nur auf den Kanaren vorkommen. Außer Kaninchen und Igeln sind auf Lanzarote keine wild lebenden Säugetiere zu finden Die Kamele wurden importiert (▶Baedeker Wissen S. 24).

Reptilien
Es gibt im gesamten kanarischen Archipel keine giftigen Schlangen, auch keine Skorpione. Allerdings sieht man sehr häufig **Eidechsen**, darunter die endemische Purpurarieneidechse. Auch kleine Geckos und Blindschleichen leben auf Lanzarote.

Vögel
Auf Lanzarote existieren mehr als 30 verschiedene Vogelarten, darunter Bussarde, Falken, Wildtauben, Raben, Möwen, Eulen, Finken, Amseln, Spatzen und Blaumeisen. Der **Kanarienvogel** kommt nur in einer unscheinbaren Wildform vor.

Fische und Meerestiere
In den Gewässern des kanarischen Archipels gibt es über **500 Fischarten**, u. a. Thunfische, Barsche, Rochen, Salme, Tintenfische und

Muränen. Eine nur hier vorkommende Papageienfischart, die »Vieja«, ist vielen Besuchern von der Speisekarte bekannt. Besonders seltene Fischarten leben im Gebiet des Lanzarote nördlich vorgelagerten Archipelago Chinijo. **Haifische** gibt es zwar in den Gewässern dieser Breiten, in Küstennähe sind sie aber sehr selten.

Bevölkerung · Politik · Wirtschaft

Das Leben der lanzarotenischen Bevölkerung ist von jeher durch wirtschaftliche Schwierigkeiten geprägt. Hungersnöte und Arbeitslosigkeit waren immer schon Gründe zur Emigration. Dies änderte sich erst mit dem einsetzenden Tourismus, der einer zunehmenden Zahl von Menschen einen Arbeitsplatz bescherte.

Etwa 80 % der erwerbstätigen Bevölkerung arbeiten direkt oder indirekt im **Tourismus**, also in den Touristenzentren oder in der Hauptstadt, sodass in den dünn besiedelten ländlichen Regionen im Innern häufig die alten Leute zurückbleiben. Teilweise sind die Familien auch weit verstreut, wenn Angehörige auf Arbeitssuche oder zum Studium die Insel verlassen und auf dem spanischen Festland oder in Übersee leben. Seit der Wirtschaftskrise in Spanien hat sich auch auf den Kanaren die wirtschaftliche Situation verschärft. Die hohe Arbeitslosigkeit von fast einem Drittel der Bevölkerung und von nahezu der Hälfte der Jugendlichen führt zu Armut.

Soziale Probleme

 Auf den Kanarischen Inseln entwickelten sich in den 1970er-Jahren Vorstellungen einer weitreichenden Autonomie von Spanien. **»Fuera Godos«** war an vielen Mauern zu lesen: »Goten raus«, d. h. Spanier raus. Als Goten wurden Angehörige der spanischen Adelsschicht bezeichnet, deren Familien auf westgotische Vorfahren zurückgingen. Die kanarischen Separatisten machten Spanien u. a. für wirtschaftliche Schwierigkeiten auf den Inseln verantwortlich. Dass man sich mit dem spanischen Mutterland nicht allzu verbunden fühlt, hat verschiedene Gründe: In der Franco-Zeit wurden die kanarischen Inseln vernachlässigt, und selbst heute existiert der Archipel bei Entscheidungen auf dem spanischen Festland nur unter »ferner liefen«. Zwar gibt es seit 1978 ein **kanarisches Parlament** und seit 1982 ist der Archipel **Autonome Region**, aber noch mehr Unabhängigkeit von Spanien wird angestrebt. So setzt sich die Unabhängige Partei Lanzarotes (PIL = Partido de Independientes de Lanzarote) für mehr Anbindung an den afrikanischen Kontinent und ein direktes Mitspracherecht in der EU ein.

Autonomiebestrebungen

Lanzarote auf einen Blick

Kanarische Inseln (span. Islas Canarias)
Hauptinseln: Teneriffa, La Palma, La Gomera,
El Hierro, Gran Canaria, Lanzarote und Fuerteventura

Fläche:
846 km² (Kanaren gesamt: 7541 km²)

Einwohner: **141 900**
(Kanaren gesamt: 2,8 Mio.)
Hauptstadt von Lanzarote ist
Arrecife: **56 000** Einwohner
Lanzarote ist die östlichste
Insel des Archipels

Bevölkerungsdichte:
167,8 Einwohner/km²
im Vergleich:
Gran Canaria
545 Einwohner/km²

Spanien

1200 km

Lanzarote

Kanaren

130 km

Afrika

©BAEDEKER

▶ **Tourismus**
Gäste 2014

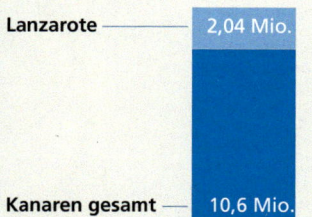

Lanzarote ——— 2,04 Mio.

Kanaren gesamt ——— 10,6 Mio.

▶ **Tourismus**
Gäste auf Lanzarote, 2014

2,04 Mio. Gäste

▶ **Religion**
Überwiegend römisch-katholisch

▶ **Verwaltung**
Autonome Region: Islas Canarias
Provinz: Las Palmas de Gran Canaria
Sieben Gemeindebezirke
Höchste politische Instanz:
Cabildo Insular (Inselrat)

▶ **Ferienzentren**
Playa Blanc
Costa Teguis
Puerto del Carme

▶ Sprache

Spanisch (Castellano)

▶ Wirtschaft (Anteil am BIP)

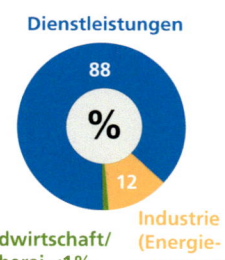

Dienstleistungen

88

%

12

Landwirtschaft/
Fischerei <1%

Industrie
(Energie-
versorgung)

Abweichung von 100
rundungsbedingt

Arbeitslosenquote: ca. 30%

▶ Klimastation Arrecife

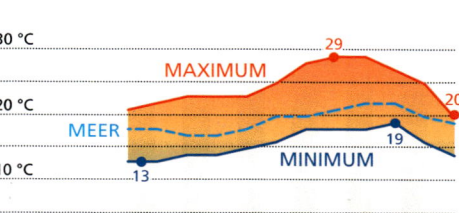

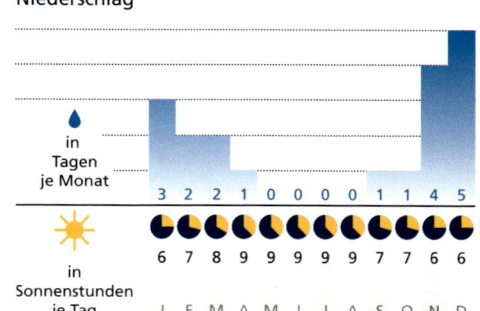

Niederschlag

	J	F	M	A	M	J	J	A	S	O	N	D
in Tagen je Monat	3	2	1	0	0	0	0	0	1	1	4	5
in Sonnenstunden je Tag	6	7	8	9	9	9	9	9	7	7	6	6

▶ Die vier größten Inseln der Kanaren im Vergleich

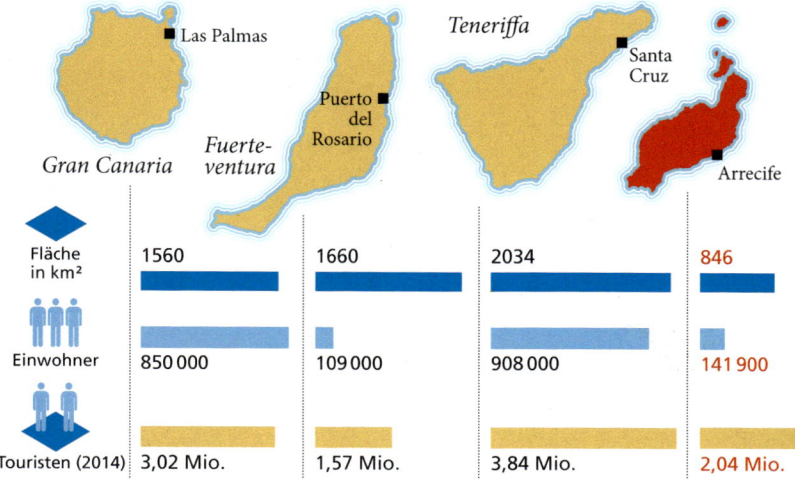

Lanzarote

■ Las Palmas

Teneriffa

■ Santa Cruz

Puerto del Rosario ■

Gran Canaria

*Fuerte-
ventura*

Arrecife

	Gran Canaria	Fuerteventura	Teneriffa	Lanzarote
Fläche in km²	1560	1660	2034	846
Einwohner	850 000	109 000	908 000	141 900
Touristen (2014)	3,02 Mio.	1,57 Mio.	3,84 Mio.	2,04 Mio.

Willkommen im Alltag!

Wer Lanzarote nicht nur als Tourist erleben möchte, sondern den Alltag der Menschen näher kennenlernen will, der findet unter den Tipps der Baedeker-Redaktion sicherlich etwas für seinen Geschmack.

KÄSEPRODUKTION

Nichts schmeckt besser als das, was vor Ort produziert wird! Tausende von Ziegen weiden auf Lanzarotes kargen Bergen, ernähren sich von hartem Distelgras und Kraut. Aus ihrer Milch wird ein würziger Käse gewonnen, der in Käsereien gekostet werden kann (▶Baedeker Wissen S. 60). Noch spannender ist es, einen Molkereibetrieb von innen zu sehen. Zu den besten auf der Insel gehört die Quesería El Faro an der Landstraße (LZ-30) zwischen Teguise und Mozaga. Eine Voranmeldung ist obligatorisch. Der zugehörige kleine Käseladen hat Mo. – Sa. 9.00 – 13.00 Uhr geöffnet.
Tel. 922 52 14 08
www.queseriaelfaro.com

ALOE-VERA-ANBAU

Auf der wüstenartigen Insel gedeihen Aloe-Vera-Pflanzen, die wenig Feuchtigkeit, aber konstante Sonnenbestrahlung brauchen. Bei Órzola können Sie auf einer Plantage sehen und erleben, wie das geleeartige »Fleisch« der Pflanzen verarbeitet wird. Auch Leckeres aus Aloe Vera bietet man zum Kosten an. In ▶Arrieta gibt es ein Aloe-Vera-Museum.
Lanzaloe, La Quemadita
Tel. 928 81 99 13
Mo. – Sa. 11.00 – 17.00 Uhr
www.lanzaloe.com
Museo de Aloe
El Cortijo Nr. 2 Mo. – Sa.
10.00 – 18.00 Uhr
www.aloepluslanzarote.es

SALZERNTE ERLEBEN

In Dutzenden Bassins verdampft Meereswasser. Ist es komplett verdunstet, bleibt Salz zurück, das »geerntet« wird. Am Rand der Salzfelder können Sie einen Spaziergang unternehmen und in der Bodega de la Sal grob- bis feinkörniges Salz erwerben. Am mineralstoffreichsten ist das edle Flor de Sal, die »Salzblüte«. Viele mit Lanzarote-Salz verfeinerte Gerichte bekommen Sie im benachbarten Restaurant Mirador de las Salinas.

Zufahrt über die LZ-703, Km 2
Tel. 928 80 43 98
Mo. – Fr. 9.00 – 14.00 Uhr
www.salinasdejanubio.com
Mirador de las Salinas:
Tel. 928 17 30 70
tgl. 11.00 – 21.00 Uhr

KULTUR IM GEIST CÉSAR MANRIQUES

In Haría finden im privaten Kulturzentrum Arte de Obra Workshops, Ausstellungen und Vorträge statt, auch in deutscher oder englischer Sprache. Von César Manriques Ideen inspiriert, stehen Umweltthemen, nachhaltige Architektur und engagierte Kunst im Mittelpunkt. Wohnen kann man in der zugehörigen Pension. Um ihr Konzept vom Sanften Reisen zu verwirklichen, bemüht sich Bettina Bork, die Leiterin der Pension, ihre Gäste mit den Einheimischen in Kontakt zu bringen, z. B. im Centro Cultural, wo man sich zum Tapas-Essen trifft und Salsa-Kurse belegen kann

Calle San Juan 12
Tel. 928 83 54 05
www.arteobra.com

BAUERNMÄRKTE

Hier verkaufen die Produzenten, was sie hergestellt bzw. angebaut haben: Käse, Wein und Backwaren, Obst und Gemüse. Begleitet wird das geschäftige Treiben der »Mercadillos Agricolas« manchmal von Straßenkünstler in Aktion, und es werden einheimische Sportarten vorgeführt.

Samstagsmarkt in Haría
10.00 – 14.00 Uhr
Sonntagsmarkt in Mancha Blanca
9.00 – 14.00 Uhr

WIRTSCHAFT

Umstruk-turierung
Auf Lanzarote hat es wie auch auf den anderen kanarischen Inseln seit Anfang der 1970er-Jahre eine völlige Umstrukturierung der Wirtschaft gegeben. Bis zu diesem Zeitpunkt war die Landwirtschaft die Hauptertragsquelle. Mittlerweile ist sie durch den Tourismussektor vollständig überflügelt worden.

Der Tourismus brachte Lanzarote einen wirtschaftlichen Aufschwung. Dennoch profitiert ein Großteil der Bevölkerung weniger vom Gästestrom, als zu erwarten wäre, denn die Haupteinnahmen fließen an Tourismusunternehmen.

Landwirt-schaft
Bis Ende der 1960er-Jahre war die Landwirtschaft der wichtigste Wirtschaftsfaktor der Insel. Das mutet bei einer derart kargen Oberfläche Lanzarotes seltsam an. Jedoch haben die hiesigen Bauern es verstanden, die unwirtliche Natur nach den ihr eigenen Gesetzen zu nutzen und zu beackern. Sie haben weltweit einmalige Anbaumethoden entwickelt, nachdem sie entdeckt hatten, dass **Vulkanasche und Kalksande** die Fähigkeit zur Wasserspeicherung besitzen. Auf diese Weise konnten Weinreben, Kartoffeln, Getreide, Zwiebeln, Linsen, Tomaten, Tabak, Mais, Kürbisse, Mandeln und Feigen kultiviert werden. Heute geschieht dies fast nur noch für den Eigenbedarf. Eine Ausnahme bildet der Wein (▶Baedeker Wissen S. 62).

Viehwirt-schaft, Fischerei
Rund 98 % der auf Lanzarote angebotenen Fleischprodukte werden heute importiert. Nicht viel besser ist es um die Fischerei bestellt. Die kanarischen Inseln hatten bis in die 1980er-Jahre hinein eine ertragreiche Fischerei. Dabei verfügte Lanzarote über eine der größten **Fischfangflotten** des Archipels. Inzwischen kann man der besser gerüsteten internationalen Konkurrenz aber nicht mehr standhalten.

Industrie
Industrie spielt auf Lanzarote (noch) eine untergeordnete Rolle. Es gibt das Elektrizitätswerk der UNELCO, die Meerwasserentsalzungsanlage der Endesa (▶Baedeker Wissen S. 18) und etwas Schwerölindustrie. Mit dem Rückgang des Fischfangs gingen auch die Fischfabriken ein.

Für viel Aufregung sorgte das Vorhaben des spanischen Ölkonzerns Repsol, vor den Küsten von Lanzarote und Fuerteventura nach **Ölvorkommen** zu bohren. Die Vorkommen, so argumentierten die Befürworter, könnten der Insel einen Geldsegen bescheren. Die Mehrzahl der Insulaner war jedoch mit den Bohrungen nicht einverstanden, denn sie befürchtete die Zerstörung der Umwelt durch die Ausbeute der Bodenschätze. Trotz massiver Proteste wurde mit Probebohrungen begonnen. 2015 legte der Konzern dann das Projekt ad acta – sowohl das Volumen als auch die Qualität des Öles erwiesen sich für ihn als nicht ausreichend.

Tourismus

Denn seit Ende der 1970er-Jahre ist der Tourismus der wichtigste Wirtschaftsfaktor der Insel. Anfang der 1960er-Jahre zählte man auf Lanzarote rund 9000 Gäste im Jahr, 2014 waren es mehr als **2 Mio. Urlauber**. Standen früher etwa 100 Gästebetten zur Verfügung, waren es 2013 mehr als 80 000 – Tendenz leicht steigend. Das Bettenkontingent könnte sich noch erheblich erhöhen, so die Vorstellungen privater Investoren. Die Inselregierung versucht allerdings, dies zu verhindern. Die meisten Lanazarote-Urlauber kommen aus Deutschland und Großbritannien, wobei die Zahl insbesondere deutscher Gäste in den letzten Jahren etwas zurückgegangen ist.

Finanzkrise

Nach der Einführung des **Euro** in Spanien nahmen viele Lanzaroteños zwecks Haus- bzw. Wohnungskaufs Kredite auf. Der Run auf Immobilien aber hat diese enorm verteuert, was die Kreditschuld der Haushalte innerhalb eines Jahrzehnts in astronomische Höhen trieb. Da das Bauen ein höchst profitables Geschäft geworden war, hatte es sich – in ganz Spanien – zum Motor der Wirtschaft entwickelt. Als mit der Finanzkrise der Kredithahn abrupt gesperrt wurde, brach das spanische Modell »Leben auf Pump« zusammen: Kreditfinanzierte Bauunternehmen und mit ihnen verbundene Zulieferer gingen bankrott, Hunderttausende (Bau-)Arbeiter wurden entlassen. Wer aber seine Hypothek nicht bedient, muss die beliehene Immobilie an die Bank zurückgeben und den Kredit weiter abstottern. Spaniens Banken sitzen nun auf faulen, da uneinholbaren Krediten, und der Preis der zum Verkauf angebotenen Immobilien sinkt mit jedem Monat.

Abseits der Touristenzentren ist das Leben noch geruhsam.

Geschichte

Zwischen Afrika und Europa

Weltbewegendes geschah nie auf Lanzarote. Was passierte, bewegte aber die kleine Welt der Insulaner: die Kolonisation durch Jean de Béthencourt im frühen 15. Jh., die schweren Vulkanausbrüche der Jahre 1730 bis 1736, der Massentourismus der Gegenwart.

EROBERER UND BESIEDLER

1. Jt. v. Chr.	Phönizier landen auf der Insel.
500 v. Chr.	Vermutlich Besiedlung durch Nordafrikaner
3. Jh. n. Chr.	Römische Schiffe legen auf den Kanaren an.
1312	Lancellotto Mallocello entdeckt die Insel für die Europäer.
1402	Jean de Béthencourt erobert Lanzarote.

Man nimmt an, dass Lanzarote durch die Nähe zu Afrika und Europa als erste Insel des kanarischen Archipels besiedelt wurde. Im 1. Jt. v. Chr. landeten phönizische Seefahrer auf den Inseln. Ihre Handelsrouten führten an der westafrikanischen Küste entlang. Mögliche Zeugnisse für ihre Anwesenheit fand man 2010 bei Ausgrabungen in der Nähe von Tiagua und 2012 auf dem Fuerteventura vorgelagerten Eiland Lobos. Um 500 v. Chr. ließen sich vermutlich Nordafrikaner auf der Insel nieder. Ein erstes schriftliches Dokument stammt von **Plinius d. Ä.** (23 – 79 n. Chr.): Er erwähnt einen Archipel, bei dem mit einiger Sicherheit die kanarischen Inseln gemeint sind – allerdings sind die geografischen Daten nicht korrekt. In seiner »Historia Naturalis« sind auch Hinweise auf eine Expedition enthalten, die der mauretanische König Juba II. († 23 n. Chr.) zu den Inseln schickte. Plinius' Anmerkungen zufolge müssen die Schiffe den Archipel erreicht haben, mehr ist den Andeutungen nicht zu entnehmen. Im 2. Jh. legte der griechische Naturforscher Ptolemäus die erste Weltkarte mit Gradeinteilung an. Auch die kanarischen Inseln sind dort eingezeichnet. Ptolemäus zog den Nullmeridian – damals das Ende der bekannten Welt – durch das Westkap von El Hierro.

Phönizier und Römer

Römische Schiffe landeten im 3. Jh. auf den kanarischen Inseln; bei La Graciosa im Norden von Lanzarote wurden römische Amphoren gefunden, in denen Garum, eine bei den Römern beliebte würzige Fischsoße, aufbewahrt und transportiert wurde.

Das Castillo de San Gabriel in Arrecife sollte Lanzarote vor Piratenangriffen schützen.

Eroberung durch die Europäer

Da der Landweg von Europa aus in das gewürzreiche Indien unter Kontrolle der Araber war, suchten die Europäer einen Weg über den Atlantik in den Fernen Osten. So war es nur eine Frage der Zeit, dass europäische Seeleute auf die Inseln vor der nordwestafrikanischen Küste stießen. 1312 landete der Genuese **Lancellotto Mallocello** auf Lanzarote und baute dort offenbar sehr schnell schon eine erste Festung. Lanzarote wurde später wahrscheinlich nach ihm benannt – auf der Weltkarte eines Mallorquiners ist die Insel mit seinem Namen bezeichnet. In der Folge kreuzten europäische Seeleute wiederholt im Gebiet der Kanarischen Inseln auf Suche nach Sklaven und nach der Orchilla-Flechte. Lanzarotes Bevölkerung wurde damals durch Sklavenjäger aus dem iberischen Raum dezimiert.

1344 ernannte Papst Clemens VI. den aus Kastilien stammenden Grafen von Clermont, **Luís de la Cerda**, zum König der Kanarischen Inseln und beauftragte ihn mit der Missionierung der heidnischen Bevölkerung. Der Graf indes ergriff keinerlei Initiative, die Kanarischen Inseln tatsächlich zu erobern. Ende des 14. Jh.s verlieh Heinrich III. dem Grafen Roberto de Bracamonte die Königswürde, aber auch dieser unternahm keinen Eroberungsversuch. Im Jahr 1402 war es dann Bracamontes Vetter, der normannische Adelige **Jean de Béthencourt**, der Lanzarote eroberte – als erste der Kanarischen Inseln. Der spanische Adelige Gadifer de la Salle beteiligte sich. Heinrich III. gab sein Einverständnis für die Expedition und erteilte Béthencourt nach der Eroberung den Titel »König der Kanarischen Inseln«. Der Papst unterstützte die Aktion. Béthencourt landete an der Südküste von Lanzarote östlich des heutigen Playa Blanca und ließ dort im damaligen Rubicón eine Festung und eine christliche Kirche bauen. Ein Teil der rund 1000 Ureinwohner, die zum Christentum bekehrt werden sollten, ließ sich taufen und zog es vor, mit den Konquistadoren zusammenzuarbeiten und bei der Eroberung anderer Inseln mitzuhelfen, wofür eigenes Land geboten wurde. Wer sich nicht taufen ließ, wurde festgenommen und als Sklave auf andere Inseln verschleppt oder auf dem spanischen Festland verkauft. 1404 wurde Rubicón zum ersten Bischofssitz der Kanarischen Inseln erklärt. 1485 wurde der Bischofssitz nach Las Palmas/Gran Canaria verlegt.

Die anderen Inseln fallen

1405 konnte Jean de Béthencourt mit Verstärkung durch die kastilische Krone Fuerteventura besetzen. Auch El Hierro und La Gomera wurden eingenommen, die Eroberung von Gran Canaria und La Palma dagegen gelang nicht. Lanzarote, Fuerteventura, El Hierro und La Gomera erhielten – als von einem Adeligen eroberte Inseln – den Status der »Islas de Señorío«: Das Land gehörte dem Eroberer, gegen eine Steuer überließ er aber die landwirtschaftliche Nutzung den einheimischen Bauern. 30 % der Erträge mussten abgegeben werden. Béthencourt gab die Verwaltung an seinen Neffen Maciot de Béthencourt ab und kehrte in die Normandie zurück. Nur wenige Jahre später, 1418, übergab Maciot de Béthencourt die Kanarischen Inseln dem andalusischen Grafen von Niebla als Schenkung. 1433 erhielt schließlich der Portugiese Heinrich der Seefahrer per päpstlicher Bulle das Recht über die kanarischen Inseln. Drei Jahre später erhoben sowohl Portugal als auch Kastilien Ansprüche auf den Archipel. Erst 1479 wurde der Konflikt im **Vertrag von Alcaçovas** beigelegt: Kastilien erhielt die kanarischen Inseln, Portugal Westafrika und die übrigen vorgelagerten Inseln. Erst in den folgenden Jahren wurde die europäische Eroberung de facto vollendet: Gran Canaria wurde ab 1478 besetzt, La Palma 1492/1493. Teneriffa wurde 1496 als letzte Insel des Archipels eingenommen. Die Inseln unterstellte man direkt der spanischen Krone. Die Herrschaftsgewalt hatten so genannte Capitanes Generales, die Nutzungs- und Wasserrechte vergaben. 1492 wurde auf den Kanaren die Inquisition eingeführt.

ÜBERFÄLLE UND KATASTROPHEN

16. Jh.	Überfälle aus dem europäischen und nordafrikanischen Raum
1618	Fast die gesamte Bevölkerung von Lanzarote gerät nach einem erneuten Überfall in Gefangenschaft.
18. Jh.	Vulkanausbrüche verwüsten Teile der Insel.

Im 16. Jh. wurde Lanzarote mehrfach Ziel verheerender Überfälle aus dem europäischen und nordafrikanischen Raum. Heere unter Calafat (1569), unter dem algerischen Hauptmann Dogali (1571), unter Amurat (1586) und unter Jorge Cumberland (1596) griffen die Insel an. Dem Adel diente das Castillo de Guanapay bei Teguise als Festung, und große Teile der Bevölkerung versteckten sich in den Lavahöhlen. Auf den Inseln lebte damals ein **Völkergemisch**, das sich aus überlebenden Ureinwohnern, Europäern und schwarzafrikanischen Sklaven zusammensetzte. Der Handel mit Sklaven wurde nach der Eroberung der Inseln zwar verboten, das Verbot jedoch vielfach gebrochen. Papst Paul III. stellte Sklavenhandel erneut unter Strafe. 1618 gab es den wohl massivsten Angriff auf die Insel durch ein 5000 Mann starkes Heer der Piraten Jaban und Soliman. Dabei geriet fast die gesamte Bevölkerung von Lanzarote in Gefangenschaft, und die Hauptstadt Teguise wurde zerstört.

Überfälle auf Lanzarote

Im 18. Jh. vernichteten schwere **Vulkanausbrüche im Südwesten der Insel** etliche Dörfer und landwirtschaftliche Anbauflächen. Die Bevölkerung der betroffenen Region siedelte sich in anderen Teilen Lanzarotes neu an oder floh auf benachbarte Inseln. Bis heute ist in dem Gebiet kaum neues Leben entstanden; das Terrain ist zum Nationalpark Timanfaya erklärt worden. Knapp 100 Jahre später, im

Vulkanausbrüche

Jahr 1824, gab es im Südwesten von Lanzarote noch einmal mehrere Vulkanausbrüche – seitdem ruhen die Inselvulkane. Auf La Palma hingegen brach 1971 der Volcán de Teneguía aus. Die jüngste vulkanische Aktivität ereignete sich 2011/2012 vor der Südküste El Hierros – nach monatelangen Eruptionen entstand unter Wasser ein neuer Vulkankegel.

19./20. JAHRHUNDERT

1852	Arrecife wird Hauptstadt von Lanzarote.
1936	Militärputsch; Beginn des Spanischen Bürgerkriegs
ab 1970	Autonomiebestrebungen
1993	Die Kanaren werden Mitglied der EU.
1993	Lanzarote wird von der UNESCO zum Biosphärenreservat erklärt.
2014	Felipe VI. wird neuer König Spaniens.

Verwaltungs-reformen Das 19. Jh. war von einem interinsularen Streit geprägt, dem »pleito insular«, in dem es um die Verwaltung der Kanarischen Inseln ging. 1822 wurde Santa Cruz auf Teneriffa zur Verwaltungshauptstadt der gesamten Inselgruppe erklärt. Lanzarote verlor den bis dahin gültigen Status der »Isla de Señorío«. Arrecife wurde 1852 statt Teguise Hauptstadt von Lanzarote. Die spanische Königin Isabella II. erklärte die Kanarischen Inseln zur Freihandelszone. 1912 billigte man den einzelnen Inseln schließlich das Recht zur Selbstverwaltung zu – seitdem gibt es die Cabildos Insulares, die die Regierung der jeweiligen Inseln übernehmen. 1927 teilte man die **kanarischen Inseln** dann in **zwei spanische Provinzen** auf: Seitdem gehören Lanzarote, Fuerteventura und Gran Canaria zur Provinz Las Palmas de Gran Canaria sowie Teneriffa, Gomera, La Palma und Hierro zu Santa Cruz de Tenerife.

Spanischer Bürgerkrieg 1936 putschten spanische Militärs, unter ihnen **General Franco**, der damals Befehlshaber des Militärbereichs der kanarischen Inseln war, gegen die demokratisch gewählte republikanische Regierung auf Teneriffa – eine Aktion, die schließlich zum Spanischen Bürgerkrieg führte. Zwar entstand auf den Inseln eine Opposition gegen die Militärs, letztlich wurde aber jeglicher Widerstand gewaltsam niedergeschlagen.

Demokrati-sches Spanien Nach dem Sieg Francos lebten die Bewohner der Kanarischen Inseln ebenso wie die Spanier unter einer jahrzehntelangen Diktatur, die erst 1975 mit dem Tod Francos endete. König **Juan Carlos** wurde Staatsoberhaupt von Spanien. 1978 trat eine neue demokratische Verfassung in Kraft; Spanien wurde konstitutionelle Monarchie.

Nach der Abdankung des durch Skandale angeschlagenen Regenten wurde 2014 sein Sohn als Felipe VI. König.

Auf den Kanarischen Inseln entwickelten sich in den 1970er-Jahren Vorstellungen einer weitreichenden Autonomie von Spanien. ▶S. 23

Autonomie-bestrebungen

Seit 1986 ist Spanien Mitglied der EU. Die Volksvertretung der kanarischen Inseln lehnte die spanischen EU-Beitrittsverträge ab, um ihren Status der Freihandelszone zu sichern. Schließlich wurde für die Inseln wegen der spezifischen Insellage ein **Sonderabkommen** geschlossen. 1989 entschied man sich auf den Kanarischen Inseln doch für einen EU-Beitritt, u. a., um von EU-Subventionen zu profitieren und Zugang zum europäischen Binnenmarkt zu haben. 1993 wurden dann auch die kanarischen Inseln in die Europäische Union aufgenommen.

EU-Mitglied-schaft

1993 ernannte die UNESCO Lanzarote zum **Biosphärenreservat**, was u. a. bedeutet, dass ökologische Fragen bei der wirtschaftlichen Entwicklung vorrangig berücksichtigt werden müssen. Von diesem Status erhoffte man sich eine gewisse touristische Attraktivität. Ein Tourismusmoratorium aus dem Jahr 2000 begrenzte die Zahl der neuen Hotelbetten bis zum Jahr 2010 auf rund 10 000 – in der Realität gab es aber einen Bettenzuwachs von weit über 60 %. Besonders im Süden um Playa Blanca wurde in großem Umfang gebaut, hier ist nun die Küste auf etwa 8 km Länge zugebaut – teilweise auf naturgeschütztem Gelände.

Biosphären-reservat

Mit der Wirtschafts- und Finanzkrise, die Spanien erfasst hat, haben die Proteste weiter Teile der Bevölkerung gegen Korruption und andere Missstände zugenommen, Landespolitiker versprachen ihnen erweil Reichtum durch Erdöl (▶S. 30).

Finanzkrise

Kunst und Kultur

Große Kunst – Kunst im Kleinen

Lanzarote ist nicht Primärziel klassischer Bildungsreisender. Bedeutende Bauwerke gibt es ebenso wenig wie Kunstwerke von Weltgeltung. Trotzdem: Manch kleine Kirche will entdeckt, gelebte Kultur bei Festen oder kanarischen Ringkämpfen miterlebt werden.

ALTKANARISCHE KULTUR

Leider sind Zeugnisse der altkanarischen Kunst und Kultur kaum erhalten bzw. wenig zugänglich. Dies ist offenbar darauf zurückzuführen, dass kulturelle Äußerungen der Altkanarier, der **Ureinwohner der kanarischen Inseln**, lange Zeit kaum auf Interesse stießen. Eine ständige Ausstellung mit Ausgrabungsstücken wird voraussichtlich ab 2015 in einem neuen Museum in Arrecife zu sehen sein.

Kunst

Die Ureinwohner der kanarischen Inseln werden häufig etwas ungenau als **»Guanchen«** bezeichnet. Dieser Begriff bezog sich jedoch nur auf die Bewohner von Teneriffa, die Wurzel des Wortes bedeutete in der Sprache der Altkanarier »Der von Teneriffa«. Auf allen übrigen Inseln nannten sich die Einwohner anders – auf Lanzarote »Majos«. Allgemein hat sich heute für die Urbewohner des gesamten Archipels die Bezeichnung »Altkanarier« (»antiguos canarios«) durchgesetzt.

Bezeichnung

Über die Herkunft der Altkanarier bestanden jahrhundertelang Zweifel. Die Europäer trafen im 14./15. Jh. auf eine einfache **Hirten- und Bauernkultur**, die ohne jegliche Verbindung zur übrigen Welt zu sein schien. Mittlerweile sind sich namhafte Prähistoriker darin einig, dass die kanarischen Inseln von Nordafrika aus besiedelt worden sind. Dafür sprechen zum einen **Skelettauswertungen**, die eine Verwandtschaft zwischen altkanarischen und nordafrikanischen Völkern nahelegen, zum anderen die zahlreichen Übereinstimmungen mit berberischen Kulturen. Durch Kohlenstoffproben und zeitliche Vergleiche mit nordafrikanischen Kulturen konnte man die Besiedlung auf die Epoche ab frühestens 500 v. Chr. datieren.

Herkunft

Wie die Urbewohner auf die Kanarischen Inseln kamen, ist bis heute rätselhaft, da man keine Spuren von Booten fand. Möglicherweise erreichten sie die Kanaren mit Schilfbooten, die später verrotteten.

Per Schilf- boot aus Afrika?

Der weiße Salon des Taro de Tahíche – bis 1987 Wohnhaus von César Manrique – ist heute Sitz der Manrique-Stiftung.

Doch warum wurde die Schifffahrt aufgegeben und warum übersiedelten sie überhaupt auf die kanarischen Inseln? Für das Verlassen des afrikanischen Kontinents werden unterschiedliche Vermutungen angestellt. Als Gründe werden die zunehmende **Verwüstung der Region** ebenso angeführt wie zu einem späteren Zeitpunkt der Druck der römischen Besatzung.

Siedlungen Die Altkanarier nutzten die natürlichen Gegebenheiten der Inseln als Wohnräume: So dienten zum einen vulkanische **Tunnel und Höhlen als Unterkünfte**, außerdem aber auch »casas hondas«, halb in die Erde gebaute Häuser mit mehreren apsisähnlichen Ausbuchtungen, die aus unbehauenen Steinen bestanden. Eine solche Siedlung befand sich auf Lanzarote in der Nähe von Tahíche (Palacio de Zonzamas).

Ernährung Das Hauptnahrungsmittel der Altkanarier war Gofio, der auch heute noch auf dem Speiseplan der kanarischen Bevölkerung steht. Gofio ist eine Zubereitung aus geröstetem Korn; bei den Altkanariern war es Gerstenkorn, das gemahlen und mit Flüssigkeit zu einer Masse verarbeitet wurde. Außerdem ernährten sich die Altkanarier von Ziegen- und Schaffleisch, Milchprodukten und Fisch.

Gesellschafts-
formen Die soziale Gliederung war auf den einzelnen Inseln sehr unterschiedlich. Auf fast allen Inseln gab es mehrere Herrschaftsgebiete, denen jeweils ein Häuptling vorstand. Offenbar existierte ein **hierarchisches System**, das aus der Königsfamilie, dem Adel verschiedener Ordnungen und Handwerksleuten und Bauern, die den größten Teil ausmachten, bestand. Auf den kleineren Inseln waren die Unterschiede nicht so klar zu definieren. Die Erbfolge bestimmte sich auf einigen Inseln über die weibliche Linie. Von Lanzarote weiß man über das gesellschaftliche System wenig. Sicher ist lediglich, dass die Familien aus einer Frau und mehreren Männern bestanden.

Religion In der Religion der Altkanarier gab es eine oberste Gottheit, die auf jeder Insel einen anderen Namen hatte. Vermittler zwischen Menschen und dem göttlichen Wesen waren auf Lanzarote eine Priesterin und als höchste religiöse Autorität ein Priester, der Faycan, dem man Einfluss auf Wind und Regen sowie die Gesundheit der Tiere zutraute. Kultische Zwecke schreiben manche Forscher den Queseras zu, länglichen Vertiefungen in Stein, wie sie im Llano de Zonzamas entdeckt wurden.

Sprache Auf den kanarischen Inseln wurden unterschiedliche Dialekte einer Sprache gesprochen, die Ähnlichkeiten mit Berbersprachen und eine symbolhafte Schrift aufweist. Heute sind noch in vielen Ortsbezeichnungen **Reste der altkanarischen Sprache** (»tamazigh«) erhalten.

Namen wie Timanfaya, Guatiza, Tinajo, Tahíche und Tiagua stammen aus vorspanischer Zeit. Das Wort »gofio« gab es auf mehreren Inseln. Das Wort »Sonne« hieß unterschiedlich: auf Lanzarote »alio«, auf Gomera »lion«, auf Teneriffa »magec«, auf Gran Canaria hieß die Sommersonne »lia«, die Wintersonne »mag«.

Aus altkanarischer Zeit sind insbesondere **Keramikgefäße** erhalten, in deren Ornamentik man Ähnlichkeiten mit Mustern in der Berberkultur feststellte. Viele Fundstücke sind nicht eindeutig als Gebrauchs- oder Kultgegenstände zu definieren. Man fand verschieden große Steinplatten, die entweder Schmuckstücke waren oder für kultische Handlungen eingesetzt wurden. Als eindeutige Kultgegenstände identifizierte man tierförmige Idole aus Sandstein. Auf Gran Canaria fand man wunderschöne, geometrisch angelegte **Höhlenmalereien**. Außerdem ist von den Ureinwohnern eine technisch relativ ausgereifte Handmühle aus Stein bekannt, die sonst nur im Mittelmeerraum vorkommt. Da sie zu Zeiten römischer Herrschaft im nordafrikanischen Raum aufkam, gilt sie als zeitliches Indiz für eine der Auswanderungswellen von Berbern auf die Kanarischen Inseln.

Kultur- und Kultgegenstände

> **BAEDEKER TIPP** ❗
>
> *Auf Spurensuche*
>
> Die sichtbaren Hinterlassenschaften aus altkanarischer Zeit sind spärlich. Die größte Ausgrabungsstätte der Insel ist der Palacio de Zonzamas bei Tahíche. Ganz in der Nähe geben die Queseras de Zonzamas, längliche Vertiefungen im Felsboden, bis heute Fragen auf.

Die Urbewohner, die nicht umgebracht oder als Sklaven verschleppt worden waren, mussten neben einer anderen Religion und einer neuen Kultur ein neues politisches, gesellschaftliches und wirtschaftliches bzw. landwirtschaftliches System annehmen. Eingeschleppte Krankheiten, gegen die die Ureinwohner nicht immun waren, führten zur weiteren **Dezimierung der Bevölkerung**, neu angebaute Pflanzen gefährdeten das ökologische Gleichgewicht. Zwischen den Überlebenden und den Eroberern kam es im Lauf der Zeit zur Vermischung, sodass anthropologischen Forschungen zufolge in der heutigen kanarischen Bevölkerung Merkmale der Altkanarier eindeutig vorhanden sind.

Situation nach der Eroberung

KUNSTGESCHICHTE

Mit kunsthistorisch wirklich bedeutenden Bauten kann Lanzarote nur in Maßen aufwarten. Alle architektonischen Stilrichtungen sind vom iberischen Raum geprägt und wurden auf den kanarischen Inseln teilweise erst später eingesetzt oder hielten sich über

Architektur

einen längeren Zeitraum als auf dem europäischen Kontinent. Durch zahlreiche **Zerstörungen und Wiederaufbauten** oder auch unsachgemäße Restaurierungen ist die alte Bausubstanz oft stilistisch uneinheitlich. Die meisten Bauten zeichnen sich durch Schlichtheit aus. Aus dem 16. Jh. stammen einige Verteidigungsanlagen; zu dieser Zeit war der italienische Festungsarchitekt Leonardo Torriani auf Lanzarote tätig. In der alten Inselhauptstadt Teguise sind Bauten des 17. Jh.s besonders zahlreich und gut erhalten. In dieser Epoche wurden die Kirchen, die beiden Klöster und die »Cilla« gebaut. Im 18. Jh. entstanden einige **kanarische Patrizierhäuser** wie der Palacio Spínola in Teguise und die Casa de los Arroyo in Arrecife, die sehr ansprechend nach alten Vorlagen restauriert worden sind. Ein schönes Beispiel einer lanzarotenischen Dorfkirche des 18. Jh.s ist die Ermita de San Marcial in Femés. In Haría im Norden Lanzarotes gibt es einige typische Herrenhäuser aus dem 19. Jahrhundert.

Im 20. Jh. sind besonders seit Ende der sechziger Jahre **zahllose Neubauten** auf Lanzarote entstanden. Die bekanntesten Architekten sind César Manrique (▶Baedeker Wissen S. 44), Jesús Soto, Luís Morales, Fernando Higueras, Luís Ibáñez Magalef und Ildefonso Aguilar (▶Berühmte Persönlichkeiten), die an einer landschaftsangepassten Bauweise interessiert sind. Dadurch konnte trotz des einsetzenden Baubooms Schlimmstes verhindert werden.

Holzschnitz-
kunst In den meisten Kirchen auf Lanzarote fallen die schönen Decken auf, die im **Mudéjarstil** gearbeitet wurden. Der Mudéjarstil, eine Verknüpfung aus maurischen und gotischen Elementen, war in Spanien von Mauren entwickelt worden, die unter christlicher Herrschaft arbeiteten. Auf Lanzarote gestaltete man die Kirchendecken Jahrhunderte später in diesem Stil. Auffällig sind außerdem an vielen kanarischen Häusern die hübschen Holzbalkone.

Kunst des
20. Jahr-
hunderts Auf Lanzarote hat sich eine Kunstszene entwickelt, die in ihren Arbeiten sehr stark mit der Insel verbunden ist bzw. sich von der Landschaft inspirieren lässt. Auffällig sind die vielen »Multitalente« – so **César Manrique**, der als Maler, Bildhauer, Architekt und Landschaftsplaner arbeitete, und **Ildefonso Aguilar**, der als Maler, Architekt, Fotograf und Komponist tätig ist. Einen Namen hat sich in den letzten Jahren der 1957 in Uga geborene Maler **Pedro Tayó** gemacht. Unter den kanarischen Künstlern ist vor allem **Manolo Millares** aus Gran Canaria bekannt geworden, der sich in seinem Werk mit den Wurzeln der kanarischen Kultur und seiner Bewohner auseinandersetzte. Er arbeitete als Maler und Bildhauer.

Folklore Folkloredarbietungen gehören zu allen Festen, die auf Lanzarote gefeiert werden. So haben Besucher fast das ganze Jahr über die Möglichkeit, im Rahmen von Heiligenfesten **folkloristische Tanz- und**

Musikgruppen in ihren traditionellen Trachten zu erleben. Es gibt einige Musikgruppen, die CDs aufgenommen haben, welche man in vielen Souvenirläden oder in Musikgeschäften erwerben kann. Zu den bekanntesten Gruppen von Lanzarote zählen »Los Buches« und »La Perla« aus Arrecife. Das wichtigste Instrument der Folkloremusik ist die kanarische **Timple**, eine spezielle Gitarre, die auf Lanzarote heute noch von zwei Instrumentenbauern in Teguise hergestellt wird. Dort befindet sich auch ein sehenswertes Timple-Museum. Die Gitarre hat normalerweise fünf Saiten, mitunter auch nur vier, und wird aus unterschiedlichen Holzarten fabriziert: Kiefer, Buche, Mahagoni oder auch brasilianischen Hölzern. Die Wirbel wurden einst aus Kamelknochen geschnitzt, heute sind sie aus Holz oder Plastik. Weitere Instrumente sind Flöten, Tamburine und Kastagnetten.

> **! BAEDEKER TIPP**
>
> ### *Moderne Kunst*
>
> Einen guten Überblick über die moderne Kunstszene gibt die Galería Yaiza. Ausgestellt sind neben Werken des Galeriegründers und Künstlers Veno Bilder, Skulpturen und Keramikgegenstände weiterer lanzarotenischer Künstler. Die Galerie liegt am südlichen Ortsrand von Yaiza. Ebenfalls Werke kanarischer Künstler zeigt das Kulturzentrum (Casa de la Cultura) von Yaiza gegenüber der Pfarrkriche.

Lucha Canaria, der Kanarische Ringkampf, existiert schon seit Jahrhunderten auf den kanarischen Inseln. Seine Blüte erlebte er zu Beginn des 20. Jh.s, vorher wurde er bei Festen spontan zum Besten gegeben. Beim dem Ringkampf stehen sich zwei Mannschaften mit je zwölf Ringern gegenüber. Gekämpft wird auf einem runden Sandfeld mit einem Durchmesser von 12 bis 15 m. Jeweils zwei Ringer treten gegeneinander an. Gekämpft wird maximal drei Runden, von denen jede drei Minuten dauert. Sieger ist, wer in dieser Zeit den Gegner zweimal zu Fall gebracht hat. Lanzarote verfügt über die besten Arenen der kanarischen Inseln – in Tao und in Tinajo gibt es schöne Anlagen – und außerdem über sehr gute Mannschaften. Bei den Inselmeisterschaften treten sieben Mannschaften gegeneinander an – eine aus jeder Gemeinde. Häufig ist »Lucha Canaria« auch Programmpunkt bei kulturellen und Heiligenfesten.

Kanarischer Ringkampf

Zu den traditionellen Sportarten gehört außerdem **Salto del Pastor** (Schäfersprung), eine Art **Stabsprung**, der sich aus einer Fortbewegungsart von Hirten über das unwegsame Inselgelände entwickelt hat. Mithilfe eines »Schäferstabs« werden teilweise recht gefährliche Sprünge über eine Entfernung bis zu 10 m unternommen. In jüngster Zeit ist Salto del Pastor auf den kanarischen Inseln wieder in Mode gekommen. Es werden Wettkämpfe veranstaltet, bei denen das Überspringen von Mauern, Präzisionssprünge oder die Geschwindigkeit beim Abstieg in Schluchten bewertet werden.

Schäfersprung

Der Inselgestalter

Einen Großteil seines Lebens hat er Lanzarote gewidmet, und neben Sonne, Stränden und Wasser ist er mehr und mehr zur eigentlichen Attraktion der Insel geworden. Zeichner, Maler, Landschaftsplaner, Objektkünstler, Architekt, Ökologe, Aushängeschild für den Tourismus: César Manrique ist alles in einem.

Seit jeher war ihm die Schönheit seiner Heimatinsel bewusst und frühzeitig versuchte er, ihre Faszination auch Gästen der Insel vor Augen zu führen. Damit brachte er einen Fremdenverkehr ins Rollen, der genau das Gegenteil von dem bewirkte, was er im ersten Moment gewollt hatte, nämlich die unwiederbringliche Zerstörung einiger Regionen, die nun vom **Massentourismus** geprägt sind. Andererseits haben seine frühen Ideen und Warnungen auch Schlimmeres verhindert, sodass nirgendwo Hochhausburgen entstanden sind.

Kindheit und Jugend

César Manrique wurde am 24. April 1919 in Arrecife als Sohn von Francisca und Gumersindo Manrique geboren. Über seine Geburt erzählte Manrique gern eine kleine Anekdote: Der damals auf Lanzarote weithin bekannte und sehr beliebte Arzt **José Molina** habe den gerade Neugeborenen an den Füßen herumgewirbelt, um ihm den ersten Schrei zu entlocken. Dabei hätte er ihn aus den Händen verloren, sodass er einen Augenblick lang durch die Luft geflogen sei. Die Mutter sei entsetzt

Manriques architektonisches Können zeigt sich u. a. am El Mirador del Rio, wo Natur und Architektur harmonisch miteinander verschmelzen.

gewesen, der Doktor hätte ihn aber glücklicherweise wieder auffangen können. Wenige Minuten später kam seine Zwillingsschwester Lola zur Welt.

Auf Seiten Francos

Manrique wuchs mit drei Geschwistern in Arrecife auf, der damals noch verschlafenen Inselhauptstadt. Die Sommer verbrachte er mit seiner Familie und Freunden in Caleta de Famara im Nordwesten von Lanzarote. 1934 erwarb sein Vater dort ein Haus direkt am Wasser, und die glücklichen, lichten Monate am kilometerlangen Strand von Famara, über dem sich die eindrucksvolle Felswand des **Risco de Famara** auftürmt, blieben Manrique nachhaltig in Erinnerung. Das Glück einer sorglosen, von ständiger Neugier und originellem Einfallsreichtum geprägten Kindheit und Jugend war dann schnell zu Ende, als er mit 18 Jahren nach Abschluss der Schule am Spanischen Bürgerkrieg teilnahm. Gemeinsam mit ihm meldete sich sein Freund José Ramírez Cerdá, genannt Pepin – eine freundschaftliche Verbindung, die später noch eine weitreichende Bedeutung haben sollte. Ohne jedwedes politisches Bewusstsein kämpften sie auf der Seite von Franco. 1939 kehrte Manrique auf die Kanaren zurück, die Kriegserlebnisse wurden ihm zur traumatischen Erfahrung.

Erste Erfolge

Auf Anraten seines Vaters zog César Manrique kurze Zeit später nach Teneriffa, um an der **Universität von La Laguna** ein Studium als Bauingenieur aufzunehmen.

Eigentlich hatte er Maler werden wollen. Seine künstlerische Begabung und ein ausgeprägtes Formgefühl waren seiner Umgebung schon früh aufgefallen, aber Gumersindo Manrique argumentierte gegen die brotlose Kunst. Der Versuch, sich für einen richtigen Beruf ausbilden zu lassen, währte jedoch nicht allzu lang. Nach ein paar Jahren Studium und einer ersten erfolgreichen Einzelausstellung mit Gemälden Anfang der 1940er-Jahre im Cabildo von Lanzarote ging César Manrique 1945 nach Madrid und begann an der **Academia de Bellas Artes de San Fernando** Malerei zu studieren. Hier lernte er seine spätere Frau Pepi Gómez kennen, mit der er 18 Jahre lang bis zu ihrem Tod 1963 zusammenlebte. In Madrid hatte er als Maler erste große Erfolge. Anfang der 1950er-Jahre war er bereits ein bekannter Künstler, er wurde zur Teilnahme an der **28. Biennale in Venedig** 1956 ausgewählt, vier Jahre später noch einmal. 1961 war er an verschiedenen Ausstellungen in europäischen Ländern, in Japan und in den USA beteiligt.

In New York

Dann kam der ganz große Sprung: Mitte der 1960er-Jahre folgte César Manrique einer Berufung des Internationalen Instituts für Kunsterziehung in New York. Im Haus des damaligen Gouverneurs von New York, Nelson Rockefeller, hingen damals schon mehrere seiner Bilder. Bereits nach ein paar Wochen war er bei der Galeristin **Catherine Viviano** unter Vertrag, bei der auch Künstler wie Joan Miró oder Max Beckmann ausstellten. Internationale Kontakte in der Kunstszene blieben nicht aus: Mark Rothko und Willem de Kooning lernte er über die Galerie kennen, ferner gab es Begegnungen mit Andy Warhol, Jackson Pollock und Robert Rauschenberg. New York übte auf ihn eine extreme Faszination aus. Gerade auch im Gegensatz zu Madrid fühlte er hier eine ungekannte Freiheit, eine ansteckende Energie und Dynamik, in deren Strom er nicht etwa unterging, sondern im Gegenteil obenauf und sehr erfolgreich mitschwamm.

Weiterentwicklung

In seine künstlerische Entwicklung flossen das jeweils Gesehene und Erlebte mit ein. Während er in Madrid die abstrakte Malerei für sich entdeckt hatte, wurde sein weiterer Werdegang jetzt durch **Pop-Art**, **Collage** und **kinetische Kunst** bestimmt, wobei vor allem Letztere für seine späteren Arbeiten – die Windspiele auf Lanzarote – wichtig werden sollte. Ebenfalls von größter Bedeutung für sein späteres Schaffen waren frühe Wandarbeiten für den Flughafen, ein Hotel und ein Kino in Madrid, bei denen er sich intensiv mit den Ideen der Architekten und dem Zusammenwirken von Architektur und »Kunst am Bau« auseinandersetzte.

Schon von Madrid aus, aber auch während seiner New Yorker Zeit war Manrique immer wieder auf die Kanaren zurückgekehrt. Verschiedene Auftragsarbeiten, z. B. die Planung des Flughafengebäudes, sind in den 1950er-Jahren entstanden, in seiner Madrider Zeit also. Seine Heimatinsel blieb für ihn emotional äußerst wichtig, und

er hat die dortige Entwicklung immer sehr interessiert verfolgt. Auf Lanzarote war die Zeit mittlerweile nicht stehengeblieben, vielmehr gab es erste Anzeichen für einen einsetzenden Tourismus. Es war sicher eine Mischung aus Überdruss an der **New Yorker Oberflächlichkeit**, Heimweh und dem Gefühl, auf Lanzarote gestaltend eingreifen zu wollen, die ihn nach vier Jahren Amerika auf die Kanareninsel zurückkehren ließ.

In den letzten Jahren vor seinem Tod im Jahr 1992 wurde Manrique zum vehementen **Umweltschützer**, der schonungslos den Bauboom und die damit verbundene Verschandelung der Landschaft auf den Kanarischen Inseln anprangerte. Nach seiner architektonische Vorstellung sollte die Bebauung harmonisch in die Natur eingefügt werden.

Ein prägender Mann

Das Ergebnis dieser Gedanken wird heute jedem Lanzarote-Besucher deutlich. Manrique versuchte, den Gästen die landschaftliche Schönheit der Vulkaninsel zu vermitteln. Nach seiner Rückkehr bezog er zunächst eine Wohnung in Arrecife mit Blick aufs Meer, gleichzeitig baute er sich aber ein Haus mitten in ein Lavafeld – die heutige **Fundación César Manrique**. Damit demonstrierte er erstmals, dass die vulkanische Vergangenheit der Insel nicht als karg und düster erlebt werden muss, sondern dass und wie man im Vulkangestein leben kann. Er ging nun daran, in dieser von ihm geliebten Natur Räume zu formen und sie so den Menschen nahe zu bringen – zuerst die **Jameos del**

Der rote Saal in Manriques Domizil in Tahíche

Agua. Später folgten der Mirador del Río, das Restaurant El Diablo im Timanfaya-Nationalpark, der Jardín de Cactus. Auch auf den anderen Kanareninseln wirkte er. So gestaltete Manrique die Playa Martiánez in Puerto de la Cruz (Teneriffa) oder den Mirador del Palmerejo im Valle Gran Rey (Gomera).

Förderer und Gegner

Bei all seinen Projekten hatte Manrique freie Hand, da er unmittelbar mit dem Präsidenten der Inselregierung zusammenarbeiten konnte – seinem langjährigen Freund **Pepin Ramírez Cerdá**. Angestellte der Inselregierung wie Luis Morales und Jesús Soto, beide Baupraktiker, unterstützten ihn ebenfalls. Man arbeitete Hand in Hand ohne wesentliche bürokratische Behinderungen. Geldgeber für viele von Manriques Projekten war der Sprengstoffkonzern »Unión de Explosivos Río Tinto«. Manriques damalige Anregungen, grelle Reklameschilder zu verbieten und Strom- und Telefonkabel unterirdisch zu verlegen, waren für die Inselästhetik ebenfalls von großer Bedeutung. Gefördert wurde in dieser Zeit außerdem die traditionelle **kubische Bauweise**, durch die die Hausgröße je nach Bedarf um den einen oder anderen Kubus erweitert werden kann. Auch die Häuserfarben in Weiß und Grün wurden damals festgelegt.

Auf Lanzarote ist der optimistische, als humorvoll geltende und vor Ideen sprühende Manrique aber nicht ohne Gegner gewesen. Insbesondere hat man ihm vorgeworfen, dass er seine einstigen Einstellungen zu Ökologie und Umweltschutz zunehmend verraten habe und immer weniger die Natur selbst sprechen ließe.

Was bleibt?

César Manrique kam am 25. September 1992 durch einen **Autounfall bei Tahíche** ums Leben. Er selbst war bereits 1987 nach Haría gezogen, wo er begraben ist. Sein Name wird immer mit Lanzarote verbunden sein, in der internationalen Kunstszene hat er sich dagegen weniger halten können.

ILDEFONSO AGUILAR (GEB. 1945)

Der in Salamanca geborene Ildefonso Aguilar lebt seit seinem zwei-   **Künstler und**
ten Lebensjahr auf Lanzarote und ist einer der bekanntesten Künstler   **Multitalent**
der Kanarischen Inseln. Ildefonso Aguilar ist Maler, Architekt, Fotograf und Komponist und gilt außerdem als einer der wichtigsten
Ökologievertreter der Insel. Für seine Arbeiten verwendet Aguilar
neben Acrylfarben in erster Linie **Naturmaterialien**, die deutlich
seine Verbundenheit mit Lanzarote zeigen: Sand und Vulkanasche
sind die Stoffe, aus denen er seine Landschaftsimpressionen produziert. Die vier Elemente sind immer wieder Thema seiner Bilder.
Als Architekt verfolgt er ein Konzept, das traditionelle und moderne
Bauweise in Einklang bringt und ebenfalls einen engen Bezug zur
Vulkaninsel aufweist. Sein eigenes Haus hat er direkt in ein Lavafeld
gebaut. Und schließlich zeigt er die Schönheit der Insel ein weiteres
Mal in einem 1995 veröffentlichten Fotoband. Als Kulturbeauftragter
von Lanzarote in den 1980er-Jahren holte er zeitgenössische Künstler
aus aller Welt auf die Insel. Er initiierte das **Festival Visueller Musik**,
das hier von 1989 bis 2002 alljährlich stattfand und namhafte Musiker und Komponisten zusammenbrachte. Seine eigenen Komposi-
tionen sind hin und wieder über Lautsprecher in den zugänglichen
Teilen der Höhlen auf Lanzarote zu hören.

JEAN DE BÉTHENCOURT (1359 – 1425)

Mit der Inbesitznahme von Lanzarote durch den normannischen   **Eroberer**
Adeligen begann die Eroberung der Kanarischen Inseln durch die
Europäer und die weitgehende Vernichtung der altkanarischen Bevölkerung. Im Jahre 1402 startete Béthencourt gemeinsam mit **Gadifer de la Salle** von La Rochelle in Richtung Kanarische Inseln.
Beweggrund war vor allem die marode wirtschaftliche Situation des
adeligen Béthencourt, die er u. a. durch Sklavenhandel und durch
das Geschäft mit der Färberflechte aufzubessern suchte. Von Norden
kommend, stieß er zunächst auf die Lanzarote vorgelagerten kleinen Inseln, die er in seiner Begeisterung mit den Namen Alegranza
(= Freude) und La Graciosa (= die Anmutige) versah. Béthencourt
und de la Salle konnten Lanzarote schnell unter ihre Herrschaft bringen. Um dann auch noch Fuerteventura erobern zu können, bat Béthencourt um Beistand beim damaligen König von Kastilien. Während seines Besuchs bei Heinrich III. zeichnete dieser ihn mit dem
Titel **»König der Kanarischen Inseln«** aus. 1405 nahm Béthencourt
die Insel Fuerteventura ein, gründete dort die nach ihm benannte
Hauptstadt Betancuria und eroberte schließlich noch Hierro und

César Manrique – seine Kunst ist auf Lanzarote omnipräsent.

Gomera. Die Einnahme von La Palma und Gran Canaria scheiterte am Widerstand der Bevölkerung. Kurze Zeit später kehrte er in die Normandie zurück. Dort starb er im Jahr 1425.

JOSÉ CLAVIJO Y FAJARDO (1730 – 1806)

Schriftsteller und Gelehrter Der auf Lanzarote geborene Schriftsteller und Gelehrte wurde von **Goethe** zur **Hauptfigur in seinem Trauerspiel »Clavigo«** erkoren und ging damit in die europäische Literaturgeschichte ein. Lanzarotes frühere Hauptstadt Teguise war Geburtsort von José Clavijo y Fajardo. Im dortigen Dominikanerkloster erhielt er eine umfassende Ausbildung, anschließend ging er nach Madrid. Clavijo war ein Vertreter der europäischen Aufklärung und stand mit Voltaire und Buffon, dessen Naturgeschichte er ins Spanische übersetzte, in freundschaftlicher Verbindung.

In Madrid lernte der Gelehrte Louise Caron, die Schwester des Dichters Pierre Augustin Caron de Beaumarchais (»Der Barbier von Sevilla«), kennen. Er versprach ihr die Ehe, löste dieses Versprechen aber kurze Zeit später wieder. Daraufhin eilte Beaumarchais herbei und forderte ihn zum Duell. Diese Episode nahm Goethe zum Anlass für seine Tragödie, die er im Alter von 25 Jahren auf Bitten seines Freundeskreises innerhalb von einer Woche niederschrieb – 1774, also zu Lebzeiten von Clavijo. Goethe übernahm Beaumarchais' Bericht seiner Spanienerlebnisse fast wörtlich, allerdings fügte er den historischen Ereignissen den Tod der Verlassenen und ein Duell zwischen Beaumarchais und Clavigo zu, bei dem Clavigo umkam. Goethe interessierte an dem Stoff insbesondere der Konflikt, in den Clavigo geriet, als er sich zwischen einer bürgerlich-behaglichen Ehe und einem beruflichen Aufstieg entscheiden musste. Clavijo y Fajardo zeigte sich an der Geschichte sehr interessiert – sein häufiger Bühnentod in deutschen Theatern hat ihn offenbar erheitert.

PACO DELGADO (GEB. 1965)

Kostümbildner Mittlerweile kennt den berühmten Filmkostüm-Designer auf Lanzarote fast jeder. Er war Enkel der lokalen Sozialrevolutionärin Dolores Pérez und von José López Betancort, der während der Zweiten Republik (1931 – 1936) Inselpräsident Lanzarotes war. Für seine Arbeit beim Film »Schneewittchen« (2013) erhielt er den begehrten Goya und wurde für »Les Misérables« im gleichen Jahr **für den Oscar nominiert**. Auch an vielen Filmen von Pedro Almodóvar hat er mitgewirkt. Neben seiner künstlerischen Tätigkeit ist er in Spaniens kommunistischer Partei politisch aktiv. Wenn er auf Lanzarote ist, lebt er im ehemaligen Haus seiner Großmutter in La Vegueta.

BRIAN ENO (GEB. 1948)

Unter den vielen berühmten Gästen der Insel hat er hörbar Spuren hinterlassen: Brian Eno, britischer Pop-Musiker, Avantgarde-Komponist und Multi-Instrumentalist. In seiner musikalischen Laufbahn wird eine unglaubliche **Vielseitigkeit und Experimentierfreude** offenkundig. Er arbeitete mit Roxy Music, Kevin Ayers, Mike Oldfield, John Cale und Robert Wyatt zusammen und avancierte zu einem mit Preisen ausgezeichneten zeitgenössischen Komponisten und Arrangeur. Immer hatte er nur eine relativ kleine, dafür weltweite und sehr treue Anhängerschaft. Er erprobte unterschiedliche Klangverbindungen, deren Ergebnis oft meditativ-fließende, einfache

Eno konnte auf der Insel musikalisch experimentieren.

Lautmalereien oder voluminöse, sphärische Klangwände sind. Auf Lanzarote faszinierten ihn die Klangmöglichkeiten, die die Lavatunnel mit ihrer hervorragenden Akustik boten, und er komponierte Klänge speziell für die unterirdische Lavawelt. 1989 rief er gemeinsam mit Ildefonso Aguilar das Festival Visueller Musik ins Leben.

CÉSAR MANRIQUE (1919 – 1992)

Mit dem Namen César Manrique – Architekt, Landschaftsgestalter, Maler und Bildhauer in einem – kommt jeder Lanzarote-Urlauber in Berührung. Der derzeit wohl bekannteste Lanzaroteño hatte entscheidenden Anteil an der touristischen Entwicklung seiner Heimatinsel (▶Baedeker Wissen S. 44, Abb. S. 48).

Künstler und Multitalent

JOSÉ SARAMAGO (1922 – 2010)

Als der portugiesische Schriftsteller José Saramago 1993 von Lissabon nach Lanzarote übersiedelte, ahnte niemand, dass damit ein zukünftiger **Nobelpreisträger** auf die Insel kam. José Melrinho de Sousa heißt er eigentlich. Am 16. November 1922 wurde er in Portugal als zweiter Sohn von José de Sousa und Maria da Piedade Melrin-

Schriftsteller

Mit dem Roman »Das Memorial« schaffte José Saramago 1982 den Durchbruch. 1988 erhielt er den Literaturnobelpreis.

ho geboren. Da der Beamte, der seine Geburt ins Register eintragen sollte, reichlich getrunken hatte, notierte er als Nachnamen Saramago, wie die Landarbeiterfamilie väterlicherseits in dem kleinen Dorf in der Provinz Ribatejo üblicherweise genannt wurde. 1924 zog die Familie nach Lissabon, der Vater nahm dort eine Stelle als Polizist an. Saramago, dessen falscher Nachname erst 1929 entdeckt wurde, als er in die Grundschule kam, wuchs in der portugiesischen Hauptstadt in ärmlichen Verhältnissen auf. Seine berufliche Ausbildung begann mit einer Lehre als Maschinenschlosser – für eine weitergehende Schulausbildung war kein Geld vorhanden. Er erarbeitete sich Kenntnisse als technischer Zeichner, wurde Verwaltungsangestellter. Sein **profundes kulturelles Wissen** und literarische Kenntnisse eignete er sich autodidaktisch in der Lissabonner Stadtbibliothek an. Ab den 1950er-Jahren verkehrte er in der Lissabonner Künstler- und Intellektuellenszene, verdiente seinen Lebensunterhalt als Übersetzer und Literaturredakteur in einem Verlag. Zwischen 1972 und 1975 war er Journalist bei verschiedenen Tageszeitungen, danach arbeitete er als freier Übersetzer und Autor.

Seinen ersten Roman veröffentlichte Saramago bereits 1947. Doch sollten dreißig Jahre vergehen, bis der zweite folgte. Auch im Ausland bekannt wurde er durch den 1980 erschienenen Roman **»Hoffnung im Alentejo«**. Den wirklichen Durchbruch erreichte er 1982 mit dem Erfolgstitel »Das Memorial«, der in 28 Sprachen übersetzt wurde. Weitere wichtige Romane sind »Das Todesjahr des Ricardo Reis« (1984), »Das steinerne Floß« (1986), »Geschichte der Belagerung von Lissabon« (1989), »Das Evangelium nach Jesus Christus« (1991), »Die Stadt der Blinden« (1995) und »Alle Namen« (1997). Alle seine Romane sind groß angelegt und **geprägt von politischer Stellungnahme** – 1969 trat Saramago der Kommunistischen Partei Portugals bei, deren Positionen er fortan weitgehend vertrat – und kritischer, zumeist kulturpessimistischer Auseinandersetzung mit der Geschichte Portugals. Sein Buch »Das Evangelium nach Jesus Christus« wurde in Portugal extrem kontrovers diskutiert. Die Regierung sah darin einen Angriff auf das religiöse Denken der Portugiesen. Sie nahm das Buch von der Vorschlagsliste zum Literaturpreis der Europäischen Union. Enttäuscht von dieser »Rückkehr zur Inquisition«, zog sich Saramago nach Lanzarote zurück, wo er mit seiner spanischen Ehefrau, der erheblich jüngeren Journalistin Pilar del Río, bis zu seinem Tod lebte. Saramagos Tagebuchaufzeichnungen, die ab 1993 regelmäßig erschienen, bestätigen, dass der 1998 mit dem Literaturnobelpreis ausgezeichnete Schriftsteller **die Insel lieben gelernt** hatte. Er zeigte großes Engagement für die César-Manrique-Stiftung und meldete sich in Sachen Umweltschutz immer wieder zu Wort. Sein Wohnhaus in Tías wurde in ein attraktives Museum umfunktioniert (▶S. 179).

ERLEBEN UND GENIESSEN

Welche Spezialitäten der kanarischen Küche sollten Sie unbedingt probiert haben? Wo finden sich die schönsten Badestrände? Und wo gibt es die schönsten Quartiere der Insel? Hier finden Sie nützliche Informationen für einen unbeschwerten und genussvollen Urlaub.

Aus Meer und Vulkanerde

Eine kleine Atlantikinsel mit großer Gastro-Szene: Dank der vielen Besucher und Inselbewohner aus aller Herren Länder gibt es auf Lanzarote fast alles Kulinarische, was das Herz begehrt – kein Tourist muss auf das Vertraute verzichten. Doch auch die einheimische Küche hat sich in Zeiten des Tourismusbooms weiterentwickelt.

Der Tisch ist reich gedeckt mit erstklassigen **saisonalen und regionalen Produkten**: Fisch und Meeresfrüchte kommen frisch aus dem Meer, Napfschnecken und Clacas-Muscheln werden von den Klippen geschabt. Und nicht zu vergessen all die Früchte und das Gemüse, die mit ausgefeilten Anbaumethoden aus Lavaerde und Sand gezogen werden. Da gibt es die typische Lanzarote-Zwiebel, die jeden Salat zu einem Geschmackserlebnis macht, köstliche Wassermelonen und Tomaten, Süßkartoffeln und aus geröstetem Getreide gewonnenes Gofio-Mehl. »Linsen aus Lanzarote« gelten in ganz Spanien als Inbegriff für intensiven Geschmack. Und unter den fast 150 kanarischen Käsesorten rangieren einige aus Lanzarote ganz oben.

Ein reich gedeckter Tisch

Veredelt werden diese Zutaten durch eine **Kochkunst**, die sich traditioneller Rezepte besinnt und diese zeitgemäß auffrischt. Man will es heute leichter, feiner und würziger, mit weniger Knoblauch, dafür mit anderen, gern auch exotischen Kräutern und Gewürzen. Viele jüngere lanzarotenische Köche sind in der Welt herumgekommen und lieben es, Fremdes mit Kanarischem zu verschmelzen. Oder sie lassen sich von den Starköchen des spanischen Festlands inspirieren. Erstaunlich ist auch, wie sich eine so kleine und obendrein karge Insel als **Wein-Region** einen Namen gemacht hat: Vor allem der traditionsreiche trockene Malvasier-Wein wird im bekannten spanischen Weinführer Peñín hoch bewertet. Mehr als ein Dutzend Bodegas gibt es auf Lanzarote, deren Tropfen Sie im Rahmen von Degustationen probieren können.

Während das Frühstück (»desayuno«) auf den Kanarischen Inseln keine große Rolle spielt, sind Mittagessen (»almuerzo«) und Abendessen (»cena«) oft ziemlich reichhaltige, aber **leicht bekömmliche Mahlzeiten**. Die Essenszeiten liegen normalerweise zwischen 13.00 und 15.30 Uhr und abends zwischen 20.00 und 22.30 Uhr. Man kann allerdings auf Lanzarote jederzeit speisen, allenfalls in guten oder in einfachen, abgelegenen Restaurants werden die regulären Zeiten eingehalten.

Essgewohnheiten

Fangfrischer Fisch ist ein Grundpfeiler der lanzarotenischen Küche.

Einfach und einfach gut …

Die traditionelle lanzarotenische Küche bedient sich einfacher und schmackhafter Zutaten: Fisch, Kartoffeln und Hülsenfrüchte, ein ganz besonderes Getreide und natürlich Chilis. Hiermit werden rustikale und würzige Gerichte zubereitet. Aber probieren Sie selbst!

Ropa vieja: Der merkwürdige Name – er bedeutet »alte Wäsche« – erinnert an den Ursprung des Gerichts als Resteessen. Fleisch, Kartoffeln und Gemüse vom Vortag werden zusammen mit eingeweichten Kichererbsen gebraten, frei nach der Devise: Mit jedem Aufkochen verbessert sich der Geschmack! Pikant abgeschmeckt wird das sämige Gericht mit Thymian, Paprika und Wein – fertig ist ein kräftiges Hauptgericht. An der Küste wird Ropa vieja de Pulpo angeboten, in dem man das Fleisch durch gekochte Tintenfischstücke ersetzt.

Churros: Eine Renaissance feiern Churros, lange Kringel aus Brandteig, die in heißem Öl gebacken und dann spiralförmig aufgerollt und in handliche Portionen geschnitten werden. Obwohl sie zu jeder Tageszeit beliebt sind, werden sie besonders gern nachts oder am frühen Morgen verzehrt – nach einer langen Feier verleihen sie im Nu neue Lebensgeister. Man bestreut Churros mit Zucker, Naschmäuler tunken sie jedoch am liebsten in heiße Schokolade.

Sancocho canario: Das traditonelle Sonntagsessen besteht aus gedörrtem Fisch, meist Wrackbarsch oder Kabeljau, der über Nacht eingeweicht und am Folgetag gekocht wird – so bleibt sein Fleisch zart und locker. Serviert wird es zusammen mit Kartoffeln und Süßkartoffeln, roter und grüner Mojo-Soße sowie Gemüse. Wem das Gericht zu trocken erscheint, der bestellt einfach mehr Mojo!

Mojo: Die »rote« Soße, die Mojo rojo, wird aus zerstampften Chili-Schoten mit viel Knoblauch, Olivenöl, Essig und Meersalz zubereitet. Wer die mildere, grüne Variante bevorzugt, wählt die Mojo verde, bei der frischer, klein geschnittener Koriander die Chili-Schoten ersetzt. Weitere Varianten sind die Mojo de Aguacate, mit Avocado weiter abgemildert, und die Mojo de Almendras, die man mit geriebenen Mandeln verfeinert.

Gofio: Geröstetes Mais- und Gerstengetreide, zu Mehl zermahlen, war das Grundnahrungsmittel der Insulaner – von den Ureinwohnern bis ins 20. Jh. hinein. Mit wachsendem Wohlstand als »Armeleuteessen« diskreditiert, erlebt Gofio seit einigen Jahren als Vollwertnahrungsmittel eine zweiten Frühling. Gofio wird meist als Beilage gegessen: Durch Zugabe von Fisch- oder Gemüsebrühe erhält es eine püreeähnliche Konsistenz, die mit roten Zwiebelscheiben »gelöffelt« wird.

Papas arrugadas: Extra kleine festkochende Kartoffeln, oft aus Gran Canaria oder Teneriffa importiert, werden wie Pellkartoffeln gekocht. Allerdings ist die Wassermenge viel geringer und der Salzgehalt höher. Ist alles Wasser verdampft, wird zusätzlich eine Handvoll Meersalz auf die Kartoffeln gestreut. Das Resultat sind runzelig (»arrugado«) aussehende Erdknöllchen, die in herrlich pikante Mojo-Soße getaucht werden. Papas arrugadas werden als Vorspeise oder als Beilage serviert, schmecken aber auch als einfacher Snack.

Lanzarotes Leckerbissen

So schmeckt Lanzarote! Der nach traditionellen Rezepten hergestellte Käse erlebte zuletzt eine Renaissance. In mehreren Käsereien auf der Insel können Sie sich selbst von seiner Vielfalt überzeugen.

In der weiten Ebene von Rubicón, aber auch rund um Femés, Teguise und Tinajo sowie in den Bergen von Los Ajaches sieht man Hirten mit ihren bunt gescheckten Ziegen. Diese weiden alles ab, was sich ihnen in den Weg stellt: Gins-

ter, Dornlattich und Wolfsmilchgewächse – wo sie hinkommen, wächst kein Gras mehr.

Echte Handarbeit

Aus ihrer Milch wird ein Käse gewonnen, der bei internationalen

Der würzige Inselkäse ist fester Bestandteil der Tapas auf Lanzarote.

Degustationen wie dem World Cheese Award mit vielen Preisen ausgezeichnet wurde. Die Herstellung verläuft nach stets gleichem **Rezept**: Die Milch wird mit dem Lab aus dem Magen eines Jungtieres versetzt, bis sie gerinnt. Anschließend wird die Molke weggeschüttet und die feste Masse mit der Hand in eine kleine runde Form gepresst. Als Untersatz und Deckel dienen Holzbrettchen, deren Rillen sich auf dem Laib als Muster abzeichnen.

Zuletzt wird der Käse mit reichlich Meersalz eingerieben, manchmal auch in Paprika oder Gofio (▶Baedeker Wissen S. 59) gewälzt – dies macht ihn würziger, verlangsamt die Austrocknung und schützt vor unliebsamen Fliegen.

Je länger der Käse liegt, desto fester und würziger wird er. Nach einem Tag kommt er als **Queso fresco** auf den Tisch: als zarter, butterweicher Frischkäse, den die Inselbewohner gern als Vorspeise verzehren. Ist er vier Wochen alt, spricht man von »**semicurado**«, einem milden, leicht säuerlichen Halbgereiften, der bereits ohne Kühlung auskommt.

Hat der Käse eine Lagerzeit von sechs Monaten überschritten, heißt er »**curado**« (gereifter) oder schlicht »**viejo**« (alter). Dieser ist so hart, dass man ihn kaum schneiden kann, sein Geschmack ist wunderbar scharf – ähnlich wie von Parmesan.

Direkt vom Erzeuger

Zwar stehen die Käselaibe gestapelt in Supermärkten, doch es macht mehr Spaß, den Käse beim Hersteller selbst zu kaufen, wo er auch etwas günstiger ist. Da ist z. B. die winzige **Queseria Rubicón** am Dorfpatz von Femés. Nachdem man an der alten Glocke gebimmelt hat, wird man von Señora Bienvenida begrüßt, die über 300 Ziegen besitzt und Käse aller Reifestufen zum Kosten anbietet.

In Tiagua werden Sie im Rahmen der Besichtigung des alten Guts El Patio gleichfalls mit einheimischem Ziegenkäse verköstigt. Weitere familiäre Käsereien entstehen in Tinajo – Ziegenbauern erhalten EU-Subventionen für den Erwerb von Melkmaschinen und Kühlräumen.

Professionell geht es im inselgrößten Molkereibetrieb zu. Die **Quesería El Faro** kauft Milch von Bauern auf und lässt in hygienisch einwandfreien Hallen produzieren. Auch hier wird nur Rohmilchkäse, d. h. Käse ohne Zusatz künstlicher Fermentstoffe, hergestellt. Eine Spezialität des Hauses ist der Queso ahumado, ein Räucherkäse, der seinen eigentümlichen Geschmack der Glut von Kakteenblättern verdankt – wie alle Sorten kann er im Fabrikladen gekauft werden.

ADRESSEN

Queseria Rubicón
Plaza de San Marcial 3
Femés
Mo. – Sa. 10.00 – 20.00
So. bis 15.00 Uhr

Quesería El Faro
zwischen Teguise und Mozaga
LZ 30, bei Km 4,2
Tel. 928 52 14 08
www.queseriaelfaro.es
Mo. – Sa. 9.00 – 13.00 Uhr

Weinbau als Kunstwerk

Bei Shakespeare wird er oft erwähnt. Vor allem der Schlemmer Falstaff aus »Die lustigen Weiber von Windsor« genehmigte ihn sich gern – den aus der Malvasiertraube gekelterten Kanarenwein. Noch heute wird auf Lanzarote Weinbau betrieben. Das Besondere ist aber weniger die Qualität des »edlen Tropfens«, sondern vielmehr die Anbaumethode.

Möglicherweise gelangten die ersten Rebstöcke schon im 15. Jh. von Kreta auf die Kanareninsel. Als gesichert gilt der Weinanbau auf Lanzarote jedoch erst seit Beginn des 17. Jahrhunderts. Im Jahr 1632 schrieb **Juan Abréu de Galindo**: »Weinstöcke gibt es in Lanzarote erst seit 30 Jahren. Um diese Zeit brach ein Vulkan aus und bedeckte viele Felder mit leichtem Staub und Bimssteinen, wodurch der Boden so sehr verbessert wurde, dass man jetzt Weinstöcke angepflanzt hat.« Wichtigster Absatzmarkt war damals England. Doch auch an anderen europäischen Fürstenhöfen schätzte man den »Malvasier, der die Sinne erfreut und das Blut parfümiert«. In England erfreute sich der Malvasier, der **»Canary Sack«**, einer solchen Beliebtheit, dass Kö-

nig Karl II. (1630 – 1685) seinen Genuss als »das hartnäckigste Laster der Nation« bezeichnete.

Als Karl II. die Portugiesin Katharina von Braganza heiratete, reduzierten sich die Handelsbeziehungen zu den Kanarischen Inseln zugunsten von Portugal, das mit seinem Portwein und seinem Madeira vergleichbar gute, wenn nicht sogar bessere Weine auf den Markt brachte. Der Weinexport auf den Kanaren ging schlagartig zurück. Das vorläufige Ende des Weinbaus brachten dann eingeschleppte **Pflanzenseuchen** (1852 Faulschimmel, 1878 Mehltau) und die Reblaus; fast der gesamte Bestand an Rebstöcken wurde vernichtet.

Weinbau – heute

Mittlerweile wird auf Lanzarote und anderen kanarischen Inseln Wein wieder angebaut. Doch hat sich der Konsumentengeschmack verändert. Die Tendenz geht zu leichten, fruchtigen Weinen. Von den ca. 2000 ha RebflächenLanzarotes entfallen nur noch ca. 40 % auf **Malvasiertrauben**, die einen schweren bukettreichen Wein mit kräftiger Farbe hervorbringen.

Die Lese findet bereits in der ersten Augusthälfte statt, wenn die Trauben ihren höchsten Zuckergehalt noch nicht erreicht haben. Genaue Richtlinien zur Herstellung der Weine und zur Qualitätskont-

Kleine Krater im Vulkangestein prägen die Landschaft bei La Geria.

rolle gibt es erst seit 1993. Ein zunehmend größerer Teil des Weines wird mittlerweile in Flaschen abgefüllt und trägt das Gütesiegel »Vino de Lanzarote«.

Anbaumethoden

Malvasiertrauben gab und gibt es u. a. auch in Portugal und auf Sizilien. Was den lanzarotenischen Wein jedoch so besonders macht, ist der Anbau. Lanzarote hat äußerst **geringe Niederschläge** (unter 200 mm Jahresniederschlag). Da die hohen Berge der anderen kanarischen Inseln fehlen, fegen die Feuchtigkeit bringenden Winde über die Insel hinweg. Doch die Einwohner von Lanzarote wussten einen raffinierten Ausweg: Mithilfe von auf der Insel reichlich vorhandener Lavaasche entwickelten sie eine in der Welt einmalige Form der Bodenkultivierung.

Zuerst graben die Winzer trichterförmige Ausschachtungen von ca. 1 m Durchmesser, damit die Setzlinge den unter der Lavadecke befindlichen Boden erreichen. Für ausreichend Feuchtigkeit sorgt eine **Trockenfeldbauweise**, die als »enarenado« (span. »enarenar« = »mit Sand bestreuen«) bezeichnet wird. Dafür wird der Boden mit einer 20 – 30 cm dicken Schicht von Lapilli, einem nussgroßen **Vulkangestein**, bedeckt. Da das Gestein ausgesprochen porös ist, kann es den nächtlichen Tau gut speichern. Zudem hat es die Eigenschaft, dass es sich tagsüber sehr stark erwärmt, den Boden also vor der starken Sonneneinstrahlung schützt und die Verdunstung seiner Feuchtigkeit herabsetzt. Nachts wiederum kühlt es rasch ab,

was die Kondensation bodennaher Luftschichten verstärkt. In einem Zeitraum von etwa 30 Jahren zerfällt die **Lapillischicht**; dabei werden Mineralien freigesetzt, die für eine natürliche Düngung sorgen. Danach ist das angelegte System ausgelaugt und die Lapillischicht muss erneuert werden.

Um die Reben vor dem Nordost-Passatwind zu schützen, werden die »Krater« mit halb- bzw. dreiviertelkreisförmigen, lockeren **Mäuerchen aus Lavagestein** umgeben. Diese Weinanbaumethode findet man vor allem bei La Geria. Auch Kartoffeln, Zwiebeln, Tomaten, Melonen und Feigenkakteen werden nach diesem Prinzip angebaut. Die trichterförmigen Ausschachtungen (span. »zocos«) sowie der Kontrast zwischen der dunklen Lavaasche und dem Grün der Weinreben verleihen der Landschaft ein exotisches Aussehen.

Wein und Käse: schlicht, aber gut

ZU TISCH AUF LANZAROTE

Küche Die kanarische Küche besteht aus einfachen Gerichten, wobei **Fisch** natürlich eine besonders große Rolle spielt. Fisch- und Fleischspeisen werden häufig mit Kartoffeln und Soße serviert.

Suppen Es gibt einige sehr gute Suppen auf der kanarischen Speisekarte: Dazu gehören neben diversen schmackhaft zubereiteten Gemüsesuppen (»potajes«) natürlich Fischsuppe (»sopa de pescado«) oder auch der »puchero«, ein kanarischer Eintopf aus Kichererbsen, Kohl, Kürbis, Schweine- und Rindfleisch. Wer gerne Knoblauch mag, sollte eine »sopa de ajos«, eine Knoblauchsuppe, versuchen. Die »gazpacho« ist eine pikante kalte Gemüsesuppe.

Fisch Um fangfrischen Fisch zu essen, sollte man in einfache Lokale in den Fischerorten gehen. Besonders lecker ist »vieja«, ein karpfenähnlicher Fisch. Vielfach wird zum Fisch eine scharfe Soße namens »escabeche« gereicht. Typisch kanarische Fischgerichte sind der **Sancocho canario** (▶Baedeker Wissen S. 58) oder »sopa de mariscos«, eine Suppe, die aus verschiedenen Meeresfrüchten gekocht wird. An Meeresfrüchten erhält man »calamares a la romana« (frittierte Tintenfischringe) oder »gambas a la plancha« (gegrillte Garnelen).

Fleisch An Fleischgerichten werden in erster Linie Schwein (»cerdo«), Lamm (»cordero«) und Kaninchen (»conejo«) serviert. Beliebt sind Gerichte mit Zicklein (»cabrito«), wie »cabrito al horno« (gebratenes Zicklein) oder auch »cabrito compuesto« (Zickleingulasch).

Desserts Die Süßspeisen zum Nachtisch sollte man keinesfalls auslassen. Man kann in Bienmesabe (eine Creme, bestehend aus Mandeln, Ei und Zucker), »flan« (Karamellpudding) und »arroz con leche« (Milchreis) schwelgen oder schlicht ein Eis (»helado«) wählen.

Snacks Wer nur einen kleinen Imbiss zu sich nehmen möchte, kann **Tapas** bestellen, die manchmal auch als Vorspeisen serviert werden. Unter dem Begriff versteht man kleine Salatzubereitungen, Käsestücke, Fischhäppchen, Scheiben von geräuchertem Schinken oder eine kleine Tortilla (Kartoffelomelett).
Ein **Bocadillo** ist ein belegtes Brötchen; man kann es beispielsweise mit »jamón« (Schinken) oder »queso« (Käse) bestellen.

Getränke Zum Essen bekommt man neben den üblichen internationalen Getränken gutes Mineralwasser (»agua mineral«) mit Kohlensäure (»con gas«) oder ohne (»sin gas«). Oft wird auch Bier (»cerveza«) getrunken. Sehr gut sind die auf den Kanarischen Inseln gebrauten Biere der Brauereien **»Tropical«**, die ihren Sitz auf Gran Canaria hat, und »**Dorada**« aus Teneriffa. Ein Glas **Wein** wird ebenfalls gern zum Essen getrunken, wobei man den lanzarotenischen **Malvasier** probieren sollte (▶Baedeker Wissen S. 62).

Im Anschluss an das Essen kann man noch einen **Kaffee** zu sich nehmen. Zur Auswahl stehen ein schwarzer »café solo«, ein »café con leche« (Kaffee mit viel Milch) oder ein »café cortado« (Kaffee mit wenig Milch).

RESTAURANTS

In den touristischen Zentren wie Puerto del Carmen, Costa Teguise oder Playa Blanca reiht sich ein Restaurant an das andere. Die spanische Küche ist dabei nicht viel häufiger vertreten als die italienische, französische oder deutsche. Selbst chinesische, argentinische, indische, libanesische oder persische Gerichte kann man auf Lanzarote essen. Mit viel Glück findet man dazwischen ein wirklich kanarisches Restaurant. Wer ohne großen Trubel **kanarische Speisen** kennenlernen möchte, isst am besten in einem kleinen Küstenort – Arrieta ist beispielsweise für ein paar gute und einfache Restaurants bekannt – oder in einem Dorf im Inselinnern. Lokale, die von der Einrichtung her etwas schlichter sind und eine kleinere Auswahl an Gerichten haben, servieren oft genau so gute Qualität wie die exklusiver aussehenden Restaurants mit umfangreicher Speisekarte. Selbst in kleineren Lokalen gibt es übrigens häufig eine mehrsprachige Speisekarte, sodass man ohne Übersetzungsschwierigkeiten wählen kann.

Preiskategorien

Durchschnittspreise für ein Hauptgericht mit Nachspeise und Getränk:
- 🄴🄴🄴🄴 über 35 €
- 🄴🄴🄴 25 – 35 €
- 🄴🄴 15 – 25 €
- 🄴 unter 15 €

Die meisten Restaurants öffnen schon am späten Vormittag und haben entweder durchgehend offen oder schließen allenfalls nachmittags für ein oder zwei Stunden. Abends geht der Betrieb mindestens bis 22.00 Uhr, aber auch gegen 23.00 Uhr bekommt man in den größeren Orten ohne Probleme noch etwas zu essen. — *Öffnungszeiten*

In der Regel sind Bedienung und Mehrwertsteuer in der Rechnung inbegriffen. Dennoch ist es gang und gäbe, z. B. Hotelangestellten und Kellnern ein Trinkgeld von etwa **5 – 10 % des Rechnungsbetrags** zu geben. — *Trinkgeld*

Viele Heilige, viele Fiestas

Auf Lanzarote wie auch auf den übrigen Kanarischen Inseln werden vor allem die Heiligenfeste aufwändig gefeiert. Die Festivitäten für die Schutzheiligen sind keine rein kirchlichen Zeremonien. Eine Messe und eine Prozession leiten das Fest meistens ein, danach aber folgt weltliches Spektakel. Und so erleben selbst die verschlafensten Dorfplätze eine Metamorphose. Sie verwandeln sich in kleine Jahrmärkte mit zahlreichen Buden, an denen man alles Mögliche zu trinken und zu essen bekommt. Neben Folklore, Tanz und Musik werden mitunter auch Vorführungen des kanarischen Ringkampfs, des Lucha canaria, gezeigt.

Der Reigen der jährlichen Kirchenfeste beginnt am Dreikönigstag (**Cabalgada de los Reyes**): Nach Einbruch der Dunkelheit ziehen am 5. Januar die Heiligen Drei Könige auf ihren Dromedaren durch Teguise und Arrecife, verteilen Bonbons und bringen – so glauben zumindest die Kleinen – die Weihnachtsgeschenke.

Kirchliche Feste

Die lange festlose Zeit nach Weihnachten wird mit dem **Karneval** überbrückt (▶Baedeker Wissen S. 68), bevor die **Semana Santa**, die »Heilige Woche« zwischen Palmsonntag und Ostersonntag, mit vielen freien Tagen zum Feiern einlädt. Die Karprozession knüpft unmittelbar an mittelalterliche Zeiten an: Durch die Straßen der Hauptstadt ziehen Männer im Büßergewand und gespenstische Inquisitionsgestalten mit verhülltem Haupt. Wiegenden Schrittes tragen sie auf ihren Schultern Heiligenfiguren, wobei sie musikalisch von hypnotischem Trommelwirbel begleitet werden.

Das nächste wichtige Kirchenfest ist Fronleichnam (**Corpus Christi**), das man vor allem in Arrecife und Haría mit aufwendigen Prozessionen begeht. Nach altem Brauch werden – da Blütenblätter rar sind – in der Nacht vorher mit eingefärbtem Salz Bilder auf die Straße »gemalt«. Am nächsten Tag schreitet die Prozession über einen bunten Teppich aus den unterschiedlichen Motiven.

Kaum ist Fronleichnam vorbei, folgt die Fiesta zu Ehren Johannes' des Täufers (**Fiesta de San Juan**). Da sie mit der Sonnenwende zusammenfällt, werden nach guter heidnischer Tradition in Haría große Lagerfeuer entzündet und eine Figur abgebrannt, die das Böse repräsentiert.

Die **Fiestas de la Virgen del Carmen** läuten die schier nicht endenwollenden sommerlichen Festivitäten ein. Prachtvoll geschmückt, auf einem Thron aus bunten Blumen, dekoriert mit kostbarer Spitze und

Bei den Fiestas tragen die Lanzaroteños oft noch traditionelle Trachten.

Fast wie in Rio!

Einmal im Jahr steht die gesamte Insel kopf. Wenn die Lanzaroteños ihren »Carnaval« feiern, werden sämtliche Konventionen vergessen und es wird ausgelassen, ja mitunter zügellos gefeiert.

Das ganze Jahre fiebert Manuel diesem einen Ereignis entgegen. Auf der Nachbarinsel Gran Canaria kauft er ausgefallene Stoffe im indischen Basar, stöbert in Krämerläden nach Strass, Perlen und Federschmuck. »Die Accessoires sind sündhaft teuer«, seufzt er, »doch was soll ich tun, der Karneval ist meine Leidenschaft!« Der 25-jährige Amateur-Designer entwirft Kostüme für die Karnevalskönigin und hat schon viele zweite und dritte Preise eingeheimst, doch das ganz große Los zog er noch nie – vielleicht schafft er es im kommenden Jahr. Der Sponsor winkt mit einer hübschen Prämie!

»Fest des Fleisches«

Sieht man, mit welcher Begeisterung sich die Lanzaroteños in ihren Carnaval stürzen, versteht man, was die Verbotsdrohungen zu Zeiten der Diktatur für sie bedeuten mussten. Obgleich Francos Geist auf dieser Insel noch keineswegs erloschen ist, sind Feste **mit keinem Tabu mehr belegt**. Vor allem beim Karneval dürfen Lanzaroteños über die Stränge schlagen; alles, was sonst verpönt ist, kommt nun ans Tageslicht. Im Rhythmus der Trommeln wiegen Samba-Girls ihre Hüften, auf dem sorgfältig frisierten Haupt wippt üppiger Federschmuck. Den entblößten Busen ziert eine Glitterblume, der glitzernde Tangaslip verhüllt das Allernotwendigste.

Selbst Männer mischen eifrig mit: Auffällig viele Männer lieben es, in das Kostüm des anderen Geschlechts zu schlüpfen, verkleiden sich als Belladonna und Femme Fatale. In hochhackigen Pumps staksen sie virtuos über die Straße, pressen sich in eng anliegende Miniröcke und stellen ihr groß aufgeplustertes Dekolleté zur Schau. »¡Holá guapa! – Hallo, Hübsche!« ist die Losung des Tages. Und gilt im Rest des Jahres das Keuschheitsgebot, so ist während der Karnevalszeit sexuelle Freizügigkeit verordnet. Überdimensional große Plakate weisen darauf hin, das Kondom nicht zu vergessen: »No olvidar el preservativo!«

Volles Programm

Wer seinen Urlaub im Februar auf Lanzarote verbringt, kann sich in seinem Terminkalender vier Ereignisse vormerken. Den Auftakt zum zweiwöchigen Karneval bildet das **Fest der Murgas**. Drei Abende lang schreien sich die einheitlich gekleideten »Landratten« im Parque Islas Canarias die Seele aus dem Leib – und je frecher ihr Gesang, desto größer die Aussicht auf die Siegesprämie. Der Besucher freilich wird hier nur dann auf seine Kosten kommen, wenn er Spanisch perfekt beherrscht und deshalb Grund zum Mitlachen hat.

Dem nächsten Vergnügen stehen keine Sprachschwierigkeiten im Wege: Auf dem Programm steht

Ausgelassen feiernd und prächtig gekleidet ziehen die Karnevalstänzer durch die Straßen von Arrecife.

die **Wahl der Reina**, der Karnevalskönigin: Junge Frauen in zentnerschweren Fantasiekostümen wetteifern um den begehrten Rang, der ihnen – so hoffen sie, da die Show im Lokalfernsehen übertragen wird – zu einer Karriere als kanarischem Model verhilft.

Höhepunkt des karnevalistischen Treibens ist der **Gran Desfile de Carrozas**, der große, mehrere Kilometer lange Umzug, an dem die ganze Insel teilzunehmen scheint. Farbenprächtig ziehen die geschmückten Wagen die Küstenpromenade entlang und es werden die unterschiedlichsten Themen inszeniert. Egal ob es sich um das Märchen von der Meerjungfrau handelt, den neuesten Kinohit oder eine Orgie im dekadenten Rom, immer ist die Darstellung schrill, schräg und opulent. Vorneweg schreitet die Truppe der Buches, die, wie bei René Verneau nachzulesen ist, schon Ende des 19. Jh.s für Aufsehen sorgte:

»Gitarrenspielende Frauen und Männer schreiten voran, in ihrem Gefolge eine singende Menschenmenge, die riesige Fischblasen schwingt: Wer ihr zu nahe kommt, kriegt klatschende Schläge zu spüren! Überall kehren sie tanzend ein und ziehen nicht eher ab, bevor man sie mit Wein und Schnaps bewirtet hat. Schlecht für den, der nicht bereit ist, dieser Pflicht nachzukommen – sein Haus wird auf den Kopf gestellt.«

Abgeschlossen wird das Fest mit dem **Entierro de la sardina**, der »Beerdigung der Sardine«. Tiefste Trauer ist angesagt, denn die Zeit der Ausschweifung ist nun passé und es gilt, sich hinter einer konformistischen Maske zu verstecken, bis der nächste Karneval kommt. Schwarzgekleidete Trauergäste schreien sich den Schmerz von der Seele, wenn am Castillo de San Gabriel die gigantische Pappsardine zu Wasser gelassen und entzündet wird.

Brokat, verlässt die Heilige Jungfrau – also ihre figürliche Darstellung – die dunkle Kirche, um in einer feierlichen Prozession unter dem tiefblauen Sommerhimmel zum Hafen bzw. Strand geleitet zu werden. Dort wird sie von mit Blumen- und Lichtergirlanden geschmückten Booten erwartet, die sie hinaus aufs Meer tragen. Einige Festteilnehmer werfen Blumen und Kränze ins Wasser – zum Gedenken an die im Meer ertrunkenen Fischer und Seeleute. Und während die Jungfrau im Boot spazieren gefahren wird, stärken sich die an Land Gebliebenen mit frisch gegrillten Sardinen und Wein. Feierlicher Höhepunkt ist die Rückkehr der Heiligen in ihre Kirche ein paar Tage später, nicht selten begleitet von einem großen Feuerwerk.

Der **Virgin de los Dolores,** der »Jungfrau der Schmerzen«, wird Mitte September gedacht: Sie hat im 18. Jh. die glühende Lava vor dem Ort Mancha Blanca zum Stehen gebracht – für die glückliche Rettung dankt die Bevölkerung dafür bis heute mit einer ausgelassenen Fiesta.

Was, wann, wo? Aktuelle Veranstaltungshinweise für Lanzarote gibt das deutschsprachige Monatsmagazin »Lanzarote 37« (www.lanzarote37.net).

Festkalender

FEIERTAGE
1. Januar: Año Nuevo (Neujahr)
6. Januar: Los Reyes (Dreikönigstag)
März/April: Viernes Santo (Karfreitag)
1. Mai: Día del Trabajo (Tag der Arbeit)
30. Mai: Día de las Islas Canarias (Tag der Kanaren)
Mai/Juni: Día del Corpus (Fronleichnam)
25. Juli: Santiago Apóstol (Apostel Jakobus)
15. August: Asunción (Mariä Himmelfahrt)
12. Oktober: Día de la Hispanidad (Entdeckung Amerikas)
1. November: Todos los Santos (Allerheiligen)
6. Dezember: Día de la Constitución (Tag der Verfassung)
8. Dezember: Inmaculada Concepción (Mariä Empfängnis)
25. Dezember: Navidad (Weihnachten)

JANUAR
Cabalgada de los Reyes
Der Dreikönigstag ist der wichtigste Weihnachtsfeiertag auf den Kanaren.

FEBRUAR/MÄRZ
Carnaval
Vielerorts, besonders aber in Arrecife und Teguise, wird mit Maskeraden und Umzügen Karneval gefeiert (▶Baedeker Wissen S. 68).

MÄRZ/APRIL
Semana Santa
Karwoche mit kirchlichen und weltlichen Feierlichkeiten, u. a. einer großen Prozession in Arrecife

MAI/JUNI
Corpus Christi
Die Fronleichnamsfeierlichkeiten begleiten in Arrecife und Haría aufwendige Prozessionen.

JUNI
Fiesta de San Antonio
Der hl. Antonius, der Beschützer der Kinder und der Liebenden, ist der Ortsheilige von Güime (zwischen Tias und San Bartolomé), wo er am 13. Juni mit einer Fiesta gefeiert wird.

Fiestas de San Juan
Fest am 24. Juni in Haría zu Ehren Johannes' des Täufers

JULI
Fiesta de San Marcial del Rubicón
Um den 7. Juli finden in Femés religiöse und weltliche Veranstaltungen zu Ehren des hl. Marcial, des Inselschutzheiligen, statt.

Fiestas de la Virgen del Carmen
In fast allen Küstenorten wird am 16. Juli der Schutzheiligen der Fischer gedacht.

AUGUST
Fiestas de San Ginés
Der Schutzheilige von Arrecife wird um den 25. August eine Woche lang gefeiert.

SEPTEMBER
Fiestas de la Virgen de los Remedios
Das Fest für die »Jungfrau der Heilmittel« findet am 8. September in Yaiza statt.

Fiesta de la Virgen de los Dolores
Am 15. September gedenkt man der »Schmerzensreichen« in Mancha Blanca.

NOVEMBER
Fiesta de San Andrés
In Tao wird das Fest des Dorfheiligen am 30. November begangen.

DEZEMBER
Fiesta de Santa Barbara
Das Fest der hl. Barbara wird am 4. Dezember in Máguez gefeiert.

Rancho de Pascua
Heiligabend wird in Teguise nicht nur mit einer Messe und einer Prozession begangen, sondern mit einem weltlichen, fröhlichen Straßenfest

Navidad
Der 24. Dezember ist auf den Kanaren ein Arbeitstag. Abends versammelt man sich im Haus des ältesten Familienangehörigen zu einem ausgedehnten Essen.

Kinder willkommen!

Die Lanzaroteños lieben Kinder, denen sie prinzipiell mit Interesse und Herzlichkeit begegnen – das macht die Kanareninsel zum perfekten Ziel für einen Familienurlaub. Und damit keine Langeweile aufkommt, werden abwechslungsreiche Unternehmungen angeboten: vom Ausflug mit dem U-Boot über Ausritte auf dem Dromedar bis zum Besuch von Tierparks.

Viele **Hotels** umwerben Familien mit günstigen Kinderfestpreisen, bieten stundenweise Betreuung im Mini-Club, Extra-Pools für die Kleinen sowie Spielplätze. Ideal sind All-Inclusive-Anlagen, bei denen die Extrawünsche nach Eis, einem Softdrink oder einer Portion Pommes anstandslos und ohne Aufpreis befriedigt werden. Und während in vielen Destinationen Hotels explizit mit Adults Only werben, gibt es auf Lanzarote sogar Fünfsternehotels, die sich voll und ganz auf Kinder eingestellt haben. Das beste Beispiel ist das Hotel Princesa Yaiza in ►Playa Blanca.

Auf Kinder eingestellt

UNTERHALTUNGSPROGRAMM

Für Kinder geeignet sind vor allem die beiden ausgedehnten Strände von **Puerto del Carmen** bzw. die kleinen, flach abfallenden Sandbuchten im Zentrum von **Playa Blanca**, ferner die durch Wellenbrecher geschützten **Playa Dorada** und **Playa Flamingo** bei den Hotels. Auch in **Costa Teguise** gibt es Strände, an denen das Baden für Kinder ungefährlich ist.

Strände

Geheimnisvolle Welten zu erforschen, macht Kindern immer Spaß. Beim Abstieg in die bizarre und labyrinthische Unterwelt der ►**Cueva de los Verdes** können sie sich wie kleine Abenteurer fühlen. Auch die halboffenen Grotten von ►**Jameos del Agua** kommen gut an. Und natürlich erstaunen auch Kinder die in den Feuerbergen vorgeführten Experimente (►**Parque Nacional de Timanfaya**), die beweisen, dass nur knapp unter der Erdoberfläche heiße Temperaturen herrschen: In ein Loch geschüttetes Wasser schießt wie ein Geysir in die Höhe; an die Erde gehaltenes Reisig beginnt erst zu glühen, dann zu brennen. In den Feuerbergen ist auch ein Ritt auf dem Dromedar möglich: Am Echadero de los Camellos besteigt man ein Wüstenschiff und schaukelt hoch zu Ross über vielfarbige Lavatäler. Faszinierend ist der Besuch des einzigen botanischen Gartens, des

Ausflüge

Kleine Forscher im Jardin de Cactus von Guatiza

Rasantes Badevergnügen im Aqua-Park von Costa Teguise

Jardín de Cactus in ▶**Guatiza**. Hier sind stachelige Exoten aus aller Welt effektvoll in Szene gesetzt.

Auch **Bootsausflüge** machen Spaß: Von den Häfen in Puerto del Carmen, Puerto Calero und Playa Blanca stechen Schiffe in See, die die Küste entlangtuckern, in einsamen Buchten eine Imbisspause einlegen und einen Ritt auf dem Banana Boat anbieten. Noch spannender ist es, unter Wasser zu gehen. In Puerto Calero startet das U-Boot Yellow Submarine, durch dessen Glasbodenfenster man bis auf den Meeresgrund sehen kann (inkl. Gratis-Transfer von anderen Ferienorten). Preiswerter als alle organisierten Bootsauflüge, dabei aber nicht weniger spannend ist ein Trip mit der Minifähre von Órzola (im Inselnorden) auf die vorgelagerte Insel ▶**La Graciosa**: Erst geht es am Fuß gigantischer Klippen entlang, dann über die Meerenge hinüber zum kleinen Hafen Caleta del Sebo.

Museen Unter den Museen kommt das Piratenmuseum in ▶**Teguise** am besten an. Schon der Ort – eine mittelalterliche Festung mit dicken Mauern und Schießscharten hoch auf dem Berg – lässt Abenteuergeschichten aufleben. Und erst die vielen ausgestellten Schiffsmodelle, Flinten und Säbel – hier können sich Kinder selbst wie Piraten fühlen! In der Stadt, die am Fuß des Festungsbergs liegt, könnte ein weiteres Museum locken. In einem herrschaftlichen Anwesen von dazumal wird die Geschichte des Timple-Instruments »erzählt«: Dutzende ähnlicher Instrumente und Melodien aus dem Off bringen Kindern die Musik ein Stück näher.

Im Vogelpark von ▶Guinate, dem **Guinate Tropical Park**, spaziert Tierparks man auf gewundenen Wegen vorbei an Volieren mit bunt gefiederten Exoten wie Flamingos, Marabus und Kakadus. Höhepunkt sind die Dressurshows, bei denen Papageien und Raubvögel Flugkunststücke vollführen. Tierschützer und viele Besucher bemängeln allerdings schon seit Jahren die schlechten Haltungsbedingungen der Tiere. Besser sind die Verhältnisse im **Rancho Park Texas** bei Puerto del Carmen, der ein ähnliches Programm bietet. Auch hier gibt es eine große Raubvogel- und Papageienshow, daneben treten Seelöwen in Aktion. Es gibt ein Gehege mit Weißtigern und Pumas sowie einen Liliput-Streichelzoo mit Zwergziegen und -kaninchen. Abends verwandelt sich der Rancho Park in eine Wildwest-Stadt mit Cowboyshows, Country-Musik und großer Grillparty.

Ebenfalls für Familien geeignet ist ein Ausflug zur **Finca Las Pardelas** (bei ▶Órzola). Hier kann man auf Eseln reiten und Ziegen füttern sowie töpfern und bei der Herstellung der Speise Gofio zuschauen. Kinder, die sich mehr für Meeresbewohner interessieren, kommen im **Lanzarote Aquarium** in ▶Costa Teguise auf ihre Kosten. In drei Dutzend Becken, die dem maritimen Lebensraum nachgebildet sind, schwimmen vor den Kanaren heimische Fische wie der schwarze Mönchsfisch oder der Zackenbarsch. Daneben gibt es tropische Fische in fantastischen Farben und Formen. Nicht fehlen dürfen Haifische und Rochen, die sich im Tunnel- und Hauptaquarium tummeln.

Freizeitparks

Aqua-Park
Avenida de Golf
Costa Teguise
Tel. 928 59 21 28
Sommer tgl. 10.00 – 18.00 Uhr
Eintritt 22,50 €
www.aquaparklanzarote.es
Wasserpark auf einer Fläche von 11 000 m² mit Rutschbahnen, Wellenbahnen, Spiralrutschen, Spielburg etc.

Rancho Park Texas
Calle Noruega s/n
Puerto del Carmen
www.ranchotexaslanzarote.com
tgl. 9.30 – 17.30 Uhr
Eintritt 22 €
Für Unterhaltung sorgen Greifvögel- und Papageienshow sowie Ponyreiten und Kanufahren.

Shopping

Originelles von der Vulkaninsel

Wer gerne gemütlich bei einer lauen Brise und strahlendem Sonnenschein über Märkte schlendert, kommt in Lanzarote auf seine Kosten. Und will man nicht nur schauen, sondern auch das eine oder andere Mitbringsel kaufen, bieten sich Kunsthandwerk und Kulinaria an.

Zwar sind die kanarischen Inseln Freihandelszone, doch von einem billigen Einkaufsparadies kann nicht die Rede sein. Die Preise entsprechen mitteleuropäischem Standard. Erheblich günstiger als im Heimatland kauft man auf den Kanaren jedoch **Tabakwaren** (auch internationale Marken). Auch die Preise für **Spirituosen** und **Parfümerieartikel** sind vergleichsweise niedrig. Zwar kann man Kameras und andere technische Geräte mitunter preiswert erstehen, doch sollte man grundsätzlich nur im Fachhandel kaufen und sich darüber hinaus sorgfältig von der Qualität überzeugen.

Abwechslungsreicher Spaß

Gute Einkaufsmöglichkeiten und eine große Auswahl hat man in Arrecife, Puerto del Carmen und Costa Teguise, wobei sich das Angebot in Puerto del Carmen und Costa Teguise hauptsächlich an Touristen orientiert. Die Haupteinkaufsstraße in Arrecife ist die Calle León y Castillo. Hier befinden sich das mehrstöckige Warenhaus **»Atlántida«** und das um einen Patio gebaute Einkaufszentrum **»El Mercadillo«**. Auch auf der Plaza de la Constitución und in der Avenida La Marina sowie in den angrenzenden kleineren Straßen gibt es Geschäfte aller Art.

Einkaufszentren

Besonders auffällig ist das große Angebot an technischen Geräten. Elektroartikel, Schuhe und Parfums sind vergleichsweise günstig zu erstehen. **Modeartikel** werden in jeder Qualität und Preisklasse angeboten – man kann also ruhig ein Kleidungsstück weniger von zu Hause mitnehmen und dafür ein Erinnerungsstück auf Lanzarote erwerben. Weiter gibt es ein paar CD-Geschäfte mit recht umfangreichem Sortiment, darunter auch

> **BAEDEKER TIPP** ❗
>
> *Alles von Manrique*
>
> Auf der Suche nach einem hübschen und für Lanzarote typischen Souvenir könnte man sich in der »Tienda César Manrique« umsehen. Hier sind neben Reproduktionen von Manrique-Werken auch Shirts, Taschen, Keramik u. v. m. mit Manrique-Motiven erhältlich. Derartige Läden gibt es in Playa Blanca (Av. Papagayo 6), in Teguise (Plaza 18 de Julio 6) und in der Fundación César Manrique in Tahíche.

Viel Buntes auf dem Markt von Teguise

kanarische Musik – Folklore, New Age und Jazz. Sportgeschäfte findet man im Zentrum von Arrecife, und alles für den Tauchsport erhält man in der Avenida de Naos.

Souvenirs kann man am besten in den vielen Tiendas kaufen, die an die meisten Sehenswürdigkeiten angegliedert sind. Hier gibt es Bücher über Lanzarote in allen Sprachen, Fotobände, lanzarotenischen Weine und Folkloremusik. Stände beim Krater El Golfo und am Parkplatz bei Los Hervideros verkaufen kleine Schmuckstücke mit dem Halbedelstein Olivin. Gute Textilien und Kunstgewerbe vom nahen afrikanischen Kontinent werden auf dem Sonntagsmarkt in Teguise verkauft. Auf den Märkten bekommt man generell jede Menge Kunsthandwerk, Modeschmuck und Produkte aus Olivin, wenngleich die Herstellung von Kunsthandwerk auf Lanzarote immer durch einen Mangel an Rohstoffen behindert wurde. Typisches Kunsthandwerk von der Insel sind Töpferwaren, Rosettenstickereien und Flechtkörbe aus Palmwedeln. Für Musikliebhaber bietet sich der Kauf einer Timple an, einer kleinen Gitarre, die ein typisches Instrument für Lanzarote ist. Ein essbares Mitbringsel ist z. B. Marmelade aus Kaktusfrüchten.

Produkte direkt vom Erzeuger gibt es auf ganz Lanzarote zu kaufen.

Märkte

Arrecife
Wochenmarkt
Parque Temático
Mi., Sa. 9.00 – 14.00 Uhr

Costa Teguise
Trödelmarkt, Pueblo Marinero
Fr. ab 17.00 Uhr
Kitsch und Kunstgewerbe

Haría
Wochenmarkt
Sa. 10.00 – 14.00 Uhr
Schmuck, Kunsthandwerk und
Kulinarisches

Playa Blanca
Wochenmarkt am Jachthafen
Mi., Sa. 9.00 – 14.00 Uhr
Obst und Gemüse

Teguise
Großer Wochenmarkt
So. 9.00 – 14.00 Uhr
Auf dem Markt gibt es allerlei
Lebensmittel und Kunsthandwerk,
Kleidung und Tischwäsche und
auch viel Kitsch und Tand – kurz:
ein Markt zum Stöbern. Es gibt
einen speziellen Buszubringer-
dienst zu dem Markt in Teguise,
der von Costa Teguise, Puerto del
Carmen und Playa Blanca aus
fährt.

Tinajo
Bauernmarkt
So. 10.00 – 13.00 Uhr

An der Küste und im Hinterland

Vom Fünfsternehaus bis zur familiären Pension, vom Wellness-Hotel bis zum riesigen Sportresort, dazu immer mehr All-Inclusive-Anlagen – groß ist die Vielfalt der Unterkünfte auf Lanzarote. Die meisten befinden sich in den drei weitläufigen Ferienorten Costa Teguise, Puerto del Carmen und Playa Blanca sowie im Hafenort Puerto Calero. Doch seit einigen Jahren wird man auch abseits der Küste fündig: Immer mehr kleine, individuelle Hotels laden zum »Urlaub auf dem Land« ein.

WO WOHNT MAN AM BESTEN?

So gleichförmig Lanzarote auf den ersten Blick erscheinen mag, so unterschiedlich sind doch einzelne Regionen der Insel. Dies zu wissen, ist wichtig für die Ortswahl. Es gibt insgesamt drei große Touristenzentren, in denen man normalerweise landet, wenn man einen Pauschalurlaub bucht: Playa Blanca im Süden, Puerto del Carmen an der südlichen Ostküste und Costa Teguise an der nördlichen Ostküste.

Drei Touristenzentren

Puerto del Carmen liegt **relativ zentral**, ist aber nicht jedermanns Sache: An dem langen Ortsstrand zieht sich eine Uferstraße entlang, teilweise einem Jahrmarkt gleich mit Imbissbuden aller Art, deutschen Bierlokalen, Gastronomie aus allen Ecken der Welt, Andenkenläden etc. Hier geht es ab spätnachmittags laut und rummelig zu, langweilig sollte es einem nicht werden. Tagsüber lockt hingegen der schöne flache Strand mit Sonnenliegen und -schirmen.

Puerto del Carmen

Playa Blanca im **Inselsüden** war lange ein eher ruhiger Küstenort, in den gern Familien mit kleinen Kindern fuhren. Wunderbare Strände sind die Papageienstrände in der Nähe von Playa Blanca, zu denen man aber nur mit Auto oder Schiff gelangt – für den Fußweg muss mindestens eine Stunde einkalkuliert werden. In den letzten Jahren hat sich Playa Blanca an der Küste entlang ausgebreitet und die lauteren Lokale haben auch hier Einzug gehalten. Vorteil für alle, die in Playa Blanca übernachten: Hier startet die Fähre, mit der man einen Tagesausflug nach Fuerteventura machen kann. Ansonsten ist Playa Blanca als Ausgangsort für Erkundungen von Lanzarote selbst nicht sonderlich gut geeignet.

Playa Blanca

Apartmentanlagen wie das Atlantis Las Lomas in Puerto del Carmen sind eine beliebte Alternative zu herkömmlichen Hotels.

Exklusiv und etwas exzentrisch

Ihnen sind die großen Bettenburgen, in denen man nur eine Nummer ist, ein Gräuel? Sie bevorzugen statt All-inclusive und Rundum-Animation individuelle Entdeckungstouren, sind neugierig auf Fremdes und wollen Land und Leute ganz authentisch kennenlernen? Dann sollte ein Finca-Urlaub auf Lanzarote die richtige Wahl sein.

Abseits der Ferienzentren finden sich auf Lanzarote stille Dörfer – ob nun an der Küste oder im Landesinnern. Und in fast jedem Dorf lässt sich eine besondere Unterkunft entdecken: Einstige Sommerfrischen lanzarotenischer Großgrundbesitzer, Bauerngehöfte und traditionelle Anwesen wurden in kleine Hotels verwandelt.

Herrschaftlich im Süden

Das im Südwesten gelegene **Yaiza** ist in weiße Farbe getaucht, die Mauern sind streng symmetrisch angelegt, die Pflanzen effektvoll platziert. Die asketische Ästhetik vor dem Hintergrund dunkler Feuerberge trug ihm schon mehrfach den Titel »schönstes Dorf Spaniens« ein. So erstaunt es nicht, dass hier gleich mehrere Unterkünfte entstanden – allesamt exklusiv und etwas exzentrisch.

Am Südrand des Orts liegt die **Casona de Yaiza** (▶S. 197). Nach außen hin präsentiert sich das holzverkleidete Herrenhaus zurückhaltend elegant. Seine Schönheit enthüllt sich vor allem demjenigen, der sich hier einquartiert. Die Räume, die sich rings um einen begrünten Patio gruppieren, sind mit Antiquitäten eingerichtet, pastellfarbene Fresken geben dem Ganzen eine fantastische Note. Schön ist auch der rustikale Frühstücksraum mit seinen dicken Natursteinmauern,

der sich dank Kerzenschein abends in ein stimmungsvolles Restaurant verwandelt. Clou des Hauses ist aber die unterirdische Zisterne, die in eine Kapelle samt Galerie verwandelt wurde: Die geschwungenen, weiß getünchten Gänge strahlen einen besonderen Zauber aus.

Wer Yaiza in Richtung Nationalpark verlässt, stößt auf das Restaurant Bodega de Santiago und gleich daneben die **Casa de Hilario** (▶S. 197). Benannt ist die 200-jährige Finca nach dem Eremiten Hilario, der jahrzehntelang in der unwirtlichen Landschaft der Vulkane lebte. Seinen Namen trägt auch der Islote de Hilario, an dem alle Urlauber zur Bustour durch die Montañas del Fuego starten. Auf einem »islote«, einem »Inselchen«, umflossen von erstarrter Lava, steht auch das Hotel.

Das traditionelle Anwesen betritt man durch eine Halle, die einen Vorgeschmack auf alles Weitere gibt: Ölgemälde in zarten Pastellfarben zeigen exotische Gestalten in anmutiger Pose. Der frühere Besitzer des Hauses, ein Brite, der viel Zeit im Fernen Osten verbracht hatte, wollte offenbar die Exotik Asiens auch auf der Feuerinsel nicht missen. So ließ er sich sein Schlafzimmer, die heutige Nr. 4, mit japanischen Ansichten ausmalen. Dies wiederum inspirierte José Ignacio Amigo, der das Haus 2007 übernahm, dem gesamten Haus einen asiatischen Touch zu verleihen. So setzt sich der Reigen der Geishas und Samurai im Kaminsaal fort, von dem man über Lavafelder auf die Montañas del Fuego schaut. Bei schönem Wetter treffen sich die Hotelgäste im Pool-Garten oder auf der romantischen Terrasse.

Alternativ im Norden

Der Norden Lanzarotes hält andere Landschaften bereit. Vom Passat befeuchtet, ist er – zumindest im Winter – mit einem grünen Flaum überzogen. An terrassierten Bergflanken wachsen Obst und Gemüse und an Steilhängen Pflanzen, die es nur auf Lanzarote gibt. Und in Küstennähe sieht man Kaktusfelder, so weit das Auge reicht. Unterkünfte mit einer besonders schönen Atmosphäre, ideale Orte der Entspannung, findet man in Mala. Dort hat sich Familie Himmelsbach beim Bau ihrer Anlage **Lotus del Mar** von César Manriques Architektur inspirieren lassen. Farbe und Symmetrie der strahlend weißen, kubusförmigen Häuser stehen in scharfem Kontrast zur schwarzen und wilden Lavaküste. Dabei hat jedes Haus seinen eigenen, unverwechselbaren Charakter, egal ob Finca oder romantische Casita, komfortables Apartment oder familienfreundliche Wohnung. Die Innenausstattung lässt derweil nichts vermissen. Zu den Finessen einiger Wohnungen gehören runde, mit Mosaiken ausgelegte Bäder. Sie sind mit Dachöffnungen versehen, durch die das Licht von Sonne und Mond ins Innere fällt. Alle Wohneinheiten haben eine

oder gar mehrere Sonnenterrassen, im Garten wachsen einheimische Pflanzen wie Balsam-Wolfsmilch, Mittagsblumen oder Aloe Vera. Wer spirituellen Tiefgang sucht, kann zudem das Seminarhaus Namasté als »Ort der Begegnung und des Austausches« besuchen. Und auf Wunsch bietet David Himmelsbach auch Massagen an. Wer durch den Barranco de Tabayesco auf den gut 650 m hohen Kamm des Famara-Massivs hinauf- und dann über Serpentinen hinabfährt, landet im Bilderbuchdorf Haría. Hier wie auch in El Golfo, La Caleta de Famara, Tinajo und Órzola sind weitere Unterkünfte abseits der Tourismusindustrie zu entdecken – Infos hierzu stehen im Kapitel »Reiseziele von A bis Z«.

Rustikal-gemütlich präsentiert sich das Restaurant der Casona de Yaiza.

Costa Teguise

Costa Teguise **nördlich der Inselhauptstadt Arrecife** ist ein etwas älteres Urlaubszentrum mit zum Teil recht luxuriösen Hotelanlagen. Die Strände sind klein, aber angenehm. Surfer können direkt an einem der Ortsstrände lossurfen.

Wer einen reinen Sporturlaub machen möchte, lernt ein komplett anderes Lanzarote kennen: Im Zentrum **La Santa** an der Nordküste mieten sich Sportler ein, die ansonsten wenig Interesse an der Insel haben (▶Baedeker Wissen S. 93). Hier an der Nordküste gibt es zudem einen landschaftlich grandiosen Strand, die Playa de Famara, die allerdings stets dem starken Passatwind ausgesetzt ist: Schwimmen ist wegen der starken Brandung nicht ungefährlich, Sonnenbaden kann an manchen Tagen ungemütlich sein, dafür sind Strandspaziergänge hier einzigartig. An der Steilküste über dem Strand starten geübte Drachenflieger. Eine Ferienhaussiedlung aus den 1970er-Jahren liegt etwas oberhalb des Strandes bei **La Caleta**.

Preiskategorien

Durchschnittspreis für ein Doppelzimmer:
🅔🅔🅔🅔 über 150 €
🅔🅔🅔 100 – 150 €
🅔🅔 50 – 100 €
🅔 unter 50 €

Alternativen

Wer etwas Besonderes sucht, mietet sich auf dem Land im **Inselinnern** ein (▶Baedeker Wissen S. 82). **Kleinere Küstenorte**, in denen es allerdings nicht allzu viele Quartiere gibt, sind Punta de Mujeres und Órzola. Und einen ziemlich ungestörten Urlaub kann man auf der vorgelagerten Insel **La Graciosa** machen – das wiederum ist ausschließlich Ruhebedürftigen zu empfehlen.

UNTERKÜNFTE AUF LANZAROTE

Die meisten Urlauber buchen ihre Unterkunft pauschal zusammen mit dem Flug, was normalerweise am günstigsten ist. Für Individualreisende stehen einige **Hotels**, ein paar **Pensionen** und viele **Apartment- und Bungalowanlagen** zur Verfügung, letztere in den Touristenzentren Puerto del Carmen, Costa Teguise und Playa Blanca.

Privatunterkünfte

Generell gibt es auf Lanzarote nur wenige einfache Pensionen oder Hotels, ebenfalls nur sehr wenige **Privatzimmer**. Letztere sind in der Regel auch den offiziellen Stellen nicht bekannt. Um sich privat einzumieten, erkundigt man sich am besten vor Ort in Restaurants oder Cafés. Einige Privatunterkünfte werden beispielsweise in Arrieta und Órzola vermietet.

Turismo Rural

Wie auf den anderen Kanaren versucht man seit einiger Zeit unter dem Stichwort »Turismo Rural« den **Tourismus auf dem Land** zu fördern. Alte und verfallene Fincas, Bauern- und Herrenhäu-

Blick in den Innenhof des Hotels Casa de Hilario in Yaiza

ser werden mit staatlichen Zuschüssen restauriert und in angenehme Ferienunterkünfte umgewandelt. Derartige Unterkünfte können
mittlerweile bereits bei verschiedenen großen Reiseveranstaltern
gebucht werden. Außerdem ist eine Direktbuchung möglich unter
www.finca-selection.de.

Es gibt nur einen offiziell ausgewiesenen Campingplatz, der einfach
ausgestattet ist. Er befindet sich bei den Papagayo-Stränden, östlich
von **Playa Blanca**. Die 250 Stellplätze für Zelte und Wohnwagen
werden allerdings nur in den Sommermonaten genutzt. Reservie-
rung nimmt man am besten über die Stadtverwaltung von Yaiza vor
(Tel. 928 17 34 52).

Campingplatz

Urlaub aktiv

Auf dem Wasser und zu Lande

Auf Lanzarote steht Sport hoch im Kurs: Nicht nur Baden, Tauchen und Surfen in jedweder Form, auch Wandern, Mountainbiken und Rennradfahren in der Vulkanlandschaft werden immer beliebter. Selbst Golfen ist auf der wüstenähnlichen Insel möglich!

WASSERSPORT

Tauchen und Windsurfen sind die Sportarten, deretwegen manche Sportler zielgerichtet nach Lanzarote fahren. Durch den steten Wind sind die Bedingungen zum Wind- und Kitesurfen an einigen Küstenabschnitten für Könner ideal, für Anfänger ist der Wind allerdings oft zu stark. Reizvolle Surfreviere sind die Playa de los Pocillos (Puerto del Carmen), Playa de las Cucharas (Costa Teguise) und Playa de Famara im Nordwesten (▶Baedeker Wissen S. 150). Auch für Taucher sind die kanarischen Inseln ein Unterwasserparadies. Entsprechend groß ist das Angebot an Tauchzentren und -schulen.

Surfen, Tauchen

BADEURLAUB

Generell gilt: Starker Wind kann das Vergnügen an den Sandstränden etwas verderben. Besonders an der Nordwestküste ist man Wind und Flugsand ungeschützt ausgesetzt – für robuste Wind- und Kitesurfer gut, für Sonnenanbeter mitunter unangenehm. Die bevorzugen daher meist die Strände bei Puerto del Carmen bzw. bei Playa Blanca (▶Baedeker Wissen S. 90).

Windiges Baden

Am eigentlich recht schönen Stadtstrand **Playa del Reducto** am Gran Hotel sowie an der **Playa Honda** und der **Playa del Cable** sind vorrangig die Hauptstädter selbst zu finden.

Arrecife

Hier gibt es nur vergleichsweise wenig Bademöglichkeiten an kleinen, ortsnahen Stränden. Die **Playa de la Garita** bei Arrieta ist einer der saubersten Strände auf Lanzarote.

Arrieta

Südöstlich von Órzola locken in der ansonsten kargen Landschaft einige hellsandige Buchten Touristen zum Sonnen und Baden an; die schönste ist Bajo de los Sables.

Bajo de los Sables

Mountainbiker finden anspruchsvolles Terrain vor.

Costa Teguise Die Sandstrände des Touristenzentrums Costa Teguise sind durch Dämme und Aufschüttungen vor Wind und Wellen geschützt. An der **Playa de las Cucharas** treffen sich die Surfer.

El Golfo, Playa de Janubio Bei El Golfo gibt es kleine dunkelsandige Buchten. Sehr schön ist die Szenerie an der unweit südlich gelegenen, ebenfalls dunkelsandigen Playa de Janubio.

La Caleta Die kilometerlange helle **Playa de Famara** bei La Caleta ist sicher landschaftlich der schönste Strand der Insel. Allerdings kann hier das Sonnen- und Badevergnügen durch starken Wind beeinträchtigt werden, Strandspaziergänger kommen allerdings auf ihre Kosten.

Playa Blanca Etwas umständlich über holperige Geröllpisten zu erreichen, sind die bei Insulanern wie bei Urlaubern beliebten **Papagayo-Strände** östlich von Playa Blanca: durch Steilufer relativ geschützte (unverbaute) Buchten mit hellem Sandstrand. Direkt in Playa Blanca gibt es kleinere Ortsstrände, an denen Dämme für gefahrloses Baden sorgen.

Einmalig: die dunklen Strände von El Golfo

Hervorragende ausgedehnte Sandstrände sind die **Playa Blanca** und die **Playa de los Pocillos** direkt am Ort. Ebenfalls einladend: die östlich anschließende **Playa de Matagorda**.

Puerto del Carmen

Wunderschön und teilweise menschenleer sind die Strände auf La Graciosa. Ein Strandtag oder auch eine Übernachtung auf der kleinen Insel lohnen auf jeden Fall.

La Graciosa

Als FKK-Strand ausgewiesen ist die Strandzone von **Charco del Palo** an der Nordostküste bei Guatiza. Zudem treffen sich Nudisten vor allem an der **Playa de Puerto Muelas**, dem östlichsten der »Papageienstrände« bei Playa Blanca. »Oben ohne« ist an den vor allem von Touristen besuchten Stränden fast überall möglich; ansonsten sollte man sich mit Rücksicht auf die Einheimischen besser mit Badeanzug bzw. Bikini bekleiden.

FKK-Strände

Man sollte den Atlantik nicht unterschätzen. **Gefährliche Strömungen** und **starker Wellengang** fordern Jahr für Jahr ihre Opfer!

Gefahren beim Baden

RADFAHREN

Radfahren wird auch auf Lanzarote immer beliebter. Mieten kann man Fahrräder in einigen Hotels sowie in Fahrradverleihgeschäften, die oft auch **organisierte Radwandertouren** anbieten. Ein gut ausgestattetes Fahrrad bzw. Mountainbike kostet pro Tag zwischen 10 und 30 €, Wochentarife liegen zwischen 50 und 120 €. Wer sein eigenes Rad mitnehmen möchte, muss es der Fluggesellschaft nur rechtzeitig mitteilen.

Mieten von Fahrrädern

Bei Radtouren auf der Insel sollte man aber bedenken: Es gibt keine Radwege (lediglich an einem Radweg zwischen Playa Blanca und Femés wird gerade gebaut); auf den Pisten können spitze Lavasteine leicht die Reifen zerschneiden; bei starkem Wind und auf bergigen Straßen sind oft **Überanstrengung** die Folge; bei kaltem Wind droht Erkältungsgefahr, bei großer Hitze Sonnenstich. Die Gegend östlich vom Timanfaya-Nationalpark, zwischen Tinajo, La Santa und La Caleta, eignet sich besonders gut zum Radfahren. Hier sind keine großen Höhenunterschiede zu bewältigen – allerdings weht meist eine starke Brise! – und es gibt wenig Autoverkehr.

Radtouren

WANDERN

Lanzarote kann es in Bezug auf Wegenetz und landschaftliche Vielfalt nicht ganz mit den kanarischen Zentral- und Westinseln aufneh-

Wandertouren

Abtauchen und Sonne tanken

Die bevorzugten Strände für Sonnenanbeter und Badeurlauber liegen an der Ostseite und im Süden der Insel. Vor allem an der Nordwestküste kann starker Wind das Vergnügen beim Sonnenbaden etwas verderben, hier ist man Wind und Flugsand ungeschützt ausgesetzt – für Surfer und Kitesurfer oder für Strandspaziergänge ist der Nordwesten dagegen ideal.

▶ **Strände** ⊕ Lage ❶ Besonderheiten

❶ **Playa de Famara**	❷ **La Graciosa**	❸ **Bajo de los Sables**
⊕ 7 km nördlich von Teguise	⊕ Auf der kleinen Vulkaninsel ca. 1,5 km nördlich von Lanzarote	⊕ Südöstlich von Órzola
❶ Natur total: Kilometer-langer heller Sand-strand vor spektakulärer Felskulisse, immer ein kräftiger Wind und viel Brandung.	❶ Menschenleere, meist hellsandige Strände in schöner Landschaft	❶ In der kargen Land-schaft locken einige schöne hellsandige Strandbuchten hin und wieder auch Touristen an.
❹ **Playa de la Garita**	❺ **Playa de las Cucharas**	❻ **Playa del Reducto**
⊕ Südlich von Arrieta	⊕ Direkt in der Stadt Costa Teguise	⊕ In Lanzarotes Hauptstadt Arrecife
❶ Der kleine Strand ist einer der saubersten Strände auf Lanzarote.	❶ Der Touristenstrand von Costa Teguise liegt geschützt in einer weiten Bucht, hier kann man gut baden und schwimmen.	❶ Der Stadtstrand von Arrecife ist kein Urlauber-strand, kann aber dennoch schön für eine Pause bei der Stadtbesichtigung sein.
❼ **Playa de los Pocillos**	❽ **Playas de Papagayo**	❾ **Playa de Janubio**
⊕ In Puerto del Carmen	⊕ Südöstlich von Playa Blanca	⊕ Südlich des Timanfaya Nationalparks
❶ Der größere der beiden Touristenstrände von Puerto del Carmen. Lebhafter Badebetrieb, aber man findet immer noch ein Plätzchen.	❶ Bei Insulanern und Urlaubern beliebte Badebuchten mit großen hellsandigen Stränden, die man über Geröllpisten erreicht.	❶ Wen richtig dunkler Sand nicht stört, der findet südlich von El Golfo diesen landschaftlich besonders schönen Strand.

= Baden
uneingeschränkt
möglich

= Baden
gefährlich

= Baden
verboten

★ 213 Küstenkilometer

ⓧ Strände
❌ Tauchreviere

LA GRACIOSA

Teguise

Tinajo

LANZAROTE

San Bartolomé

Yaiza

Puerto
del Carmen

Arrecife

Tauchen auf Lanzarote

Lanzarote ist ein ideales Tauchrevier. An Riffs und in Höhlen begegnet man einer enormen Artenvielfalt – und das das ganze Jahr über bei angenehmen Wassertemperaturen und ausgezeichneten Sichtverhältnissen.

3 Tauchreviere ⓘ Besonderheiten ⬇ Maximale Tiefe

① Playa Blanca

In 6–18 m Tiefe kann man an der »Flamingo Wall« zahlreiche Brassen, Rochen, Engelshaie und andere Rifffische erleben.

6–18 m

② Puerto del Carmen

ⓘ »La Catedral« ist eine enorme Höhle in fast 30 m Tiefe, in die man etwa 15 m hineinschwimmen kann. Ein mittelschweres Tauchrevier.

⬇ 30 m

③ La Graciosa

ⓘ Tauchen im Parque Natural um die Inseln La Graciosa, Montaña Clara und Alegranza. In diesen Gewässern gibt es einen ungewöhnlichen Artenreichtum.

⬇ 35–40 m

©BAEDEKER

men. Dennoch ziehen die bizarre Vulkanlandschaft, Aussichtspunkte und interessante Küstenpfade immer mehr Wanderer an, denn man kann auch hier etliche lohnende Touren unternehmen. Zwei reizvolle Strecken sind auf S. 153 und S. 159 zu finden. **Geführte Wanderungen** werden im Gebiet des Parque Nacional de Timanfaya organisiert (▶ S. 167).

Ausrüstung Längere Wanderungen sollte man nur mit einer guten Ausrüstung durchführen – festes Schuhwerk, leichte Bekleidung, die aber trotzdem vor intensiver Sonne schützt, Kopfbedeckung, im Winter auch Regenbekleidung. Einige Regionen der Insel sind **nicht ganz ungefährlich** zu begehen, da man auf dem locker geschichteten Gestein leicht umknicken kann. Immer wieder wird darauf hingewiesen, dass man sich keinesfalls allein auf den Weg machen soll, da es sehr schwierig sein kann, sich im Notfall bemerkbar zu machen. Trotz mittlerweile passabler Ausschilderung, sollte man mit einer guten Wanderkarte ausgerüstet sein.

Adressen

DRACHENFLIEGEN
Unter geübten Drachenfliegern gelten die Winde an der Steilküste des Risco de Famara als ideal. Hier gibt es sechs Startpunkte sowie einen oberhalb von Órzola am El Embarcadero. Weitere Startrampen finden sich am Zonzamas, bei El Cuchillo, bei Mala und in den Bergen Los Ajaches bei Femés und am Tinasoria.

GOLF
Costa Teguise Golf
Costa Teguise, Avenida del Golf
Tel. 928 59 05 12
www.lanzarote-golf.com
18-Loch-Platz

Lanzarote Golf
Ctra. Puerto del Carmen – Tías
Puerto del Carmen
Tel. 928 51 40 50
www.lanzarotegolfresort.com
18-Loch-Platz

GOKARTING
Gran Karting Club
Carretera LZ-2 Km 7
(an der Straße Arrecife – Tías)
Tel. 673 13 91 01
www.grankarting.com
Sommer tgl. 11.00 – 22.00
Winter 10.00 – 21.00 Uhr

FAHRRAD FAHREN
Lanzarote Bikes
Calle Las Conchas, Costa Teguise
Tel. 651 09 60 57
www.lanzarote-bikes.com
Hier werden gut gewartete Mountainbikes und Rennräder vermietet. Die Biker bekommen Material und Streckenpläne, auf Wunsch auch individuelle Tourenvorschläge und Guides.

Pro Bike La Santa
Calle Encarnación 14, La Santa
Tel. 928 84 01 03
www.probikelanzarote.com

Schandfleck oder Vision?

2 km nördlich des Fischerdorfs La Santa erstreckt sich eine buchtenreiche Küste, deren Besonderheit eine große Lagune ist. Hier entstand in den 1970er-Jahren ein Resort, das – von César Manrique als architektonischer Schandfleck abgeurteilt – heute eines der größten Sporthotels Europas ist. Die erklärte Vision: Der »Club La Santa soll der größte Spielplatz der Welt für Menschen sein, die Sport lieben.«

Berühmte Schwimmer und Surfer kommen hierher, Springer und Sprinter, Radler und Tennisspieler. Über **30 Sportarten** kann man ausüben, meist ohne Aufpreis. Und weil es so schön ist, den Berühmtheiten nahe zu sein, quartiert sich in La Santa auch eine große Zahl von Aktivurlaubern ein.

Und sie finden **perfekte Bedingungen** vor: ein Leichtathletikstadion, zwei olympische Schwimmbecken, und eine Sporthalle, einen Fußball- und einen Golfplatz, mehrere Tennisplätze und Squashcourts, eine PADI-Tauchbasis sowie eine Surf- und Kiteschule. Denn für alle, die surfen lernen wollen, ist das ruhige Wasser der Lagune ideal. Schwimmer aller Leistungsklassen werden das »Sports Science Department« und die »Stroke Correction Clinic« zu schätzen wissen, in der mit High-Tech-Gerät an Stil und Schnelligkeit gefeilt wird.

Übernachtet wird in einem der fast **400 Apartments**, von denen die neueren komfortabel, die älteren freundlich-funktional eingerichtet sind: Wozu Luxus beim Wohnen, wenn man den ganzen Tag ohnehin im Freien verbringt? Und auch sonst fehlt es nicht an den üblichen modernen Annehmlichkeiten eines Viersternehotels.

Übrigens wird das gesamte Resort neuerdings mit erneuerbaren Energien betrieben. Es wird angestrebt, zukünftig auch die vulkanische Erdhitze zur Energiegewinnung zu nutzen – ein ambitioniertes Projekt!

Und noch ein Tipp für »Passivsportler«: Jedes Jahr findet der Triathlon **Ironman Lanzarote** statt. Wenn die Sportler u. a. 180 km über die Insel »radeln«, nimmt die gesamte Insel mitsamt ihren Besuchern an dieser Prominentenshow teil.

Club La Santa
Tel. 928 59 99 99
(Tel. in Deutschland 040 5 51 00 34)
www.clublasanta.de

Trainingsprogramm im Club La Santa

Die kanarischen Inseln – ein Surferparadies

Renner Bikes
Puerto del Carmen:
Centro Comercial Marítimo
Avenida de las Playas 25
Tel. 928 51 06 12
www.mountainbike-lanzarote.com
Deutsche Bikestation mit City-
und Mountainbikes

La Graciosa Bike
Caleta de Sebo
Tel. 928 84 21 38
Fahrradverleih auf Lanzarotes
Nachbarinsel

JACHTHÄFEN
Sporthäfen gibt es in Arrecife,
Playa Blanca, Costa Teguise und
in Puerto Calero.

REITEN
Lanzarote a Caballo
Straße Yaiza – Arrecife
(zwischen Macher und Uga)
Tel. 928 83 00 38
www.lanzaroteacaballo.com
Man kann auf Pferden und
Kamelen reiten sowie Reitunter-
richt nehmen.

STAND UP PADDLING
SUP Lanzarote
Laguna de Sands Beach Hotel
Costa Teguise
Tel. 679 22 04 92
www.suplanzarote.com
Für Stehpaddler werden Kurse
und Touren angeboten, auch
Boards können hier ausgeliehen
werden.

TAUCHEN
Island Watersports
El Varadero 36, Marina
Puerto del Carmen
Tel. 928 51 18 80
www.divelanzarote.com
Die Tauchschule und -Shop am
Hafen befinden sich in deutscher
Hand.

Aquatis Divingcenter
Play de los Cucharas
Apdo. de Correos 104
Costa Teguise
Tel. 928 59 04 07
www.diving-lanzarote.net
Neben Tauchen stehen auch Wan-
der- und Radtouren auf dem Pro-
gramm.

Big Blue Sea
Calle La Tegala 20
Playa Blanca

Tel. 928 51 91 41
www.big-blue-sea.com
Die Tauchschule, ebenfalls unter
deutscher Leitung, bietet Tauch-
gänge mit oder ohne eigene Ausrüstung an.

WANDERN
Olita Treks & Bike
C.C. Las Maretas
Local 1
Costa Teguise
Tel. 928 59 21 48
www.olita-treks.com
Leichtere geführte Wander- und
Radtouren

Lanzatrekk
Stephan Isenmann
Tel. 696 08 33 45
www.lanzatrekk.com
Zahlreiche Wandertouren mit
deutscher Führung

WINDSURFEN
Windsurf Paradise
Playa de las Cucharas
Costa Teguise
Tel. 635 05 41 10
www.windsurflanzarote.com

Centro Windsurfing
Club La Santa
▶Baedeker Wissen S. 93

TOUREN

Unsere Routen führen Sie zu den schönsten Flecken auf Lanzarote, zu Ortschaften, Stränden und Aussichtspunkten. Lernen Sie die Vielfalt der Insellandschaft kennen, die bedeutendsten Sehenswürdigkeiten, die nettesten Plätze für ein Päuschen.

Touren auf Lanzarote

Vorgestellt werden drei Tagestouren, die alle Facetten der Urlaubsinsel zeigen. Sämtliche Routenvorschläge nehmen ihren Ausgang in Arrecife.

Tour 1   **Fahrt in den Norden**
Eine Tour mit vielen Highlights: Jardín de Cactus, Cueva de los Verdes, Jameos del Agua, Mirador del Río und Guinate Tropical Park. Eine spannende Rundfahrt in den Nordosten der Insel.
►Seite 100

Tour 2   **Durch Weinkulturen in den Inselsüden**
Durch das Weinbaugebiet La Geria inklusive Kostprobe des hiesigen Tropfens. Zu den Salinas de Janubio. Kunst in Yaiza. Ein Bad im Meer bei den Playas de Papagayo. Vielseitiger kann man einen Tag auf Lanzarote kaum gestalten.
►Seite 104

Tour 3   **Zu den »Feuerbergen«**
Der Vulkanismus formte die Insel – nirgendwo auf Lanzarote ist die Kraft der Natur deutlicher zu spüren als in den Montañas del Fuego des Nationalparks Timanfaya. Weiter führt die Rundtour zur Steilküste des Risco de Famara und zu den Touristenhochburgen Puerto del Carmen und Puerto Calero.
►Seite 106

Unterwegs auf Lanzarote

Erkundung der Insel   Es gibt öffentliche Verkehrsmittel: **Busse**, die aber im Wesentlichen auf Berufstätige ausgerichtet sind und an Wochenenden nur ganz selten fahren. Auch kleine abgelegene Ort erreicht man mit Bussen nur, wenn man sehr gut plant. Tatsächlich ist es am besten, Lanzarote mit dem Auto kennenzulernen – was zur Folge hat, dass die Straßen voll von kleinen **Mietwagen** sind. Etwas unangenehm ist es, in der Region Puerto del Carmen – Flughafen – Arrecife zu fahren, ansonsten verteilt sich der Verkehr letztlich ganz gut bzw. konzentriert sich im Wesentlichen auf die touristischen Anlaufpunkte. **Fahrradfahrer** müssen besonders im Nordteil der Insel mit erheblichen Steigun-

gen rechnen, außerdem mit Autofahrern, die auf Radler keine große Rücksicht nehmen. Zum Wandern ist Lanzarote – anders als die
westlichen Kanaren – nur in Maßen geeignet, doch wurden in den
letzten Jahren mehrere Wege markiert.

Alle nun folgenden Routen starten in der zentral gelegenen Hauptstadt **Arrecife**, die zwischen den großen Touristenzentren Puerto del

**Routen-
vorschläge**

Playa Blanca: Touristenzentrum im Inselsüden

Carmen und Costa Teguise liegt. Wer in Playa Blanca Urlaub macht, hat für die Nordtour eine Anfahrt von einer guten halben Stunde, die anderen Touren müsste man von Südwesten her entsprechend abfahren. Bei den Kilometerangaben sind die meist sehr kurzen Abstecher nicht eingerechnet. In der Regel ist bei den Routen auch Zeit, die eine oder andere Sehenswürdigkeit ausführlicher zu besichtigen.

Tour 1 Fahrt in den Norden

Start und Ziel: Arrecife   **Länge:** ca. 90 km

Man kann diese Tour gut an einem Tag bewältigen und hat dabei genügend Zeit für mehrerer Sehenswürdigkeiten, wofür man jeweils bis zu einer Stunde einplanen sollte: Jardín de Cactus, Cueva de los Verdes, Jameos del Agua, Mirador del Río und das Casa-Museo César Manrique. Für einen längeren Aufenthalt bieten sich außerdem Haría und Teguise an.

Aus der Stadt   Man verlässt ❶*Arrecife in Höhe des Puerto de los Mármoles auf der Straße Richtung Costa Teguise. Am Küstenstreifen zwischen Arrecife und Costa Teguise fährt man zunächst noch an Hafen- und Industrieanlagen vorbei, nach wenigen Kilometern beginnt dann die Urbanización Costa Teguise.

Touristen-   Die Straße führt an zahlreichen Bungalow- und Apartmentanlagen
zentrum   vorbei ins Zentrum von ❷Costa Teguise, ein Touristenort, der in den 1970er-Jahren entstanden ist und bis heute erweitert wird. Sehenswert sind das Luxushotel Meliá Salinas und das Pueblo Mari-

nero. Man verlässt Costa Teguise in Richtung Nordwesten. Bei dem von César Manrique gestalteten Einfahrtstor der Urbanización, das inmitten der kargen Landschaft steht, biegt man auf die Hauptstraße nach Norden ab.

Nach 6 km erreicht man ❸**Guatiza**. Am nördlichen Ortsausgang fällt die riesige, grüne Kaktus-Plastik aus, die den Eingang zum *Jardín de Cactus markiert. Die Straße führt weiter nach **Mala**. Links und rechts ziehen sich weite Felder hin, auf denen Opuntien angebaut werden.

Kakteen und Höhlen

Kurz hinter dem kleinen Ort wird die Landschaft wieder karger. Nach 4 km erreicht man das hübsche Fischerdorf ❹*Arrieta. Am nördlichen Ortsrand zweigt die Straße Richtung Órzola ab. Diese Straße umgeht den Ort **Punta de Mujeres**, der Abstecher in das ruhige Küstendorf lohnt sich aber! Etwa 2 km hinter Punta de Mujeres liegen die Höhlen ❺**Jameos del Agua** (rechts der Straße) und ❻**Cueva de los Verdes** (links der Straße). Beide sind beliebte Sehenswürdigkeiten und daher bis hierhin noch einige Autos und Busse unterwegs.

Anschließend führt die Straße direkt an der Küste entlang durch das unbebaute, geradezu leblos erscheinende **Malpaís de la Corona**. Nur einige Sukkulenten gedeihen hier. Die Region ist seit dem Vulkanausbruch des La Corona vor mehreren Jahrtausenden mit Lavagestein überzogen. Überraschend sind in der schwarz-braunen Umgebung kleine Strandbuchten mit hellem feinen Sand – die schönste ist die *Bajo de los Sables, an der die Straße unmittelbar vorbeiführt.

Durch karges Land

Dann tauchen schon die ersten Häuser von ❼**Órzola** auf. In dem kleinen Hafen starten die Fähren zu der Insel La Graciosa. Man verlässt Órzola in südlicher Richtung und biegt nach gut 6 km auf die kurvenreiche Straße zum *Mirador del Río ab. Die Böden hier oben werden teilweise landwirtschaftlich genutzt, ab und zu sieht man Feigen und kleine Felder mit Wein, Opuntien und Mais. Wer nicht in die Anlage des Mirador del Río gehen möchte, hat von der Straße aus, die direkt am Aussichtspunkt in einer spitzen Kurve nach Südwesten abbiegt, ebenfalls einen imposanten Blick über die Inseln La Graciosa, Montaña Clara und Alegranza. Diese schmale Straße führt in gut 400 m Höhe am Rand der Steilküste entlang, passiert am Fuß des Vulkans La Corona das Dorf **Guinate** und senkt sich allmählich in das Tal von Máguez.

Gute Aussichten

Etwa 1 km hinter **Máguez** kommt man nach ❽*Haría. Die Region wirkt vergleichsweise fruchtbar und grün. Haría ist eingebettet in eine Palmenlandschaft – als das »Tal der tausend Palmen« oder sogar

Grüne Ebene

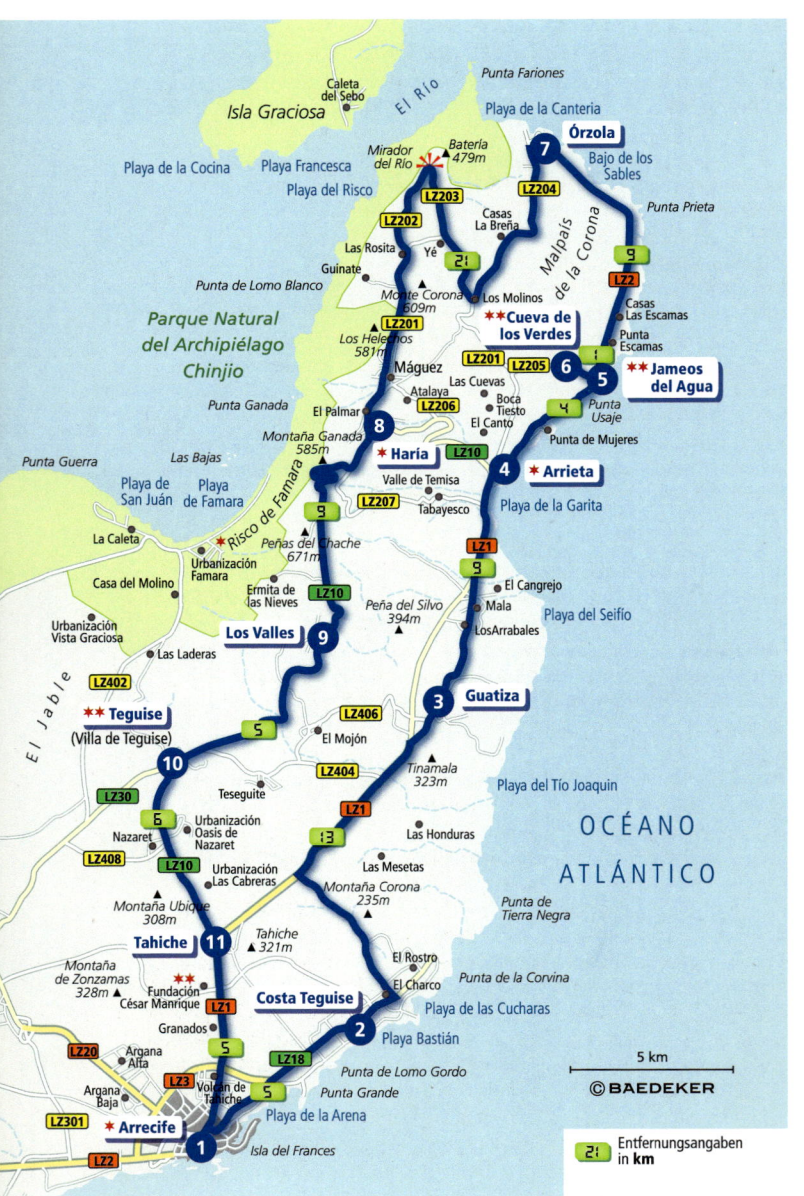

Isla Graciosa
Caleta del Sebo
El Río
Punta Fariones
Playa de la Cocina
Playa Francesca
Playa del Risco
Playa de la Canteria
7
Órzola
Bajo de los Sables
Mirador del Río
Batería 479m
Punta Prieta
LZ203
Casas La Breña
LZ204
LZ202
Las Rosita
Yé
2¹
Guinate
Los Molinos
9
Casas Las Escamas
Punta de Lomo Blanco
Monte Corona 609m
LZ72
Parque Natural del Archipiélago Chinijo
LZ201
Los Helechos 581m
Cueva de los Verdes
Casas Las Escamas
Punta Escamas
6
5
LZ201
LZ205
Jameos del Agua
Máguez
Las Cuevas
Atalaya
Boca Tiesto
El Palmar
LZ206
Punta Ganada
Montaña Ganada 585m
El Canto
Punta Usaje
8
LZ10
Punta de Mujeres
Haría
4
Arrieta
Punta Guerra
Las Bajas
Valle de Temisa
Playa de San Juán
Playa de Famara
LZ207
Tabayesco
Playa de la Garita
La Caleta
Risco de Famara
Peñas del Chache 671m
9
LZ1
9
Urbanización Famara
Ermita de las Nieves
LZ10
El Cangrejo
Casa del Molino
Peña del Silvo 394m
Mala
Playa del Seifío
Urbanización Vista Graciosa
Las Laderas
Los Valles
9
LosArrabales
El Jable
LZ402
Teguise
(Villa de Teguise)
LZ406
El Mojón
3
Guatiza
10
Teseguite
LZ404
Tinamala 323m
Playa del Tío Joaquin
LZ30
6
Urbanización Oasis de Nazaret
LZ1
OCÉANO
Nazaret
13
Las Honduras
ATLÁNTICO
LZ408
LZ10
Urbanización Las Cabreras
Las Mesetas
Montaña Ubique 308m
Montaña Corona 235m
Punta de Tierra Negra
Montaña de Zonzamas 328m
Tahiche 321m
El Rostro
Tahiche
11
Punta de la Corvina
Fundación César Manrique
El Charco
LZ1
Costa Teguise
Playa de las Cucharas
Granados
5
2
Playa Bastián
LZ20
Argana Alta
LZ23
LZ18
Punta de Lomo Gordo
5 km
Argana Baja
Volcán de Tahíche
5
Punta Grande
©BAEDEKER
LZ301
Arrecife
Playa de la Arena
LZ72
1
Isla del Frances
2¹ Entfernungsangaben in **km**

als »Tal der zehntausend Palmen« wird die Ebene um das Städtchen herum bezeichnet. Für Haría sollte man sich ein wenig Zeit nehmen und sich den hübschen Ortskern mit seinen hübschen Villen und Herrenhäusern ansehen, darunter das Wohnhaus von César Manrique, in dem er seine letzten Lebensjahre verbrachte.

Anschließend verlässt man Haría in südlicher Richtung. Die Straße windet sich in mehreren Serpentinen in die Berge des ***Risco de Famara** hinauf. Man kommt am **Mirador de Haría** vorbei und kann von hier aus noch einmal einen Blick auf den Ort und das palmenbestandene Tal werfen. Außerdem sieht man durch das weite Valle de Temisa hinab bis zur Küste nach Arrieta. Die Hauptstraße führt östlich an Lanzarotes höchstem Berg, Peñas del Chache, vorbei und weiter in Richtung Süden durch ein Gebiet, in dem etwas Gemüseanbau betrieben wird. Hier bietet sich ein kurzer Abstecher zur ***Ermita de las Nieves** an. Eine etwas holprige, schmale Asphaltstraße biegt rechts von der Hauptstraße ab und steigt allmählich an – in der Ferne sieht man bereits die Kapelle einsam auf einer Anhöhe liegen. Über einen unwirtlichen Schotterplatz neben dem Kirchlein kommt man zu einem hervorragenden Aussichtspunkt oberhalb der Steilküste. Von hier aus kann man hinunter zur Playa de Famara und über die Ebene von El Jable sehen. Oft beeinträchtigen allerdings Passatwolken die Sicht. Man sollte denselben Weg zurück zur Hauptstraße nehmen und dort rechts einbiegen.

In die Berge

> ! BAEDEKER TIPP
>
> ### Fischessen in Órzola
>
> In diesem Fischerdorf auf ungefähr halber Strecke der Tour sollte man anhalten und in einem der Fischlokale einkehren. Die Meeresbrise weckt den Appetit, die Ware ist frisch und die Zubereitung einfach. Spaß macht auch der Blick auf die bunten Boote im Hafenwasser. Probieren könnten Sie die Meeresfrüchte z. B. im Os Gallegos, »dem Galizier«, mit einem Gläschen Lanzarote-Wein (Os Gallegos, La Quemadita 6, Tel. 928 84 25 02, tgl. ab 10.00 Uhr).

Von der Hauptstraße aus sieht man links die Windmühlenreihen des Parque Eólico. Kurz danach passiert die Straße den kleinen Ort ❾ **Los Valles**, der in einem wunderschönen Tal mit rotbrauner Erde liegt, und erreicht nach weiteren 5 km ❿ ****Teguise**, Lanzarotes frühere Hauptstadt. Das architektonisch reizvolle Ensemble von Teguise sowie einige sehenswerte Paläste, Kirchen und das Kastell auf einer Anhöhe etwas außerhalb des Ortes lohnen einen ausgiebigen Besuch. Ausklingen lassen könnte man den Tag in dem in der Nachbarortschaft **Nazaret** gelegenen Restaurant LagOmar, das eigentlich selbst eine Sehenswürdigkeit ist. Von dort fährt man über ⓫ **Tahíche** (hier gilt es zu erwägen, ob man der ****Fundación César Manrique** noch einen Besuch abstatten möchte) nach **Arrecife** zurück.

Zurück in die »Zivilisation«

Durch Weinkulturen in den Inselsüden

Start und Ziel: Arrecife   **Länge:** ca. 90 km

Diese Tour kann man in Ruhe an einem Tag unternehmen. Sie führt an einigen Naturattraktionen vorbei. Besichtigungen bieten sich gleich zu Beginn im Museo Etnográfico Tanit, in der Casa del Campesino, in einer der Weinkellereien im Gebiet von La Geria und in den Galerien in Yaiza an. Entspannend ist ein Spaziergang auf der hübsch angelegten Uferpromenade von Playa Blanca.

Weinbau in den Lavafeldern

Von ❶ ★**Arrecife** aus fährt man die Schnellstraße in Richtung Nordwesten, nach ❷ **San Bartolomé**. Im Ortszentrum bietet sich das Museo Etnográfico Tanit für eine Besichtigung an. Einen erneuten Zwischenstopp lohnt gut 1 km hinter San Bartolomé das weithin sichtbare, weiß gestrichene ★**Monumento al Campesino**. Von hier aus führt eine Straße über Masdache in das Weinanbaugebiet von ★★**La Geria** hinein. In dieser Gegend wird ein Großteil des lanzarotenischen Weins produziert. Von der streckenweise sehr schmalen Straße aus ist die besondere Anbaumethode gut zu sehen: Inmitten

von weiten Lavafeldern sind Mulden eingegraben und die Reben in den unter dem Lavagestein liegenden fruchtbaren Boden gesetzt worden. Das poröse Lavagranulat (Lapilli) um die Pflanzen herum, sorgen dafür, dass das nächtliche Tauwasser gespeichert wird. Tagsüber geben die Steine das Nass dann an den Boden ab. Links und rechts wird die Straße duch La Geria von verschiedenen Bodegas gesäumt, die teilweise zu besichtigen sind und in denen man Wein verkosten und erwerben kann.

Der kleine Ort ❸ Uga am Ende der Straße durch La Geria ist das Domizil der Dromedare, die tagsüber die Touristen durch den Timanfaya-Park tragen. Hier biegt man auf die Hauptstraße Richtung ❹ *Yaiza ein, das als eines der schönsten Städtchen auf Lanzarote gilt. Kurz hinter Yaiza folgt man an einem großen Kreisel der Straße nach El Golfo. Auf dieser Straße fährt man etwa 5 km durch die riesigen Lavafelder des Timanfaya-Nationalparks, vorbei an einer militärischen Sperrzone, und biegt dann rechts nach ❺ *El Golfo ab. Nach 1 km liegt linker Hand am Ortseingang ein Parkplatz, von dem aus man zu einem Aussichtspunkt oberhalb des Charco de los Clicos gehen kann. Anschließend bietet sich ein Bummel durch das Dorf El Golfo an, das für seine

> **BAEDEKER TIPP** ❗
>
> ### Museo Etnográfico Tanit
>
> Seit über 200 Jahren hat Familie Ferrer nichts weggeworfen und stellt nun in ihrem zweihundertjährigen Herrenhaus in San Bartolomé all jene Dinge aus, die vom Alltag anno dazumal erzählen: sehr viel Kinderspielzeug, historische Fotos, Weinetiketten und Bücher, Mobiliar, Werkzeug und vieles mehr. Es gibt eine Hauskapelle und in der Familien-Bodega eine alte Presse und Weinfässer. In einem Extra-Raum stehen punische Amphoren, die vor Lanzarotes Küsten gefunden wurden. Benannt ist das Museum nach einer karthagischen Fruchtbarkeitsgöttin, deren Symbol auf Lanzarote gefunden wurde. Calle Constitución 1, Mo. – Sa. 10.00 – 14.00 Uhr, Eintritt 6 € www.museotanit.com.

zahlreichen direkt am Meer gelegenen Fischlokale bekannt ist. Hier endet die befahrbare Straße, man muss also denselben Weg wieder zurück nehmen. An der Kreuzung nach 1 km fährt man geradeaus Richtung Salinas de Janubio.

Die Straße führt zunächst an einem weiteren Parkplatz südlich des Charco de los Clicos vorbei – von hier aus erreicht man den Kratersee zu Fuß, wenn die Straße nicht wegen Steinschlaggefahr gesperrt ist – und dann zu *Los Hervideros, einem ausgewaschenen Lavafelsen an der Küste. Von einem Parkplatz aus führt ein kurzer Pfad durch die bizarre Küstenlandschaft. Die Straße verläuft parallel zur Küste, rechts blickt man auf den Atlantik, zur anderen Seite hin dehnen sich endlose Lavafelder aus. Schließlich erreicht man die ❻ *Salinas de Janubio, eine eindrucksvolle Salinenanlage. Die Stra-

Salzig!

ße führt in einem großen Bogen um die Salzbecken herum. Gleich zu Beginn gibt es einen kleinen Parkplatz, von dem aus man allerdings nicht allzu gut in die Salinenanlage sehen kann. Den besten Überblick hat man von einem Schotterplatz direkt an der Südostecke der Anlage. Von hier gelangt man automatisch über die alte Straße nach Playa Blanca. Sie verläuft parallel zur neuen Schnellstraße quer durch die Landschaft von El Rubicón.

Strandleben ❼***Playa Blanca** ist das expandierende Touristenzentrum im Inselsüden. Der Ort zeigt sich von seiner schönsten Seite bei einem Spaziergang auf der langen Strandpromenade, die am neuen Jachthafen vorbei zum Castillo de las Coloradas führt.

Die viel gepriesenen **Playas de Papagayo** erstrecken sich östlich des Touristenzentrums. Für die Rückfahrt nach Arrecife ist die zügige Verbindung zu empfehlen, die auf der gut ausgebauten Schnellstraße nach Yaiza führt, an Uga vorbei und dort geradeaus weiter über Macher und Tías.

Tour 3 Zu den »Feuerbergen«

Start und Ziel: Arrecife **Länge:** ca. 115 km

Man lernt auf dieser Route ausgesprochen gegensätzliche Landschaften kennen: die Sandebene, den kilometerlangen Strand an der Steilküste, die Montañas del Fuego (»Feuerberge«), außerdem die abgelegeneren Dörfer in der Ebene von El Jable und als Kontrast dazu das größte Touristenzentrum der Insel. Genügend Zeit sollte man für die Besichtigung im Parque Nacional de Timanfaya einplanen, eventuell auch für den Besuch des interessanten Landwirtschaftsmuseums in Tiagua und für Puerto del Carmen.

Lanzarotes helle Seite Von ❶***Arrecife** aus fährt man zunächst nach ❷****Teguise** und biegt dort links in die Straße nach Mozaga ein. 3 km hinter Teguise zweigt eine Straße ab, über die man durch die weite Sandebene von El Jable nach ❸**La Caleta** kommt. Diese für Lanzarote ungewöhnlich helle Landschaft hat einen ganz eigenen Reiz. An einigen Stellen wird trotz aller Kargheit Landwirtschaft betrieben, hin und wieder kommt man an Anpflanzungen oder gepflügten Feldern vorbei. Nordöstlich von La Caleta zieht sich über mehrere Kilometer der Strand von Famara unter der hohen Steilküste des ***Risco de Famara** hin. Von La Caleta aus führt eine Straße nach Westen in Richtung Sóo und weiter über Muñique nach ❹**Tiagua**. Hier darf man nicht versäumen, das landwirtschaftliche Museum El Patio zu besuchen.

Ziegenherde in einer Sandebene bei Teguise

Weiter geht es Richtung Westen nach ❺ **Tinajo** über eine von jungen Palmen gesäumte Straße. Von Tinajo aus kann man einen Abstecher nach ❻ **La Santa** unternehmen, was wegen des Ferienzentrums La Santa Sport vor allem für Sportliebhaber zu empfehlen ist. Landschaftlich ist der direkten Umgebung von La Santa nichts abzugewinnen, reizvoll ist allerdings die Fahrt von Tinajo nach La Santa: Über 7 km fällt die Straße sacht zum Meer hin ab.

Abstecher für Sportler

Ansonsten verlässt man Tinajo in der entgegengesetzten Richtung und fährt durch die Dörfer Tajaste, Guiguan und Mancha Blanca, die sich hintereinander reihen. In ❼ **Mancha Blanca** biegt man an der Kreuzung bei der Kirche rechts ein. Diese Straße passiert nach rund 3 km das ✱**Centro de Visitantes**, das Besucherzentrum des lohnenswerten ✱✱**Parque Nacional de Timanfaya**. Links und rechts liegen weite Felder von Lavaschollen, die von zahlreichen Kratern überragt werden. Schwarz, Rot und Braun bestimmen das Landschaftsbild. Nach weiteren 3 km ist rechts der Straße die Zufahrt in das Zentrum des Nationalparks beschildert. Die Besichtigung ist nur zu den Öffnungszeiten möglich und kostet Eintritt. Oben am Krater **Islote de Hilario** liegt das Restaurant El Diablo mitten in dieser bizarren Landschaft. Am Parkplatz des Restaurants kann man das Auto abstellen und sich einer Busrundfahrt durch den zentralen Teil des Timanfaya-Parks anschließen (Ticket ist im Eintrittspreis inbegriffen). Alternativ besteht die Möglichkeit, das Gebiet in einer Dro-

Ins Herz der Vulkane

medarkarawane zu erkunden. Der Startplatz der Tiere befindet sich wenige Kilometer weiter an der Straße nach Yaiza ebenfalls auf der rechten Seite. Bis kurz vor ❽*Yaiza zieht sich die Vulkanlandschaft hin. Man stößt in Yaiza auf die Hauptstraße, biegt links ein und fährt an Uga vorbei Richtung Arrecife.

In die Berge Etwa 1 km hinter Uga zweigt eine Straße in das gut 5 km entfernte ❾*Femés ab. Ein Abstecher in dieses hübsche Bergdorf, das am

Rand einer lang gestreckten Hochebene liegt, lohnt sich allein wegen der hervorragenden Aussicht vom Kirchenvorplatz über die Ebene von El Rubicón und an klaren Tagen bis Fuerteventura.

Von der viel befahrenen LZ 2, die Uga mit Arrecife verbindet, zweigt 6 km hinter Uga eine Straße nach ⑩ **Puerto Calero** ab. Rund um den noblen Jachthafen wurde eine hübsche Promenade angelegt, an der zahlreiche Restaurants und Bars zum Verweilen einladen. Eine neue,

BAEDEKER TIPP

Alte Schule

»Antigua Escuela« steht auf der Fassade des restaurierten Anwesens am Ortseingang von Yaiza. Doch hier drückt niemand mehr die Schulbank. In die Klassenzimmer sind Kunsthandwerksläden eingezogen, die hochwertige Textilien, Schmuck und andere Accessoires anbieten. Stärkung bietet eine Bistro-Bar (La Cuesta 1, So. geschl.).

in Küstennähe verlaufende Straße führt von Puerto Calero nach ⑪ **Puerto del Carmen**, dem größten Touristenzentrum der Insel. Der alte Dorfkern am Ortseingang lohnt eine kurze Besichtigung. Ansonsten besteht der Urlauberort aus der langen Hauptstraße bzw. Uferpromenade, an der sich Geschäfte und Restaurants aneinanderreihen. Die Straße passiert die **Playa Blanca** und die **Playa de los Pocillos** und biegt dann Richtung Flughafen ab. Von dort kommt man über die autobahnähnlich ausgebaute Straße wieder nach Arrecife.

REISEZIELE VON A BIS Z

Vulkanausbrüche haben auf Lanzarote einzigartige Naturphänomene hinterlassen. Eine karge Insel – auf den ersten Blick! Auf den zweiten offenbart Lanzarote seine Schätze.

★ Arrecife

✦ E 6

Einwohner: 56 000

Arrecife, die Hauptstadt von Lanzarote, macht mit ihren etwa 56 000 Einwohnern im Vergleich zu allen anderen Orten auf der Insel einen großstädtischen Eindruck. Es ist Verwaltungssitz. Zudem verfügt die Stadt über etwas Industrie und war zur Blütezeit des kanarischen Fischfangs ein wichtiger Stützpunkt der Hochseefischerei.

Insel-hauptstadt

Arrecife stand lange im Schatten von Teguise, der Hauptstadt von Lanzarote bis 1852. Dank des Hafens gewann die Stadt aber zunehmend an Bedeutung. In einer Beschreibung aus dem Jahr 1766 ist zu lesen: »Der Hafen (von Arrecife), der früher sehr klein war mit gerade einmal 15 oder 20 Einwohnern, ist sehr schnell angewachsen und rühmt sich nun, etwa 72 Einwohner und eine dem Bischof San Ginés gewidmete Kapelle zu haben. Außerdem gibt es ein paar neue Werkstätten, Häuser und große Weinkeller sowie andere Läden und Destillen.« 1802 hatte Arrecife immerhin schon knapp 1400 Einwohner. Heute lebt **gut ein Drittel der gesamten Bevölkerung von Lanzarote** in der Hauptstadt.

Stadtbild

Arrecife hat eine lebendige Innenstadt mit Fußgängerzone, Geschäften, Einkaufszentren und einem Kaufhaus. Es gibt Kinos, Kneipen, Cafés und Restaurants – und trotz der vierspurigen Stadtumgehung noch reichlich Verkehr in der Innenstadt. Arrecife ist nicht vom Tourismus geprägt, und das unterscheidet die Stadt atmosphärisch von den anderen größeren Orten auf der Insel. Zwar haben sich auch hier Hotels und Pensionen angesiedelt, und natürlich besuchen viele Urlauber Lanzarotes Hauptstadt, aber das spielt im lebendigen Alltag von Arrecife eher eine Nebenrolle. Wer also etwas urbanes Leben schnuppern, einen Einkaufsbummel unternehmen oder in einem der Cafés auf der parkähnlichen Uferpromenade etwas trinken möchte, kommt in Arrecife auf seine Kosten. Recht günstig parken kann man am Gran Hotel.

SEHENSWERTES IN ARRECIFE

Einen Rundgang durch Arrecife kann man im Westen der Innenstadt am Parque Islas Canarias beginnen. Es geht dann zunächst am Ufer entlang bis zum Castillo de San Gabriel, dann in die Calle León y Castillo hinein, zum Charco de San Ginés, ein Stück zurück zur Iglesia de San Ginés und schließlich wieder zur Uferpromende. Etwas

Arrecife erleben

AUSKUNFT

Oficina de Información
Parque José Ramirez Cardá
Tel. 928 81 31 74
Mo.–Fr. 9.30–16.00
Sa. 10.00–13.00 Uhr
www.turismolanzarote.com/de/
arrecife.es

Turismo Lanzarote
Calle Triana 38
Tel. 928 81 17 62

EINKAUFEN
Haupteinkaufsstraße ist die Calle León y
Castillo, Obst und Gemüse werden an
den Marktständen La Recova, Fisch
gegenüber in der Pescadería Municipal
verkauft (Av. Vargas/Ecke Liebre). Lebhaft ist das Treiben auf dem samstagvor-
mittags stattfindenden Wochenmarkt
(Plaza de Las Palmas): Kunsthandwerker,
Bio-Bauern und Schmuckhersteller verkaufen dort ihre Ware.

ÜBERNACHTEN
❶ *Arrecife Gran Hotel* €€€
Parque Islas Canarias s/n
Tel. 928 80 00 00
www.aghotelspa.com
160 Z.
Vom Schandfleck der Stadt zum Wahr-
zeichen Arrecifes: Jahrelang stand die
Hochhausruine des Gren Hotel am
Strand leer, 2004 wurde sie in ein Fünf-
Sterne-Hotel verwandelt. Von den meis-
ten Zimmern hat man einen großartigen
Blick auf das Meer und die halbe Insel.
Große Suiten, Marmorbäder und ein mit
allen Finessen ausgestattetes, aber
gebührenpflichtiges Spa-Center sorgen
fürs Wohlbefinden.

❷ *Lancelot* €€
Avenida Mancomunidad 9
Tel. 928 80 50 99
www.hotellancelot.com
Das renovierte Hotel ist nur durch die
Uferstraße vom attraktiven Strand entfernt. Die 110 Zimmer sind gemütlich
und in mediterranen Farben gehalten,
von vielen genießt man den Blick übers
Meer. Freundlicher Service, WLAN kos-
tenlos.

❸ *Miramar* €€
Avenida Coll 2
Tel. 928 81 26 00
www.hmiramar.com
85 Zimmer
Das Miramar liegt am Wasser – von den
meisten Zimmern hat man Blick aufs
Meer und das vorgelagerte Castillo de
San Gabriel. Die Lobby mit weißen Sofas
und Marmor ist elegant. Gefrühstückt
wird an warmen Tagen auf der Terrasse.

❹ *Cardona* €
Calle Democracia 11
Tel. 928 81 10 08
www.hrcardona.com
50 Zimmer
Die Pension Cardona ist einfach, nüchtern und preisgünstig und liegt ausgesprochen zentral in einer kleinen Neben-
straße. Da in dieser Straße ein paar Bars
sind, sollte man sich unter Umständen
ein Zimmer zum Innenhof oder zur Sei-
tenstraße hinaus geben lassen.

ESSEN
❶ *Castillo de San José* €€€€
Bahía de los Mármolos
Tel. 928 81 23 21
Gepflegtes, von Manrique gestaltetes

Im Restaurant Castillo de San José

Restaurant im Castillo de San José. Man sitzt in einem hellen, geschmackvoll eingerichteten Raum mit Blick auf den Hafen. Gehobene Preise, aber nicht übertrieben.

❷ *Lilium* €€€
Calle José Antonio 103
Tel. 928 52 49 78
www.restaurantelilium.com, So. geschl.
Eine der besten Ausgehadressen Lanzarotes: Fantasievolle kanarische Küche mit

frischen Zutaten, dazu hervorragende spanische und kanarische Weine, die man auch glasweise kosten kann.

❸ *Bodegón de los Conejeros* €€
Av. Dr. Rafael González Negrín 9
Tel. 928 81 71 95
So. geschl.
Rustikales Ambiente mit Holztischen und -decke sowie Weinregalen und im Hintergrund Musik kanarischer Liedermacher. Dazu wird Lanzarote-Küche serviert. Besonders gut schmeckt deftig gewürztes Fleisch.

❹ *Museo del Vino* €€
Calle García de Hita 8
Tel. 928 80 63 44
Rustikales Lokal in einem restaurierten Haus der Altstadt zwischen Charco und Calle Real. Zum Wein bestellen Gäste meist kleine Gerichte (»medias raciones«): Fleischspieße (»pinchos«), Seeteufelstücke (»tacos de rape«), Kroketten (»croquetas caseras«). Dazu gibt es eine Riesenauswahl guten (Insel-)Weins.

❺ *Comedor Casa Ginory* €
Calle Juan de Quesada 7
Tel. 928 80 40 46
www.ginorylanzarote.com
So. geschl.
Das Lokal in der Nähe des Charco de San Ginés wird auch von Lanzaroteños gern besucht. Bekannt ist es für seine Fischspezialitäten.

abseits dieser Route liegen das Kulturzentrum »El Almacén« in der Calle José Betancort sowie das Castillo San José im Nordosten am Puerto de los Mármoles.

Parque Islas Canarias Der kleine Parque Islas Canarias an der Mancomunidad Dr. Rafael González Negrín ist 1970 nach Plänen von César Manrique entstanden. Auf einer Bühne an der Seite des Club Náutico werden hin und wieder **Open-Air-Konzerte** veranstaltet, wie überhaupt fast

Arrecife

Teguise

Costa Teguise

Castillo de San José

La Joaquina

Angel Gaviñet

La Fermina

Menéndez y Pelayo

Salamanca

Palencia

León

Calle Velacho

La Cristina

El Antonio

Charafs

Ronda

Cáceres

Estación
de Guaguas

Via Medular

Velázquez

Gob. García

El Claudiano

Hipólito Frías

Av. Naos

Colón

Jamgona

Pérez Galdós

C Extremadura

Hernández

Betancort

S. Allende

Apolo

Costa Rica

Doctor Gómez

Calle León y Castillo

Calle Benito

La Añaza

Ing. Paz Peraza

Hospital

San Bartolomé

Brasília

Norte

Cuba

Trinidad

C. J. Borges Díaz

Av. César Manrique

Calle Juan Quesada

Av. Olof Palme

Puerto

General García Escámez

Blas Cabrera Topham

Góngora

Argentina

La Inés

Tenerife

Alegranza

Fajardo

Colegio

Calle León y Castillo

A. Fernández

Charco de
San Ginés

Av. Olof Palme

Aeropuerto, Intercambiador

Triana

Aniagua

José Antonio

El Almacén

Otilia Díaz

Iglesia de
San Ginés

Plaza de
Aznar y Tostes

Ayuntamiento

Islote del Francés

Casa de los
Arroyo

La Porra

Casa de
la Cultura

Av. F. Olsen

Mancomunidad
Dr. R. Glez. Negrín

Av. de la Marina

Parque
Municipal

Puente de
las Bolas

Playa del
Reducto

Parque Islas
Canarias

Club
Náutico

Castillo de
San Gabriel

Océano

Atlántico

Islote de
Fermina

Muelle
Chico

100 m

© BAEDEKER

Übernachten
1 Arrecife Gran Hotel
2 Lancelot
3 Miramar
4 Cardona

Essen
1 Castillo de San José
2 Lilium
3 Bodegón de los Conejeros
4 Museo del Vino
5 Comedor Casa Ginory

BAEDEKER TIPP

! *Kulinarische Kreuzfahrt*

Auch wer sich nicht im Arrecife Gran Hotel einquartiert, kann die großartige Aussicht aufs Meer genießen, und zwar beim Essen im feinen Restaurant Altamar im 17. Stock (▶S. 113). Tgl. ab 19.00 Uhr; die Café-Bar öffnet bereits vormittags.

alle Feste, die Arrecife unter freiem Himmel feiert, hier stattfinden – sei es Karneval, der Dreikönigstag oder im August die **Fiestas de San Ginés** zu Ehren des Schutzheiligen der Stadt. Am westlichen Ende der Parkanlagen steht das Arrecife Gran Hotel, eines der markantesten Bauwerke der Insel. Das mit 17 Stockwerken einzige Hochhaus auf Lanzarote war zehn Jahre unbenutzt, bevor es schließlich 2004 als Luxushotel neu eröffnet wurde. Jenseits des Hotels liegt Arrecifes **Stadtstrand** El Reducto, der im Wesentlichen von Hauptstädtern aufgesucht wird.

Parque Municipal
Wie die Mancomunidad Dr. Rafael González Negrín ist auch die Avenida de la Marina nur auf einer Seite bebaut und zum Wasser hin als Parque Municipal angelegt. Hier kann man mit Blick aufs Wasser und auf das Castillo de San Gabriel in verschiedenen Cafés Platz nehmen. In einem restaurierten Musikpavillon ist die Touristeninformation zu finden.

Am Westrand des Parks steht seit 1995 ein **Denkmal** für den 1879 auf Lanzarote geborenen **Physiker Blas Cabrera Felípe**. Blas Cabrera starb 1945 in Mexiko. Zu seinem 50. Todestag wurde das Denkmal, das von **Bildhauer Andrés Lasanta** geschaffen wurde, hier aufgestellt. Eine Ausstellung in der Casa de los Arroyo (s. unten) beschäftigt sich mit Leben und Werk des Physikers.

Auf der anderen Straßenseite sind ein paar **schöne Bürgerhäuser** sehenswert. In einem dieser alten Stadtpaläste, in der Casa de la Cultura Augustín de la Hoz (Nr. 7), benannt nach einem bekannten lanzarotenischen Historiker, sind Räumlichkeiten für Ausstellungen eingerichtet worden. Ein Blick ins Innere lohnt sich allein dafür, sich einen Eindruck von der großzügigen Bauweise zu verschaffen.

Castillo de San Gabriel
Das Castillo de San Gabriel liegt auf einer kleinen vorgelagerten Insel, auf die man früher nur über die Puente de las Bolas (»Kugelbrücke«) kam. Das große Tor ist eine Art **Wahrzeichen von Arrecife** geworden. Heute führt neben der Brücke eine schmale Straße zum Castillo de San Gabriel, das von Augustín Herreras y Rojas in der zweiten Hälfte des 16. Jh.s in Auftrag gegeben wurde – nach einem verheerenden Piratenangriff unter Dogali aus Algier. 1573 war das Kastell fertiggestellt. Bereits 13 Jahre später ging es allerdings bei einem erneuten Angriff in Flammen auf. Die jetzige Festung entstand im Jahr 1590 nach Plänen des Italieners **Leonardo Torriani**, der von Philipp II. mit dem Bau bzw. dem Umbau mehrerer Verteidigungs-

Kanonen gen Meer gerichtet: das Castillo de San Gabriel

anlagen auf Lanzarote beauftragt worden war. Seit 2013 ist hier das **Museo Municipal**, das Stadtmuseum von Arrecife, untergebracht. Außerdem sollen Ausstellungen lokaler Künstler päsentiert werden.
Museo Municipal: Mo. – Sa. 10.00 – 16.00 Uhr, Eintritt 2,50 €

Direkt neben dem Castillo de San Gabriel steht einer der altkanarischen Monolithen mit spiralförmiger Eingravierung, deren Funktion bis heute nicht eindeutig geklärt ist. Man nimmt an, dass sie möglicherweise durch eine bestimmte Ausrichtung zur Sonne als eine Art **Kalender** fungierten.

**Alt-
kanarischer
Monolith**

Gegenüber der Puente de las Bolas beginnt die Calle León y Castillo. Die »Calle Real« (»Königliche Straße«), wie sie im Volksmund genannt wird, ist die zur Fußgängerzone erklärte **Hauptgeschäftsstraße von Arrecife**. Diverse Boutiquen, Parfümerien, Schuhgeschäfte, Buchläden und ein paar Spielhallen reihen sich aneinander. Einige Geschäfte haben noch eine schöne alte Inneneinrichtung. Gleich am Anfang fällt das senfgelb verkachelte Gebäude, das »Gelbe Haus«, auf. Ursprünglich war es der Hauptsitz des Cabildo Insular, des In-

**Calle León y
Castillo**

selrates. Heute noch sind hier Verwaltungseinrichtungen untergebracht. Mittlerweile existiert jedoch in der Nähe des Stadtstrandes
El Reducto ein neues »Gelbes Haus«.

Charco de San Ginés

Östlich der Calle León y Castillo gibt es ein **hübsches Wohnviertel**.
Die kleinen Häuser, ursprünglich meist Fischerhäuschen, umziehen
den Charco de San Ginés, ein natürliches Hafenbecken (Charco =
Pfütze), in dem einige Fischerboote liegen. Fast alles – vom Geländer
bis zum Hausanstrich – ist in schmuckem Blau-Weiß gehalten, ein
wohltuender Kontrast zum üblichen Grün-Weiß der Insel.

Iglesia de San Ginés

Von der Nordseite des Charco de San Ginés aus sieht man über
das Wasser hinweg den Turm der Iglesia de San Ginés. Die Kirche
steht im etwas verwinkelten, stillen Viertel zwischen dem Charco
de San Ginés und der Calle León y Castillo an der kleinen Plaza de
las Palmas, wo jeden Samstagvormittag ein Mercadillo stattfindet.
Arrecifes Hauptkirche ist dem Heiligen Ginés von Clermont geweiht – sie war von einem Franzosen gestiftet worden. Im 18. Jh.
wurde die Pfarrei San Ginés gegründet und die Kirche an der Stelle
einer kleineren Vorgängerkirche aus dem vorherigem Jahrhundert
hochgezogen. Der Bau ist recht schlicht gehalten. Das dreischiffig
angelegte Innere – die beiden Seitenschiffe wurden erst zu Beginn
des 19. Jh.s angebaut – präsentiert sich in einem angenehm lichten,
fast hallenartigen Charakter, da die Basaltsäulen von verhältnismäßig hohen Arkadenbögen überspannt werden. Die Holzdecke ist im
Mudéjarstil gestaltet.

*Casa de los Arroyo

An der Küstenstraße, der Avenida Coll, befindet sich neben dem Hotel Miramar ein kanarisches Patrizierhaus, die Casa de los Arroyo.
Sie ist eines der ältesten Wohnhäuser von Arrecife. 1739 wurde sie
im Auftrag von Domingo A. de Armas y Béthencourt, Reeder und
Militärgouverneur der Insel, gebaut. Sie verfügte damals über Ställe,
Wohn- und Lagerräume. Im Erdgeschoss und im ersten Stock befindet sich heute eine Ausstellung zu Leben und Werk des auf Lanzarote
geborenen **Physikers Blas Cabrera Felípe** (1879 – 1945) und seines
Freundes und Kollegen **Julio Palacios** (1891 – 1970). Aufgebaut sind
physikalische Geräte zur Demonstration des Magnetismus sowie
persönliche Gegenstände der Wissenschaftler. Das historische Ensemble wird derzeit für wechselnde Ausstellungen genutzt, vornehm-
lich zu Themen aus den Bereichen Fotografie und Design.
❶Avenida Coll 3, in der Regel Mo. – Fr. 8.00 – 15.00 Uhr

*Castillo de San José

Das Castillo de San José liegt ca. 1,5 km östlich des Stadtzentrums
im Hafenbereich zwischen dem Puerto de Naos und dem Puerto de
los Mármoles. Das Kastell wurde zwischen 1776 und 1779 gebaut,
also zu einer Zeit, als man mit Angriffen von See her nicht mehr

rechnen musste. Hintergrund dieses Baus war vielmehr die schlechte
wirtschaftliche Situation Lanzarotes im 18. Jh., was u. a. durch die
immer wiederkehrenden **Vulkanausbrüche** bedingt war. Viele Insulaner hatten keine Arbeitsmöglich-
keiten und konnten ihre Familien
nicht ernähren. Das Kastell wurde von der spanischen Regierung
quasi als Arbeitsbeschaffungsmaß-
nahme in Auftrag gegeben, was der
Festung den Beinamen »Fortaleza
del Hambre« (»Hungerburg«) ein-
trug. Bis 1890 diente das Kastell
als Aufbewahrungsort für Muniti-

! BAEDEKER TIPP

Chill-out bis zum Nachmittag

Die Calle José Antonio ist die Straße der Nacht: Hier haben sich Bars,
Pubs und Clubs angesiedelt. Frühestens ab 22.00 Uhr startet man
ins Nachtleben, so richtig los geht
es dann ab 3.00 Uhr morgens –
z. B. im Tsunami (Nr. 59). Der kulti-
ge Chill-out-Laden macht zwar um
4.00 Uhr seine Pforten dicht, aber
wer drin ist, ist eben drin. Und das
geht dann locker bis zum nächsten
Nachmittag.

on, danach stand der Komplex für Jahrzehnte leer. Auf Initiative
und nach Plänen von **César Manrique** wurde das Bauwerk in den
1970er-Jahren restauriert. Dabei achtete Manrique darauf, so wenig
wie möglich an der ursprünglichen Festungsanlage zu verändern.
In den Räumlichkeiten des Kastells richtete er ein **Museo Internacional de Arte contemporáneo** (MIAC; Museum für zeitgenössische Kunst) ein, in einem angebauten neuen Teil das gleichnamige
Restaurant (▶S. 113). In dem Museum sind auf zwei Stockwerken
Gemälde und Skulpturen der 50iger- bis 70iger-Jahre von Antonio
Tàpies, César Manrique, Ildefonso Aguilar, Fernando Zobel, Manuel Mámpaso, José Dámaso, Manuel Mompá, Pancho Lasso u. a.
zu sehen. Mindestens ebenso interessant wie die Werke ist der Mu-
seumsraum an sich. Er zieht sich als ein halbrundes Gewölbe über
die gesamte Breite der Festung. Natürliches Licht fällt nur durch die
kleinen Seitenfenster. Eine imposante Treppe führt hinunter zum Restaurant und zum unteren Stockwerk der Kunstausstellung.

Museo Internacional de Arte contemporáneo: tgl. 11.00 – 21.00 Uhr;
Eintritt 4 €

* Arrieta

✦ F 4

**In dem hübschen Fischerdorf im Inselnorden lebte man lange
ausschließlich vom Fischfang – auch heute noch wird in den
Restaurants fangfrischer Fisch serviert. Seit einigen Jahren
kommen einige Touristen – wegen der schönen, ruhigen Lage
und der kleinen Strände Playa de la Garita etwas südlich und
Playa de la Seba nördlich bei Punta de Mujeres.**

Arrieta erleben

ÜBERNACHTEN
Casa La Playa ⊜⊜
Calle La Playa 5
Tel. 6 29 53 22 25
www.lanzarote-arrieta.de
Ferienhaus für max. 6 Personen mit Terrasse direkt am Meer.

ESSEN
El Marinero ⊜⊜⊜
Calle La Garita 60, Tel. 928 84 83 82
Kleines feines Lokal am Meer mit ausgezeichneter Fischküche. Exquisit schmeckt das Degustationsmenü (reservieren!).

El Charcón ⊜⊜
Calle de El Charcón 13
Tel. 928 84 81 10
An der Mole genießt man zum guten Ausblick deftige Fischküche und den hauseigenen Wein der Marke La Grieta. Eine Seltenheit auf Lanzarote: Auch der Rotwein schmeckt!

El Amanecer ⊜⊜
Calle La Garita 46
Tel. 928 83 54 84
Das Fischlokal mit Terrasse an der Küstenstraße serviert leckere Meeresfrüchte.

SEHENSWERTES IN ARRIETA UND UMGEBUNG

Blaues Haus
Am südlichen Ortseingang steht weithin sichtbar ein rotes Windspiel von César Manrique: **»Juguetes del viento«** (»Windspiele«) von 1992, also in Manriques letztem Lebensjahr, entstanden.
Für Lanzarote ist die Architektur und Farbgebung des direkt am Meer stehenden Blauen Hauses außergewöhnlich. Der Bau der Villa wurde 1915 von Juan de León Perdomo in Auftrag gegeben. Der aus Haría stammende Lanzaroteño war Ende des 19. Jh.s nach Argentinien emigriert und kehrte auf seine Heimatinsel zurück, als seine Tochter Juanita de León Alemán in Südamerika an Tuberkulose erkrankte. Gesundes Seeklima würde Linderung verschaffen, meinte der argentinische Arzt. So entstand in Arrieta das rot-blau-weiße Gebäude mit hohen Schornsteinen und kleinen Holzbalkonen. »La Juanita« lebte nur kurze Zeit hier, sie starb 1917 im Alter von 16 Jahren und liegt auf dem Friedhof von Haría begraben.
Im **Museo del Aloe Vera** erhält man einen Überblick über Anbau und Produktion dieser Heilpflanze.
Museo del Aloe Vera: Calle El Cortijo 2, Mo. – Sa. 10.00 – 18.00 Uhr, Eintritt frei; www.aloepluslanzarote.com

Punta de Mujeres
Punta de Mujeres ist ein noch recht typisch kanarisches Fischerdorf mit ansehnlichen Häuschen und einer felsigen Badebucht, 2 km nördlich von Arrieta. Obwohl hier eine sehr schöne, direkt am Meer gelegene kleine Bungalowanlage gebaut wurde, gibt es bisher so gut wie keine touristische Infrastruktur.

Costa Teguise

 E/F 5/6

Die Urbanización Costa Teguise knapp 8 km nordöstlich von Arrecife ist eines der drei großen touristischen Zentren auf Lanzarote. Es besteht weitgehend aus Hotels, Bungalow- und Apartmentanlagen.

Alles ist auf Tourismus zugeschnitten: Jede Menge Restaurants, Cafés, Kneipen, kleine Einkaufszentren und Geschäfte, Jachthafen. Golfplatz und Badepark sorgen für Wohl und Zerstreuung der Gäste. Doch auch wenn in Costa Teguise der Tourismus an erster Stelle steht, ist die für eben diesen Zweck geplante Urbanisation relativ ruhig – verglichen mit dem erheblich lebhafteren Puerto del Carmen.

SEHENSWERTES IN COSTA TEGUISE

Das Zentrum von Costa Teguise bildet das 1977 eröffnete Hotel Las Salinas. Benannt ist die heute zur Meliá-Hotelgruppe gehörende **Luxusherberge** nach einer ehemaligen Saline an dieser Stelle. Architekt des Hotels, das insbesondere vom Material her letztlich ein typischer Bau der 1970er-Jahre ist, war Fernando Higueras. César Manrique entwarf die üppig mit Pflanzen begrünten Innenhöfe sowie die sehenswerte Swimmingpool-Landschaft.

Meliá Salina (▶S. 122)

Zu den gelungenen Anlagen gehört der 1983 nach Plänen von Manrique entstandene Pueblo Marinero mit einem hübsch gestalteten Innenplatz, um den sich Läden, Restaurants und Kneipen gruppieren.

Pueblo Marinero

Costa Teguise ist nicht zuletzt Urlaubsdomizil einiger Berühmtheiten. Am westlichen Ortsende Richtung Arrecife steht direkt am Meer der **Palast** La Mareta, der bis Anfang der 1980er-Jahre einer wohlhabenden lanzarotenischen Familie gehörte. 1981 erwarb ihn **König Hussein von Jordanien** und ließ ihn von **César Manrique** umbauen. Geschickt in die unwirtliche Umgebung integriert, sind dem Komplex von außen seine Ausmaße nicht anzumerken: Neben dem Haupthaus gibt es mehrere Bungalows, Swimmingpools, Sportanlagen, einen Hubschrauberlandeplatz und einen eigenen kleinen Hafen. Modernste Sicherheitsvorkehrungen schützen die Bewohner. 1989 ging La Mareta als Geschenk an den spanischen König Juan Carlos, der den Palast dem spanischen Staat übergab. Seitdem wird er hin und wieder von Staatsgästen bewohnt – unter ihnen waren Helmut Kohl und Michail Gorbatschow. König Hussein von Jordanien blieb bis zu seinem Tod 1999 ein Liebhaber der Insel.

La Mareta

Costa Teguise erleben

AUSKUNFT
Oficina de Turismo
Av. Islas Canarias s/n
(beim Pueblo Marinero)
Tel. 928 59 25 42
www.turismoteguise.com

EINKAUFEN
Freitags ab 17.00 Uhr findet im Pueblo
Canario der Kunsthandwerksmarkt statt.
Deutschsprachige Bücher gibt es im
Laden Arca Canar im C. C. Maretas.

ÜBERNACHTEN
❶ *Meliá Salinas (▶S. 121)* ⓔⓔⓔⓔ
Avenida Islas Canarias s/n
Tel. 928 59 00 40
www.solmelia.com, 310 Z.
Das Meliá Salinas ist der »Klassiker« unter Lanzarotes Luxushotels. Gärten,
Pools und die Eingangshalle tragen
unverkennbar die Handschrift César
Manriques. Das Hotel wurde später um
einen Komplex von Luxusvillen mit Pri-
vatpool erweitert. Natürlich gibt es auch
ein erstklassiges Restaurant.

❷ *Be Live Experience Grand
Teguise Playa* ⓔⓔⓔ
Avenida del Jablillo s/n, Tel. 928 59 06 54
www.belivehotels.com, 372 Z.

Lobby des Meliá Salinas

Alle Zimmer mit Blick aufs Meer, weit-
läufiger Garten mit drei Swimmingpools.
Für abendliche Unterhaltung ist gesorgt:
In zwei Bars gibt es Musik und Tanz.

❸ *H 10 Lanzarote Gardens* ⓔⓔ
Avenida Islas Canarias 13
Tel. 928 59 01 00, 242 Apt.
www.hotelh10lanzarotegardens.com
Zu jedem Apartment gehört eine kleine
Küche. Auch Bungalows werden ange-
boten. Zum Strand sind es ca. 200 m.

❹ *Nazaret* ⓔ
Avenida Islas Canarias 1
Tel. 928 59 08 68
www.apartamentosnazaret.com
52 Apt.
Eine ansprechende familiäre Anlage mit
Apartments mitten in Costa Teguise –
und dadurch auch nicht ganz ruhig –,
die sich um zwei kleine Schwimm- und
ein Kinderbecken gruppiert. Zur Playa de
las Cucharas sind es etwa 400 m, zur
Playa del Jablillo 500 m.

ESSEN
❶ *Las Brasas* ⓔⓔⓔ
Plaza del Pueblo 3
Tel. 928 59 07 61
Winziges Lokal, in dem die Grillspeziali-
täten vor den Augen der Gäste zubereitet werden.

❷ *Villa Toledo* ⓔⓔ
Avenida Los Cocoderos s/n
Tel. 928 59 06 26
www.restaurantevillatoledo.com
Eines der wenigen Restaurants direkt am
Meer: Man sitzt auf der Terrasse und
lässt sich die kulinarischen Kreationen
schmecken.

Costa Teguise

Übernachten
1. Meliá Salinas
2. Be Live Grand Teguise Playa
3. Lanzarote Gardens
4. Nazaret

Essen
1. Las Brasas
2. Villa Toledo

Am Ortsrand von Costa Teguise erstreckt sich der Aqua-Park. Mehrere Pools, Rutschbahnen, Wellenbahnen, Spiralrutschen, eine Spielburg und Kinderplanschbecken sorgen für Wasserspaß. Der in die Jahre gekommene Wasserpark bräuchte allerdings eine Auffrischung.
● Avenida de Golf, April– Okt. 10.00 – 18.00 Uhr

Aqua-Park

Im Centro Comercial El Trébol im Osten von Costa Teguise kann das größte Aquarium der Kanarischen Inseln besucht werden – mit Hunderten von Tieren in mehr als 30 Wasserbecken. In einem Unterwassertunnel kommt man den Haien ganz nah. Das Aquarium hat sich zum Ziel gesetzt, anhand der Schönheit der schönen Tiere und Pflanzen für das Thema Umweltschutz der Meere zu sensibilisieren.
● Avenida de las Acacias, tgl. 10.00 – 18.00 Uhr; Eintritt 12,50 €;
www.aquariumlanzarote.com

Lanzarote Aquarium

** Cueva de los Verdes

F 4

Die Cueva de los Verdes gehört wie die ▶Jameos del Agua zu einem Lavatunnelsystem, das durch einen Ausbruch des Vulkans La Corona entstanden ist. Dieser Vulkan – rund 5 km von der Cueva de los Verdes entfernt – ist mit 609 m die höchste Erhebung an Lanzarotes nördlichem Ende. Sein Ausbruch wird auf die Zeit um 1000 v. Chr. datiert.

Der Lavatunnel erstreckt sich vom Fuß des Monte Corona bis zur Küste und anschließend noch einmal gut 1,5 km ins Wasser hinein. Diese bis 50 m unter den Meeresspiegel abfallende **Lavaröhre** wurde erst Ende der 1980er-Jahre von einem spanischen Taucherteam richtig erforscht. Bei der Cueva de los Verdes handelt es sich um ein teilweise zweistöckiges Röhrensystem, das insgesamt bis zu 35 m tief ist. Die Hohlräume bildeten sich, als unter bereits erstarrten Lavamassen noch flüssiges Lava abfloss.

HÖHLENSYSTEM

Besichtigung Insgesamt 2 km des Tunnelsystems sind der Öffentlichkeit zugänglich. Die Höhle ist bis auf die Beleuchtung, ein paar Treppen und die schmalen Wege völlig naturbelassen – César Manrique hat ausnahmsweise nichts gestaltet, wie bei der Führung nicht ohne Stolz bemerkt wird. Gleich zu Beginn durchquert man einen Teil des Tunnels, an dessen Wänden anhand unterschiedlicher Farben verschiedene **Mineralien** auszumachen sind: Calciumcarbonat, Eisenoxid, Phosphor und Magnesium – weiß, rot, gelb und schwarz ist die Färbung. Immer wieder sieht man links und rechts neben dem Weg das Fließbett der erkalteten Lava. An der Tunneldecke ist an einigen Stellen deutlich zu erkennen, wie die allmählich fest werdende Lava im Abkühlungsprozess noch zähe Tropfen gebildet hat.

Am tiefsten Punkt der Höhle, 50 m unter der Oberfläche, werden hin und wieder **Konzerte** veranstaltet, da an dieser Stelle die Akustik außergewöhnlich gut ist – besser sogar als in den Jameos del Agua. Aufgrund des porösen Materials gibt es hier so gut wie kein Echo. Niemand Geringeres als der Geigenvirtuose Yehudi Menuhin hat in den 1970er-Jahre mit seiner Violine die hervorragende Akustik getestet.

Führungen Die Cueva de los Verdes kann nur im Rahmen einer etwa 45-minütigen Führung besichtigt werden. Die Führungen finden in spanischer und englischer Sprache statt und beginnen zu jeder vollen Stunde.

❶ tgl. 10.00 – 18.00, im Sommer bis 19.00 Uhr; Eintritt 9 €

Fantastische Welt unter der Erde: die Cueva de los Verdes

UMGEBUNG DER CUEVA DE LOS VERDES

Fährt man von der Cueva de los Verdes weiter in östlicher Richtung, zur ▶Jameos del Agua, so passiert man die Queseras de Bravo. Etwa 100 m bevor die Straße auf die Küstenstraße trifft, die Órzola mit Arrieta verbindet, folgt man einem kaum erkennbaren Pfad in südlicher Richtung. Auf ihm erreicht man zu Fuß in wenigen Minuten die archäologische Stätte.

Queseras de Bravo

Bei den so genannten Queseras handelt es sich um strahlenförmige Rinnen im Basalt. Welchen Zweck diese künstlich geschaffenen, länglichen Vertiefungen hatten, ist bis heute nicht geklärt. Während die einen Forscher darin einen Kultplatz der Altkanarier sehen, gehen andere davon aus, dass hier Getreide zerstoßen oder aber Tabaiba (Wolfsmilchgewächs) zerquetscht wurde, um dessen milchigen Saft zu gewinnen. Noch bedeutender als die Queseras de Bravo sind die von Zonzamas (▶Tahíche).

* El Golfo

⊹ **B 6** ●

Bizarr und malerisch zugleich ist das kleine Dorf El Golfo an der Südwestküste der Insel. Es ist direkt in ein Lavafeld hineingebaut. So ist denn auch Lavagestein in die Architektur einiger Häuser einbezogen worden.

In erster Linie stehen in El Golfo, in dem die Asphaltstraße endet, Wochenend- oder Ferienhäuser von Insulanern – teils einfache würfelförmige Häuser, teils aber auch recht schmucke Villen. Der Strand von El Golfo besteht im Wesentlichen aus Lavagestein. Im Ort gibt es ein paar Souvenirläden und zahlreiche Fischlokale, die von Einheimischen vor allem am Wochenende gerne besucht werden. Unter der Woche aber scheint man hier, an den Ausläufern der Montañas del Fuego, am Ende der Welt gelandet zu sein.

UMGEBUNG VON EL GOLFO

*Charco de los Clicos Südlich des Fischerdorfes El Golfo liegt direkt an der Küste der gleichnamige Krater, in dessen Innerem sich ein tiefer **See** (Charco de los Clicos) gebildet hat. Dabei handelt es sich um eines der einmaligen Naturphänomene auf Lanzarote, die im Rahmen der Vulkan-

El Golfo erleben

ESSEN
Costa Azul ●●
Av. Marítima, Tel. 928 17 31 99
Lokal mit traditioneller Küche und Terrasse direkt am Meer

Bogavante ●●
Avenida Marítima 39
Tel. 928 17 35 05
Leckere Fischgerichte und Meeresfrüchte kann man direkt am Strand genießen.

Casa Torano ●●
Avenida Marítima 34
Tel. 928 17 30 58
www.restaurantecasatorano.com

Spezialität des Lokals ist Fischsuppe (»caldo de pescado«), doch auch die frischen Meeresfrüchte schmecken gut. Am schönsten sitzt man auf der Terrasse am Wasser.

ÜBERNACHTEN
El Hotelito del Golfo ●●
Avenida Marítima 6
Tel. 928 17 32 72, 5 Z.
www.hotelitodelgolfo.com
Kleines familiäres Hotel am südlichen Ortseingang von El Golfo, geeignet vor allem für Gäste, die Ruhe suchen. Aus einigen Zimmern hat man einen Blick aufs Meer.

Nur eine schmale Strandzone trennt den intensiv grün schimmernden Charco de los Clicos vom Meer.

ausbrüche im 18. Jh. entstanden sind. Man erreicht den Charco de los Clicos von einem südlich des Kratersees nahe der Straße Salinas de Janubio – El Golfo gelegenen Parkplatz. Wegen Steinschlaggefahr wurde dieser Zugang allerdings 2013 gesperrt – man kann freilich auch von einem Aussichtspunkt am Ortsrand von El Golfo auf den Kratersee hinabschauen.

Der **Vulkankrater El Golfo** wurde im Lauf der Zeit an seiner dem Atlantik zugewandten Seite durch Meeresbrandung und Erosion abgetragen. Die Ostseite zum Inseinnern hin blieb dagegen in ihrer vollen Höhe stehen. Auf diese Weise entstand der nun sichelförmige Krater, in dessen Innern sich der Charco de los Clicos gebildet hat. Der Name des Kratersees leitet sich von kleinen Weichtieren ab, die früher hier vorkamen und volkstümlich als »clicos« bezeichnet wurden. Die intensive grüne Farbe des Gewässers rührt von einer Algenart her. Durch ein ständiges Auffüllen mit Meerwasser und durch starke Verdunstung weist der See einen extrem hohen Salzgehalt auf. Er soll höher sein als der des Toten Meeres. In den letzten zwanzig Jahren hat sich der Charco de los Clicos allerdings um mehr als die Hälfte seiner früheren Ausmaße verkleinert, was darauf zurückgeführt wird, dass durch die Flut immer mehr Gestein in den See geschoben wird. Früher dienten Reste des Kraters, die heute versunken sind, als **natürliche Barriere**. Direkt unten am Ufer des kleinen Sees macht sich eine akustische Besonderheit bemerkbar. Das Geräusch der Brandung wird an den hohen Kraterwänden reflektiert und erzeugt den Eindruck, als würden sich die Wellen wesentlich weiter oben an den Wänden brechen.

✳ Femés

✦ B 7

Das Bergdorf Femés ist eines der ältesten Dörfer Lanzarotes. Bis zum Jahr 1952 war Femés eine eigene Gemeinde, seitdem ist es Yaiza angegliedert.

Femés ist wunderschön, 361 m über dem Meeresspiegel, am Ende einer lang gezogenen Hochebene im Bergmassiv Los Ajaches gelegen. Unmittelbar nördlich erhebt sich der 608 m hohe **Atalaya de Femés**. Vom Platz vor der kleinen Kirche hat man einen weiten Blick in die Ebene von El Rubicón, auf Playa Blanca an der Küste und weiter bis nach Fuerteventura hinüber. Das abgelegene Dorf strahlt eine unglaubliche Ruhe aus, die nur hin und wieder durch Touristen oder am ausgiebig gefeierten Festtag des heiligen Marcial unterbrochen wird. Neben Lage und Atmosphäre macht die ländliche Architektur den Reiz von Femés aus.

Femés erleben

ESSEN

Casa Emiliano ⓔⓔ
Calle la Vista 34
Tel. 928 83 02 23
Die leckere kanarische Küche des Familienbetriebs schätzen auch die Einheimischen. Hübsche Terrasse, angenehmes Ambiente.

SEHENSWERTES IN FEMÉS

Ermita de San Marcial

Die Ermita de San Marcial wurde 1733 geweiht. Bereits im 15. Jh. gab es einen Vorgängerbau, in dem der heilige Marcial verehrt wurde. Diese Kirche stand in **Rubicón**, einem heute nicht mehr existierenden Ort – lediglich die Landschaftsbezeichnung El Rubicón erinnert noch daran. In Rubicón ließen sich im 15. Jh. die ersten Normannen nieder. Zusammen mit einer Verteidigungsanlage bauten sie hier Lanzarotes erste christliche Kapelle. Rubicón wurde mit dem Kastell und der Ermita de San Marcial bereits 1404 per Päpstlicher Bulle zum ersten Bischofssitz der Kanarischen Inseln erklärt. Nach der **Eroberung von Gran Canaria** verlegte man den Bischofssitz 1485 nach Las Palmas. Die Kapelle wurde im 16. Jh. mehrfach Opfer von Piratenangriffen und verfiel schließlich vollkommen. 1630 wurde sie entweiht. Im 18. Jh. baute man die Ermita de San Marcial in Femés, das Bildnis des heiligen Marcial in seiner heutigen Form wurde ebenfalls in dieser Zeit hergestellt.

San Marcial ist der Schutzpatron von Lanzarote, und ganz besonders ist er für die Fischer zuständig. An den Seitenwänden und an der Empore im **Kircheninnern** sind deshalb Schiffsmodelle aufgehängt. Und gleich neben dem Eingang werden San Marcial auf einem Tischchen Segelboote sowie Wachsarme und -beine als **Devotionalien** dargeboten. Jedes Jahr am 7. Juli feiert man den Inselheiligen hier oben in den Bergen. Dann wird rund um den Dorfplatz des sonst so ruhigen Femés eine Ansammlung von Buden aufgebaut, und die Umgebung verwandelt sich in einen großen Parkplatz. Am Abend wird in der Ermita eine Messe abgehalten, anschließend das Bildnis des Heiligen in einer Prozession durch das Dorf getragen, und danach gibt es bis weit in die Nacht ein Fest mit Folkloremusik und -tanz.

✳ Fuerteventura

Es ist verlockend, von Lanzarote aus einen Abstecher zur Nachbarinsel Fuerteventura zu unternehmen. Zwar hat die zweitgrößte Kanareninsel Fuerteventura in geografischer Hinsicht viel mit Lanzarote gemeinsam, doch präsentiert sie sich noch stärker als Wüsteninsel. Kilometerlange feinsandige Strände und kahle, braune Vulkankegel bestimmen das Landschaftsbild.

Im Hafen von El Cotillo im Nordwesten von Fuerteventura

Fuerteventura erleben

ANREISE
Tagsüber pendeln fast stündlich Fähren der Lineas Fred. Olsen und der Gesellschaft Naviera Armas zwischen Playa Blanca (Lanzarote) und Corralejo (Fuerteventura). Der Preis für zwei Personen plus Auto beträgt zwischen 100 und 120 €.

AUSKUNFT
Oficina de Turismo
Av. Marítima 2
Corralejo
Tel. 928 86 62 35
www.laoliva.com

ÜBERNACHTEN
Atlantis Furteventura Resort €€€€
Av. de las Grandes Playas 12
Corralejo
Tel. 928 53 64 44
www.atlantisfurteventuraresort.com
242 Z.
Einziges Fünfsternehotel im Norden mit eleganten Zimmern und Spitzenküche. Sogar vom Spa herrliche Aussicht.

Casa Isaítas €€
Calle Guize 7, Pájara
Tel. 928 16 14 02
www.casaisaitas.com, 4 Z.
Attraktives Herrenhaus im Ortskern, das Frühstück wird im Innenhof serviert.

Alberto €
Av. del Faro 4
Morro Jable
Tel. 928 54 51 09
www.aptosalberto.com
20 Z.
Hübsche Anlage mit Sonnenterrasse, 300 m vom Strand entfernt.

ESSEN
Casa Santa María €€€
Piazza Santa Maria 1
Betancuria
Tel. 928 87 82 82
www.casasantamaria.net
Schön renoviertes Bauerhaus (17. Jh.) im Zentrum. Das stilvolle Ambiente hat allerdings seinen Preis. Man sitzt angenehm im Patio bzw. in geschmackvoll gestalteten Innenräumen. Die Qualität der Speisen kann mit den Preisen nicht ganz mithalten.

Don Antonio €€
Vega der Rio Palmas
Plaza Iglesia
Tel. 928 878757
Rustikaler Landgasthof im Bergland mit ambitionierter Küche.

Leckereien in der Casa Santa Maria

Die Wüsteninsel Fuerteventura (109 000 Bewohner) erstreckt sich von Südwesten nach Nordosten über ca. 110 km, die größte Breite beträgt etwa 30 km. Die vegetationsarme Landschaft hinterlässt bei manchen Besuchern einen abweisenden Eindruck, auf andere wirken die von Rot- und Brauntönen dominierten sanft gerundeten Bergrücken ausgesprochen faszinierend. Ähnlich wie auch auf Lanzarote wird in dem fast wüstenhaften Klima jedes Pflänzchen schon fast als Sensation empfunden. Der Hauptgrund, warum die meisten Gäste die immer beliebter werdende Ferieninsel besuchen, sind allerdings die außergewöhnlichen langen und trotz

? BAEDEKER WISSEN

Nicht versäumen

- Betancuria: der schönste Inselort
- Playa de Sotavento: Nicht nur Surfer geraten hier ins Schwärmen!
- Playa de Corralejo: traumhafte Dünen- und Strandlandschaft
- Playa de Cofete: ein Strand wie aus dem Bilderbuch

der schon seit Jahren anhaltenden Boomphase teils immer noch einsamen Sandstrände. Es sind die schönsten des gesamten Kanarischen Archipels. Kilometerlange weiße Sandstrände erstrecken sich im Norden und Süden der Insel, während der Mittelteil hauptsächlich kleinere, schwarze Sandstrände aufweist.

RUNDFAHRT AUF FUERTEVENTURA

Ohne die angegebenen Abstecher lässt sich die 220 km lange Rundfahrt (▶Karte S. 132) an einem Tag bewältigen; für die einzelnen Sehenswürdigkeiten steht dann aber natürlich nur wenig Zeit zur Verfügung. Die Straßen auf Fuerteventura sind, abgesehen von der Strecke Betancuria bis Pájara, gut ausgebaut.

Länge und Dauer der Tour

Die von Lanzarote kommende Fähre legt im Hafen von Corralejo an. Den Mittelpunkt des zweitgrößten Touristenzentrums auf Fuerteventura bildet ein kleiner Marktplatz, um den sich Cafés, Restaurants und Läden gruppieren. Gut verweilen lässt es sich auch auf der kleinen Promenade. Man verlässt Corralejo in südlicher Richtung. Nach ca. 6 km zweigt von der nach La Oliva führenden Hauptstraße eine Nebenstrecke nach Lajares ab.
Ein Abstecher (hin und zurück ca. 12 km) führt von Lajares in das an der Westküste gelegene El Cotillo (▶Abb. S. 129). Die Küsten bei dem Fischerort bieten Sonnenhungrigen zahllose einsame Badebuchten, geübte Surfer finden meist ideale Windverhältnisse vor. Es gibt hier nur wenige Hotels und Apartmenthäuser; zudem werden einige Privatzimmer vermietet. Verschiedene Restaurants bieten fangfrischen Fisch und anderes Meeresgetier an. Am Rand von El Cotillo erhebt sich der Wachtturm Castillo de Rico Roque (17. Jh.).

Corralejo, El Cotillo

OCÉANO ATLÁNTICO

*Lobos

*Corralejo

El Cotillo

* Playa de Corralejo

FV2

*La Oliva

*Tefía

Puerto del Rosario

**Betancuria

FV2

*Vega de Río de las Palmas

Antigua

Caleta de Fuste

*Pájara

*Malpaís Grande

Tuineje

*Las Playitas

Gran Tarajal

FV2

Tarajalejo

Costa Calma

*Playa de Cofete

FV2

*Playa de Sotavento

*Punta de Jandía

Morro Jable

15 km

©BAEDEKER

*La Oliva   Zunächst geht es auf gleicher Strecke zurück. Die gut ausgebaute Straße umgeht Lajares und erreicht nach 13 km La Oliva (3000 Einwohner). Es ist nach Corralejo der bedeutendste Ort im Inselnorden. Verhältnismäßig groß ist die dreischiffige Pfarrkirche, die Iglesia Nuestra Señora de Candelaria; sie stammt aus dem 18. Jahrhundert. Am östlichen Ortsrand prunkt die ***Casa de los Coroneles** (»Haus der Obersten«). Das stattlichste Herrenhaus der Insel soll, so behaupten die Einheimischen, 365 Fenster und Türen haben (in Wirklichkeit sind es ca. 100, aber das ist für Fuerteventura immer noch eine stolze Zahl). Das Gebäude wurde im 18. Jh. erbaut und war bis ins 19. Jh. hinein Sitz der höchsten Befehlshaber der Insel. Es dient heute als Kulturzentrum und informiert in einer Dauerausstellung über die Inselgeschichte.

Moderne Kunst erwartet den Reisenden in der nahegelegenen **Casa Mané**. Das Herrenhaus mit dem hübschen Garten beherbergt das **Centro de Arte Canario**. Ausgestellt sind hier u. a. Plastiken und Gemälde von zeitgenössischen kanarischen Künstlern.

Casa de los Coroneles: Di. – Sa. 11.00 – 14.00 und 16.00 – 18.00 Uhr, Eintritt 3 €, www.lacasadeloscoroneles.org

Cen. d. Arte Canario: Mo. – Fr. 10.00 – 17.00, Sa. bis 14.00 Uhr; Eintritt 4 €

Bei der Weiterfahrt von La Oliva in südlicher Richtung passiert man ca. 2 km südlich der Ortschaft Tindaya das **Denkmal für Miguel de Unamuno**, spanischer Philosoph und politischer Aktivist, der zeitweise auf Fuerteventura in der Verbannung war. Das riesige Monument steht vor einer strahlend weißen Mauer. Zwar wurde es bereits 1970 errichtet, offiziell eingeweiht werden durfte es jedoch erst nach Beendigung der Franco-Diktatur.

Monumento de Unamuno

Bald darauf biegt man rechts nach Tefía ab. Unbedingt einen Besuch lohnt hier das **Ecomuseo de la Alcogida**. Das Museumsdorf besteht aus acht inseltypischen restaurierten Bauerngehöften. Alle Häuschen sind komplett eingerichtet und geben einen guten Einblick in das ländliche Leben vergangener Zeiten.

*Tefía

Ecomuseo de la Alcogida: Di. – Sa 10.00 – 18.00 Uhr; Eintritt 5 €

Ca. 6 km hinter Tefía hält man sich beim Kreisverkehr rechts, die Straße gewinnt allmählich an Höhe, passiert den Mirador Morro Velosa und erreicht schließlich Betancuria. **Jean de Béthencourt** gründete 1405 den nach ihm benannten Ort, der heute der schönste der Insel ist. Bis 1834 war Betancuria Inselhauptstadt.

**Betancuria

Gleich am Ortseingang liegt links der Straße die Ruine des **Convento de San Buenaventura** aus dem 17. Jahrhundert. In dem Franziskanerkloster soll der aus Sevilla stammende und später heilig gesprochene San Diego de Alcalá gelebt haben.

Ortsmittelpunkt von Betancuria ist die **Iglesia de Santa María**. Die Gründung eines Vorgängerbaus veranlasste bereits Béthencourt. Die 1539 von Piraten zerstörte Kirche wurde in der ersten Hälfte des 17. Jh.s wieder aufgebaut. Gegenüber der Kirche lädt die **Casa Santa María** zu einer Multivisionsschau ein und macht den Besucher mit Geschichte und Kultur der Insel bekannt.

Zwei Kanonen säumen den Eingang zum **Museo Arqueológico** an der Hauptstraße. Es sind Beutestücke der Schlacht von 1740, bei der sich die Bevölkerung erfolgreich gegen eindringende Engländer zur Wehr setzte. Die Exponate im Innern des Museums befassen sich vorrangig mit der kanarischen Urbevölkerung. Neben dem Museum befindet sich das **Centro Insular de Artesanía**; hier kann man verschiedene kunsthandwerkliche Arbeiten erstehen.
Casa Santa Maria: Mo. – Sa. 11.00 – 15.30 Uhr; Eintritt 6 €
Museo Arqueológico: Di. – Sa. 10.00 – 18.00 Uhr; Eintritt 2 €

Nächste Station der Inselrundfahrt ist Vega de Río de las Palmas, etwa 5 km südlich von Betancuria. Das Dorf liegt in einer der fruchtbarsten und wasserreichsten Regionen der Insel. So können hier einige Palmen gedeihen sowie diverse Gemüsearten angebaut werden.

*Vega de Río de las Palmas

In Kurven und Kehren steigt die Straße an, immer wieder ergeben sich schöne Rückblicke auf Vega de Río de las Palmas. Nach Erreichen der Passhöhe schaut man hinunter auf den **Embalse de las Peñitas**, einen versandeten Stausee.

Embalse de las Peñitas

Auf kurvenreicher Strecke gelangt man nach weiteren 8 km nach Pájara, dem Verwaltungszentrum des Inselsüdens. Dank dieser Tatsache hat man es hier zu einem gewissen Wohlstand gebracht. Im Ort ist die zweischiffige **Iglesia de Virgen de la Regla** sehenswert. Mit dem Bau wurde 1645 begonnen, fertiggestellt wurde er 1687; das zweite Schiff wurde im 18. Jh. hinzugefügt. Das Portal der Kirche weist Verzierungen mit aztekischen Motiven auf.

*Pájara

Sie ist nicht im Rahmen einer eintägigen Inselrundfahrt zu bewältigen, aber wenn man länger Zeit hat, ist die Weiterfahrt über La Pared auf die **Halbinsel Jandía** ein lohnender Ausflug. Beim Touristenzentrum Costa Calma beginnen endlos erscheinende feinsandige Strände (Playas de Sotavento), mancherorts (z. B. bei Risco del Paso) haben sich riesige Dünen gebildet. Die asphaltierte Straße endet in Fuerteventuras größtem Touristenzentrum **Morro Jable/Jandía**. Von dort verläuft eine Piste zunächst parallel zum Meer. Nach ca. 10 km biegt rechts eine zunehmend schlechter werdende Strecke zum Weiler Cofete ab; man kann sie mit dem Pkw bewältigen, empfehlenswert ist jedoch ein geländegängiges Fahrzeug. Mehrere Pisten führen von hier zur Playa de Cofete. Wegen der hohen Brandung und gefährlicher Strömungen ist das Baden lebensgefährlich.
Nun sollte man überlegen, ob man den Ausflug noch ausdehnt, um zur **Punta de Jandía**, der südwestlichsten Landzunge Fuerteventuras, weiterzufahren.

**Playas de Sotavento, Playa de Cofete

Endlos scheinende Sandstrände prägen die Playas de Sotavento.

Das Abendessen tummelt sich noch in der rauen See.

La Lajita Die von La Pared kommende Straße trifft bei dem Weiler Matas Blancas auf die den Inselsüden erschließende Hauptstraße. Man hält sich nun links und kommt durch die kleine Ortschaft La Lajita, die mit dem **Oasis Park**, einem der größten Tierparks der Kanaren aufwarten kann. Zu dem weitläufigen Komplex gehört auch ein sehenswerter botanischer Garten.
Oasis Park: tgl. 10.00 – 18.00 Uhr, Eintritt 28 €,
www.fuerteventuraoasispark.com

Tarajalejo Folgt man der Hauptstraße etwa 5 km weiter, erreicht man Tarajelejo. Es blieb trotz seines fast anderthalb Kilometer langen Strandes vom Tourismus weitgehend ausgespart. Das mag vielleicht an der dunklen Farbe liegen, dass die meisten Feriengäste die hellen Sandstränden von Costa Calma und Jandía vorziehen.

*Las Playitas Das Fischerdorf Las Playitas (5 km östlich von Gran Tarajal) gehört zu den reizvollsten Ortschaften Fuerteventuras. Die weißen Häuschen bilden einen reizvollen Kontrast zum dunklen Lavasandstrand. In der Talmündung entstand – in Sichtweite des Dorfes – Las Playitas, das größte Sporthotel der Insel mit Olympiabecken, Tauchbasis und Golfplatz.

Nächste Station der Inselrundfahrt ist Tuineje. Da es hier den besten **Tuineje**
Lehmboden der Insel gibt, wird in der Gegend noch relativ intensiv
Landwirtschaft betrieben. Das Gebiet östlich von Tuineje wird jedoch als **Malpaís Grande** bezeichnet. Dieses »schlechte Land« entstand bei vulkanischen Tätigkeiten auf Fuerteventura vor etwa 10 000
Jahren. Die herausströmende erkaltende Lava hat zerklüftete, extrem
bizarre Formen geschaffen.

In Tuinejes Nachbarort Tiscamanita wurde in einer restaurierten **Tiscamanita**
Mühle das **Centro de Interpretación de los Molinos** eingerichtet.
Es informiert über Konstruktion und Funktion der unterschiedli-
chen Mühlentypen. Auch das Haus des Müllers ist zugänglich.
Centro de Interpretación de los Molinos: Di. – Sa. 10.00 – 18.00 Uhr;
Eintritt 2 €

Über den »Mühlenort« Valles de Ortega (gleich rechts der Stra- **Antigua**
ße fällt eine Schöpfradmühle auf) erreicht man Antigua. Die Ortschaft erstreckt sich in einer weiten, für Fuerteventura verhältnismäßig grünen Ebene. Am nördlichen Ortsausgang prunkt ein schönes
Windmühlenexemplar. Rund herum ist ein kleines **Museumsdorf**
entstanden, zu dem auch ein Käsemuseum gehört. In mehreren Aus-
stellungsräumen ist eine archäologische Sammlung untergebracht.
Ferner umfasst der Komplex ein Kunsthandwerksladen, ein ansehn-
licher Kakteengarten und eine Bar.
Museumsdorf: Di. – Sa. 10.00 – 18.00 Uhr; Eintritt 2 €

Für einen Besuch in der **Inselhauptstadt** Puerto del Rosario **Puerto del**
braucht man nicht allzu viel Zeit einzuplanen, es sei denn, man **Rosario**
interessiert sich für Bildhauerei – mehr als 100 Skulpturen schmü-
cken neuerdings das Ortsbild. Ansonsten hat die 36 000 Einwohner zählende »Metropole« von Fuerteventura für Touristen wenig
Interessantes zu bieten, für die Einheimischen ist sie jedoch das un-
umstrittene Handels- und Verwaltungszentrum der Insel.
Abgesehen von einem Bummel auf der Hafenpromenade, lohnt nur
ein Besuch der **Casa Museo Unamuno** (gegenüber der Kirche).
Eingerichtet wurde das Museum für den spanischen Dichter und
Philosophen **Miguel de Unamuno y Jugo** im ehemaligen Hotel
Fuerteventura. Hier verbrachte Unamuno 1924 sein viermonatiges
Exil auf der Insel.
Casa Museo Unamuno: Mo. – Fr. 9.00 – 14.00 Uhr; Eintritt frei

Die nun folgende Rückfahrt nach Corralejo ist einer der Höhepunkte **✱✱ Playa de**
der Inselrundfahrt. Die Straße von Puerto del Rosario nach Norden **Corralejo**
verläuft meist unmittelbar in Küstennähe. Immer wieder ergeben
sich **grandiose Ausblicke**. Zunächst passiert man noch einige Ur-
banisationen, die – angesichts der unwirtlichen Umgebung – nicht

allzu viele Touristen anlocken. Doch nach gut 15 km ändert sich die Szenerie. Es beginnt das **Dünengebiet El Jable**, das bis an Corralejo heranreicht. Wunderschöne feinsandige Strände der Playa de Corralejo laden zum Baden und Sonnen ein.

Guatiza

F 5

Das nahe der Nordostküste von Lanzarote gelegene Dorf Guatiza ist in zweierlei Hinsicht bekannt: Zum einen wird in der Umgebung auf riesigen Opuntienfeldern die Cochenillelaus gezüchtet, zum anderen lockt der Jardín de Cactus Touristen an.

Die Durchgangsstraße ist von Eukalyptusbäumen gesäumt – eine Verschönerung des Ortes zwar, jedoch stellt sich die Frage, warum ausgerechnet Eukalyptus, der dem Boden noch das letzte vorhandene Nass entzieht, als Straßenbaum angepflanzt wurde.

* JARDÍN DE CACTUS

Entstehung Der Jardín de Cactus ist nach Plänen von **César Manrique** angelegt worden. Ein unübersehbarer, grün gestrichener Metallkaktus an der Hauptstraße von Guatiza, ebenfalls Manriques Werk, verweist auf den Eingang. Der **Kakteengarten** wurde 1990 eröffnet und ist Manriques letztes größeres Projekt gewesen, wenn man vom Umbau des Taro de Tahíche zur Ausstellungsfläche der Fundación César Manrique einmal absieht. Der Standort des Jardín de Cactus am Rand von Guatiza ergab sich aus zwei Gesichtspunkten: Die Region von Guatiza und Mala ist das Zentrum des einst wirtschaftlich wichtigen Opuntienanbaus. Insofern liegt die Idee, hier einen Kakteengarten einzurichten, auf der Hand. Außerdem kam Manrique ein stillgelegter Steinbruch für sein Projekt gelegen. So erklären sich zum einen die kesselartige Anlage des Gartens, zum anderen die bizarr geformten Steinsäulen zwischen den Kakteen. Während der Stein drum herum abgebaut wurde, sind die Steinsäulen stehengeblieben, da sie extrem hart sind.
❶ tgl. 10.00 – 17.45 Uhr; Eintritt 5,50 €

Japanische Einflüsse César Manrique hat den Jardín de Cactus unter dem Eindruck mehrerer Japanreisen und der Beschäftigung mit **Zen-Philosophie** geschaffen. Die Ruhe japanischer Gärten offenbart sich Besuchern des Jardín de Cactus allerdings nur zu Zeiten, wenn keine größeren Gruppen den Garten bevölkern – kurz nach Öffnung also oder in den Spätnachmittagsstunden, wenn das Licht am schönsten ist.

Im Jardín de Cactus sind 1420 Kakteenarten zu sehen. An die 10 000 Pflanzen wachsen insgesamt auf dem Terrain. Manrique hat die Gartenanlage mit vielen Treppen, kleinen Gewässern, einer Ungeheuerskulptur, einem schönen Café-Restaurant und einem Souvenirladen ausgestattet. Über allem steht ein »molino«, eine Mühle (18. Jh.), die zu den wenigen noch gut erhaltenen Mühlen auf Lanzarote gehört. Hier wird zu Demonstrationszwecken geröstetes Korn gemahlen.

Über 1400 Kakteenarten

UMGEBUNG VON GUATIZA

Opuntienfelder säumen die Straße zwischen Guatiza und dem 3 km nördlich gelegenen Mala. Etwas abseits der Hauptstraße des Ortes steht die **Ermita Nuestra Señora de las Mercedes**. Die Kapelle aus dem Jahr 1780 wurde der Madonna der Gnaden geweiht, die von den Gläubigen bei Kummer und Sorgen mit der Hoffnung auf Hilfe angerufen wird.

Mala

In Mala zweigt ein Sträßchen Richtung Küste, nach Charco del Palo, ab. Hier befindet sich der einzige offizielle **FKK-Strand** der Insel. Gefahrloses Baden ist an durch Molen geschützten Sandbuchten und in Meerwasserpools möglich. Ansonsten ist die Brandung in diesem Küstenbereich sehr stark. In der FKK-Anlage Charco Natural verbringen überwiegend deutsche Gäste ihren Urlaub.

Charco del Palo

Guinate

$\ast$ E/F 3

Guinate ist ein Bergdorf in der Nähe der Nordspitze von Lanzarote. Es liegt etwas abseits der zum Mirador del Río führenden Hauptstraße. Das Dorf selbst ist nicht besonders spektakulär, aber die abgelegene Gegend, vielleicht auch der Guinate Tropical Park und ein Aussichtspunkt lohnen einen Besuch.

SEHENSWERTES IN GUINATE UND UMGEBUNG

Auf dem ca. 45 000 m² großen Gelände des Guinate Tropical Park leben rund 1300 Vögel in Volieren und einem größeren Freigehege, u. a. Nymphen- und Wellensittiche in allen Farben, afrikanische Kanarienvögel, australische Zebrafinken und Tukane aus Südamerika. Außerdem sind in dem Park auch Affen und Pinguine zu sehen. Hin und wieder kreuzt ein Pfau den Weg der Besucher, und Papageien geben eine Show zum Besten: Sie müssen Fahrrad fahren, Purzel-

Guinate Tropical Park

Die lukrative Laus

Ohne sie wären Lippenstifte farblos – die Cochenillelaus oder wissenschaftlicher: Dactylopius cacti. »Scharlachschildlaus« wird sie auch genannt, denn sie produziert einen karminroten Körpersaft, der vor der Herstellung von synthetischen Anilinfarbstoffen eine weite wirtschaftliche Nutzung erfuhr.

Die Cochenillezucht ist ausgesprochen arbeitsintensiv und zudem eine stachelige Angelegenheit. Die kleine Laus, die maximal 6 mm groß wird, lebt als Parasit auf dem Feigenkaktus (Opuntie), der im 16. Jh. – ursprünglich wegen seiner wohlschmeckenden Früchte – von Mexiko aus auf die Kanarischen Inseln kam. Die ersten **Läusekulturen** folgten 1824. Doch erst um die Mitte des 19. Jh.s begann man auf den Kanaren mit dem systematischen Anbau von Opuntien und der Züchtung der Cochenillelaus in größerem Maßstab. Zu »Läusezentren« entwickelten sich vor allem die beiden Inseln Fuerteventura und Lanzarote.

Läusezucht

Eine mühsame Prozedur, Jahr für Jahr: Zunächst stutzt man die Opuntien und nimmt die essbaren Kaktusfrüchte ab, um das Nachwachsen junger Blätter zu fördern. Über die neuen Blätter werden dann **Stoffsäckchen voller weiblicher Cochenilleläuse** gebunden, die etwa 14 Tage lang ihre Eier direkt auf der Opuntie ablegen. Bis zu sechsmal pro Tag werden die Säcke auf andere Blätter umgehängt, um eine möglichst weite Verbreitung zu erreichen. Die aus den Eiern geschlüpften Larven ernähren sich von den Säften der Wirtspflanze. Im Lauf der Zeit bilden sie um sich herum einen weißen, gewöllartigen Stoff, an dem die Stellen, an denen sie sich festgesetzt haben, mit bloßem Auge gut zu erkennen sind. Nach zwei bis drei Monaten haben sie ihre **maximale Größe** erreicht und können geerntet werden.

Der Farbstoff

Die mit dem karminroten Saft gefüllten kleinen Leiber werden mit Spateln von der Pflanze abgekratzt und in Holz- oder Blechbehältern gesammelt. Anschließend werden Unreinheiten ausgesiebt, die Larven in kochendem Wasser getötet und mehrere Tage **in der Sonne getrocknet**. Es entsteht ein hartes Produkt, das direkt zu Pulver zermahlen wird, aber auch über Jahre gelagert werden kann.

Bonbonrot

Mit der Cochenille, dem roten Pulver, das schließlich von den Schmarotzern übrigbleibt, färbte man früher in erster Linie Textilien aller Art. Heute wird Cochenille vor allem dort eingesetzt, wo ungiftiges Färben vonnöten ist, also in der Lebensmittel-, Pharma- und Kosmetikindustrie.

Campari war das bekannteste Erzeugnis, das mit Cochenille gefärbt war – seit 2006 werden allerdings nur noch künstliche Farbstoffe verwendet. Manchen Limonaden und

Opuntienfeld bei Guatiza: Ein geübter Pflücker kann pro Tag bis zu 1 kg Läuse ernten.

Bonbons ist immer noch Karminsäure zugesetzt, der Farbstoff wird dann als E120 aufgeführt. Und wer rotes Gurgelmittel, roten Hustensaft oder rote Dragees verschrieben bekommen hat, findet darin unter Umständen auch Cochenille. Beim Mikroskopieren werden Zellkerne mit Karmin rot eingefärbt. Vor allem für Lippenstifthersteller stellt der natürliche Farbstoff ein wichtiger Bestandteil ihrer Produkte dar.

Schließlich ist aber auch in der Textilproduktion das Färben mit dem »Läusepulver« teilweise immer noch – oder wieder – sehr beliebt: Die hübschesten Teppiche und Kelims bestehen aus naturgefärbten Materialien, und die schöne naturbelassenen Rottöne stammen mit Sicherheit von den Cochenilleläusen.

Preisverfall

Für Lanzarote war der Opuntienanbau länger als ein Jahrhundert ein wesentlicher Wirtschaftsfaktor. Noch bis Mitte der 1980er-Jahre lebten mehr als 50 % der lanzarotenischen Bauern von der Cochenillezucht. Seitdem haben aber immer mehr diese Tätigkeit aufgegeben. Der **synthetische Farbstoff auf Anilinbasis** verdarb die Preise. Die Landwirte der Insel mussten sich ertragreicheren Erwerbsmöglichkeiten zuwenden. Dennoch sieht man nach wie vor insbesondere in der Gegend um Mala und Guatiza weite Opuntienfelder und ab und zu jemanden, der hier arbeitet. Lanzarote ist die einzige der Kanarischen Inseln, auf der der **Anbau des Feigenkaktus** wirtschaftlich überhaupt noch eine Rolle spielt.

bäume schlagen, Sparschweine füllen, Rollschuh laufen, Puzzleteile sortieren und Stierkampf spielen. Leider macht der Park mitunter einen nicht allzu gepflegten Eindruck, und die Haltung der Vögel und Tiere entspricht nicht immer den Standards, wie es man von einem modernen Zoo erwartet.

❶ Tel. 928 83 55 00; tgl. 10.00 – 17.00 Uhr; www.guinatetropicalpark.com; Eintritt 14 €

Mirador de Guinate Lohnend ist ein Abstecher weiter die Straße entlang zu dem Aussichtspunkt Mirador de Guinate, von dem aus man einen weit Blick auf die Meerenge El Río, auf La Graciosa und die dahinterliegenden Inseln hat.

Bodega Monte Corona 3 km nördlich von Guinate, bei Yé, steht die Torrecilla de Domingo. Der Herrensitz aus dem 19. Jh. ist in Privatbesitz und nicht zu besichtigen, aber nördlich davon erstreckt sich am Fuß des Vulkans Monte Corona das gleichnamige alteingesessene Weingut. Dort kann man Wein probieren und kaufen.

❶ tgl. 11.00 – 18.00 Uhr

✳ Haría

✦ E/F 4

Haría ist der Hauptort der gleichnamigen nördlichsten Gemeinde von Lanzarote. Als »Tal der tausend Palmen« wird das weite Hochtal bezeichnet, in dem der Ort liegt. Tatsächlich sorgen zahllose Palmen für einen oasenähnlichen Eindruck.

Ortsbild Das Tal wurde früher intensiv landwirtschaftlich genutzt, wovon noch immer etliche vor allem mit Zwiebeln bestellte Felder zeugen. Viele Bewohner haben heute ihre Arbeitsplätze jedoch in den Touristenzentren oder in Arrecife.

Die touristische Infrastruktur nimmt sich relativ bescheiden aus, doch ein Bummel durch den Ort und ein Blick auf die schön angelegte Plaza lohnen auf jeden Fall. Wer aufmerksam durch die Straßen des Ortes geht, kann einige sehr schöne Villen und Herrenhäuser mit teilweise üppig bepflanzten Gärten oder Patios entdecken, die größtenteils aus dem 19. Jh. stammen. Das hoch gelegene Haría war früher für viele reiche Hauptstädter Sommersitz, die vor der Hitze von Arrecife in die kühlere Bergregion flüchteten.

Die **Villa Dolores** direkt am Ortseingang auf der rechten Seite – wenn man aus Teguise kommt – ist einer dieser ehemaligen Sommersitze. Eine Attraktion ist das als Museum eingerichtete ehemalige Wohnhaus von César Manrique

Haría erleben

ÜBERNACHTEN

Arte de Obra ●
Calle San Juan 12
Tel. 928 83 54 05
www.artedeobra.com, 6 Z.
Bettina Bork, eine Schülerin von César
Manrique, bietet in ihrer Pension nett
eingerichtete Zimmer mit Bad sowie eine
Gemeinschaftsküche und Terrassen. In
der angeschlossenen Galerie finden
Kunst- und Architektur-Workshops statt
(►S. 27).

ESSEN

El Cortijo ● ●
Calle Palmeral 6
(am südlichen Ortsausgang)
Tel. 928 83 56 86
Im El Cortijo gibt es gute kanarische Tra-
ditionsgerichte. Man sitzt drinnen in rustikalem bäuerlichen Ambiente oder auf
einer kleinen Terrasse.

Centro Cultural ●
Plaza León y Castillo 14
In der Bar des Kulturzentrums bekommt
man kanarische Tapas und Wein.

SEHENSWERTES IN HARÍA

Zentrum von Haría ist die lang gezogene Plaza León y Castillo mit alten Eukalyptus- und Lorbeerbäumen, unter denen man sich auf einer der Bänke oder in einem Café niederlassen kann. Die Platzanlage stammt von 1825.

Plaza León y Castillo

Am Ende der Plaza León y Castillo steht der Neubau der Iglesia de Nuestra Señora de la Encarnación. Ein 1619 entstandener Vorgängerbau dieser Kirche wurde Mitte des 20. Jh.s durch einen Sturm zerstört. Das heutige Aussehen mit dem hohen Uhr- und Glockenturm, dem etwas überdimensionalen Holzportal und dem großen Gitter vor dem Eingangsbereich erhielt die Kirche im Jahr 1966.

Iglesia de Nuestra Señora de la Encarnación

Vergleichsweise intim mutet die kleine Plaza de la Constitución gegenüber dem Rathaus von Haría an. Ein Lichtschacht in der Platzmitte spendet der unterhalb der Plaza gelegenen **Galerie »El Aljibe«** Helligkeit. Mit einer rötlichen Lavadecke und dunklem Holzboden gibt der 220 m² große Wasserspeicher einen schönen Rahmen für wechselnde Kunstausstellungen ab.

Plaza de la Constitución

Folgt man der Straße am Rathaus vorbei, kommt man zur Tienda y Taller de Artesanía Municipal, einem bekannten **Zentrum für lanzarotenisches Kunsthandwerk**, in dem Körbe und Decken, kleine Stoffpuppen und Holzfiguren in traditioneller Machart hergestellt und verkauft werden. Einigen Kunsthandwerkern, etwa dem ein-

Tienda y Taller de Artesanía Municipal

zigen Flechtmeister der Insel oder den Rosettenstickerinnen, kann man bei der Arbeit zusehen.

❶ Mo. – Fr. 10.00 – 13.30, 16.00 – 18.00 Uhr

Casa-Museo César Manrique

Die Casa-Museo César Manrique, in einem Palmenhain am südlichen Ortsrand von Haría glegen, vermittelt einen Eindruck davon, wie stilvoll es der prominente Künstler verstand, sein privates Umfeld zu gestalten. Manrique (▶Baedeker Wissen S. 44) war 1987 von Tahiche nach Haría umgezogen und verbrachte hier bis zu seinem Unfalltod 1992 seine letzten Lebensjahre. Sein Atelier blieb so, wie es der Künstler an seinem letzten Arbeitstag verlassen hatte.

❶ Calle Elvira Sanchez s/n, tgl. 10.30 – 14.30, Eintritt 10 €

BAEDEKER TIPP

!

Markttreiben

Gegenüber vom Kunsthandwerkszentrum lädt die alte Markthalle zum Besuch. Lebhafter ist das Treiben allerdings auf dem samstags stattfindenden Wochenmarkt auf dem Hauptplatz León y Castillo. Kunsthandwerker, Bio-Bauern und Schmuckhersteller verkaufen ihre Ware, man kann Kuchen und Aloe-Vera-Liköre kosten.

Am östlichen Ortsrand liegt an der Straße nach Arrieta rechter Hand der **Friedhof von Haría**, auf dem **César Manrique** begraben ist. Das Grab – in Manrique-Manier mit vulkanischem Basalt und Kakteen gestaltet – fällt auf dem nüchternen Friedhof aus dem Rahmen.

Mirador de Haría

Oberhalb von Haría gibt es mehrere Aussichtspunkte, von denen aus man auf den Ort und das palmenbestandene Tal guckt. Auf der serpentinenreichen Straße in Richtung Teguise kommt man zunächst am Mirador de Haría vorbei. Von der von **César Manrique** entworfenen Anlage hat man zum einen Blick auf Haría und gleichzeitig sieht man in das lang gezogene Valle de Temisa. Etwas weiter südlich offenbaren zwei weitere Aussichtsplätze ähnliche Perspektiven.

✱✱ Jameos del Agua

✦ F 4

Die Jameos del Agua gehören zu Lanzarotes meistbesuchte Sehenswürdigkeiten. Es handelt sich bei diesem Naturphänomen um einen Teil eines mehrere Kilometer langen Höhlensystems, das beim Ausbruch des Vulkans La Corona vor ca. 3000 Jahren entstanden ist und zu dem auch die 2 km westlich gelegene ▶Cueva de los Verdes gehört.

Eines der Meisterwerke Manriques: Jameos del Agua

Während Lavamassen an der Erdoberfläche bereits erkaltet waren, strömte darunter flüssige Lava weiterhin dem Meer zu. Als die Vulkantätigkeit schließlich zum Erliegen kam, blieben Röhren zurück, deren Decken stellenweise einbrachen. Diese Einbrüche werden »jameos« genannt. César Manrique hat unter Mitarbeit von Jesús Soto und Luís Morales dafür gesorgt, dass aus den »jameos« ein **Erlebnisraum mit Museum, Restaurant und kleinem Pool** wurde, in dem man sich leicht einige Stunden aufhalten kann.

Höhle Der überdachte Teil der Jameos del Agua, die eigentliche »Höhle«, ist 60 m lang, 20 m breit und 20 m hoch. Eine Besonderheit des Grottensystems – und gleichzeitig namensgebend – ist ein Wasserbecken, das sich in dieser Höhle gebildet hat. Es liegt unterhalb des Meeresspiegels und ist mit Salzwasser gefüllt, welches das poröse Gesteinsmaterial durchdringen kann. Angeblich ist sogar ein leichter Tidenhub zu bemerken.

In dem Salzwasser lebt eine blinde **weiße Krebsart**, die sich von Algen ernährt und die normalerweise nur in einer Meerestiefe von rund 3000 m zu finden ist. Ihr Vorkommen in diesem Gewässer kann man sich nicht eindeutig erklären. Die winzigen Krebse, auf die sich Manrique in seiner Emblemskulptur der Jameos del Agua bezieht, sind eine biologische Rarität und vom Aussterben bedroht. Die von Touristen in das Wasserbecken geworfenen Münzen gefährden durch Korrosion das Leben der Krebse; ihre Zahl hat sich in den letzten Jahren erheblich reduziert. Es wird deshalb dringend darum gebeten, keine Münzen in den See zu werfen!

In der **Höhlendecke** gibt es ein fast rundes Loch, das wahrscheinlich durch den Druck entstanden ist, der von verdampfendem Seewasser während des Vulkanausbruchs ausgeübt wurde. Man nimmt es vor allem mittags wahr, wenn Sonnenstrahlen senkrecht durch das Loch ins Wasser fallen.

Jameo Grande An die Höhle mit dem Wasserbecken schließt sich ein nach oben offener Teil an, der Jameo Grande, den Manrique zu einem flachen Pool umfunktioniert hat. Überall sind zwischen üppig wachsenden Pflanzen Bänke und Sitzgruppen aufgestellt, Palmen, Feigenbäume oder Hibiskusbüsche sorgen für den nötigen Schatten. Direkt hinter dem flachen Pool befinden sich die beiden Eingänge zu dem berühmten **Auditorium**, ebenfalls eine natürliche Grotte, die über eine hervorragende Akustik verfügt. Manrique hat sie als Veranstaltungsraum für rund 600 Besucher konzipiert. In dem unterirdischen Saal werden regelmäßig Konzerte veranstaltet.

Casa de los Volcanes Oberhalb des Lavatunnels hat Manrique die Casa de los Volcanes bauen lassen und darin eine »touristische, pädagogische und wissenschaftliche Station« mit Informationsräumen sowie einem Vortragssaal einrichten lassen. Es werden **Erläuterungen zum Vulkanismus** im Allgemeinen und auf den kanarischen Inseln gegeben. Auch mit einem Kunstwerk ist César Manrique hier vertreten: das Wandrelief **»Naufragio Feliz«** (»Der glückliche Schiffbruch«). Es ist aus Teilen eines vermoderten Fischerbootes wiederum zu einer Bootsform zusammengefügt. Abends gibt es oft Folkloredarbietungen; man kann ein gepflegtes Abendessen genießen und hat auch Gelegenheit zum Tanzen.

❶ tgl. 10.00 – 18.30, Di., Sa. auch 19.00 – 24.00 Uhr; Eintritt 9 €

La Caleta

─────────────────────── ✳ E 4

Wer in La Caleta bzw. in der nahe gelegenen Urbanización Famara seine Ferien verbringen möchte, sollte sich auf eine herbe, faszinierende Landschaft und viel Wind einstellen. Ruhe suchende Urlauber jedenfalls sind hier richtig.

Der kleine Küstenort Caleta im Nordwesten von Lanzarote besteht im Wesentlichen aus der Hauptstraße und einigen Seitenstraßen, die zum Wasser hinunterführen. Etliche Häuschen sind nach wie vor von Fischerfamilien bewohnt, andere fungieren als **Wochenenddomizile**. An der Hauptstraße gibt es mehrere gute Fischrestaurants.

La Caleta erleben

ÜBERNACHTEN
Playa Famara ❷❷
Calle Cascabelillo 60
Playa de Famara
Tel. 928 84 51 32
www.bungalowsplayafamara.com
Diese Bungalowanlage mit 146 Wohneinheiten ist die einzige Feriensiedlung an der Nordküste von Lanzarote. Direkt vor der Tür liegen ein wunderschöner kilometerlanger Strand. Wer an die Unterkunft nicht allzu hohe Ansprüche stellt, dafür viel Natur mitbekommen möchte, hat gut gewählt. Ein Mietwagen ist in der abgeschiedenen Lage fast unerlässlich.

ESSEN
El Risco ❷❷❷
Calle Montaña Clara 30
Tel. 928 52 85 50
www.restauranteelrisco.com
Lokal mit Blick auf Klippen und Meer. Nicht nur Fisch und Fleisch werden serviert, es gibt auch gute hausgemachte Nachspeisen.

Casa Garcia ❷❷
Avenida El Marinero 1
(Durchgangsstraße)
Tel. 928 52 85 76, Mo. geschl.
Schmackhafte Fischgerichte bei gutem Service.

UMGEBUNG VON LA CALETA

Urbanización Famara Die 1 km östlich von La Caleta gelegene Urbanización Famara ist **Lanzarotes älteste Bungalowanlage**. Sie wurde Anfang der 1970er-Jahre von einer norwegischen Gesellschaft gebaut. Wer Abwechslung von der üblichen Grün-Weiß-Gestaltung der Inselarchitektur sucht, sollte sich diese Ferienanlage ruhig einmal ansehen. Bestechend ist die Lage an der kilometerlangen Playa de Famara.

Playa de Famara Die Playa de Famara, die sich östlich von La Caleta unterhalb des Risco de Famara entlangzieht, ist einer der schönsten Strände von Lanzarote. Leider ist man hier jedoch den **stürmischen Winden** meist direkt ausgesetzt, sodass das Strandvergnügen begrenzt ist. Zudem gilt die Playa de Famara aufgrund **starker Strömungen** als gefährlich, Jahr für Jahr kommt es zu tragischen Badeunfällen. Für Strandspaziergänge eignet sie sich jedoch hervorragend, und natürlich begeistern sich Surfer und Kitesurfer für die meterhohen Wellen (▶Baedeker Wissen S. 150).

*Risco de Famara Die Schönheit dieser Gegend macht zum großen Teil das Bergmassiv des Risco de Famara aus, das steil ins Meer abfällt. Bei geübten Drachenfliegern ist diese Steilküste für ihre günstigen Winde bekannt.

** La Geria

C 6

La Geria ist Lanzarotes bekanntestes Weinanbaugebiet. Es liegt auf einer Hochebene am Rand des Parque Nacional de Timanfaya. Eine relativ schmale Straße vom Monumento al Campesino nach Uga führt durch dieses landschaftlich einmalige Gebiet.

Die einst fruchtbare Region wurde durch die Vulkanausbrüche im 18. Jh. mit einer Lavaschicht bedeckt und war dadurch zunächst landwirtschaftlich nicht nutzbar. Durch eine **ausgeklügelte Anbaumethode** schafften die Lanzaroteños es aber allen Unbilden zum Trotz, hier wieder Ackerbau zu betreiben (▶Baedeker Wissen S. 62).

SEHENSWERTES IN LA GERIA

Weingüter Die Weine der Region kann man in mehreren Fincas und Bodegas an der Straße probieren und kaufen, besonders schön sitzt man in der **Bodega El Chupadero**. Bei Masdache hat das **Weingut**

La Geria: Jeder Tropfen Wein wird der Umgebung abgerungen.

El Grifo seinen Sitz, dessen Geschichte sich bis 1775 zurückverfolgen lässt. Im zugehörigen **Museo del Vino** (**Weinmuseum**) sind Weinpressen, Abfüllpumpen und weitere zum Keltern benötigte Gerätschaften ausgestellt. Im Eintrittspreis ist eine kleine Weinprobe inbegriffen.

Einige Weingüter bieten auch Führungen an, bei denen man die Kelterei, den Gärkeller, in dem der Wein in Eichenfässern gelagert wird, die Abfüll- und die Etikettierungsräume besichtigen kann. Außerdem gehört meist eine Weinprobe zum Programm – dabei erweist sich der trockene Malvasier als der bei Touristen beliebteste und meistgekaufte Wein. Es besteht auch die Möglichkeit, organisierte Ausflüge nach La Geria zu buchen (Buchung in allen großen Hotels), die die Besichtigung einer Weinkellerei einschließen und meistens auch in den Parque Nacional de Timanfaya, nach El Golfo und Los Hervideros führen.

Museo del Vino: Carretera de la Geria, Km 11, Tel. 928 52 40 36; tgl. 10.30 – 18.00 Uhr; Eintritt 6 €; www.elgrifo.com

Bodega El Chupadero: Carretera de la Geria, Km 18,8, Tel. 928 17 31 15; www.el-chupadero.com

La Graciosa

✳ E/F 2/3

La Graciosa (»Die Anmutige«) ist die größte Insel des so genannten Archipelago Chinijo, der Lanzarote im Nordosten vorgelagert ist. Zum Archipel gehören auch die Inseln Alegranza, Montaña Clara, Roque del Este und Roque del Oeste.

Mit dem Wind surfen

Am Strand von Famara im windigen Nordwesten von Lanzarote treffen sich Kitesurfer aus aller Herren Länder – der Strand gilt als echter Top-Spot. Zwischen März und Oktober trainieren die besten Kitesurfer der Welt und zeigen teils aberwitzige Sprünge zwischen Wind und Wellen, und in den Sommermonaten finden hier diverse Kitesurf-Meister- schaften statt. Famara bietet optimale Bedingungen, aber auch an einigen anderen Stränden auf Lanzarote kann man kitesurfen.

Tinajo   Teguise

ARRECIFE

Puerto del Carmen

Playa Blanca

Atlantischer Ozean

▶ **So funktioniert`s**

Der Kitesurfer steht auf dem Board und wird vom Lenkdrachen über die Wasseroberfläche gezogen.

Quick Release
kann im Notfall ausgelöst werden, damit der Kite abstürzt

Bar
Lenkstange

Safety Leash
elastische Leine, die Kite und Surfer verbindet

Floater
halten den Bar über Wasser

©BAEDEKER

▶ **Ausrüstung**

Helm
Besonders für Anfänger und in flachen Gewässern ist der Helm unverzichtbar.

Hüfttrapez
Der Zug des Kites wird durch das Trapez auf den Surfer übertragen. An Metallhaken wird der Chickenloop befestigt.

Prallschutzweste
bietet zusätzlichen Auftrieb und dient zum Schutz vor Verletzungen und Kälte

Schutzbrille

Neoprenanzug
schützt den Körper vor Auskühlung

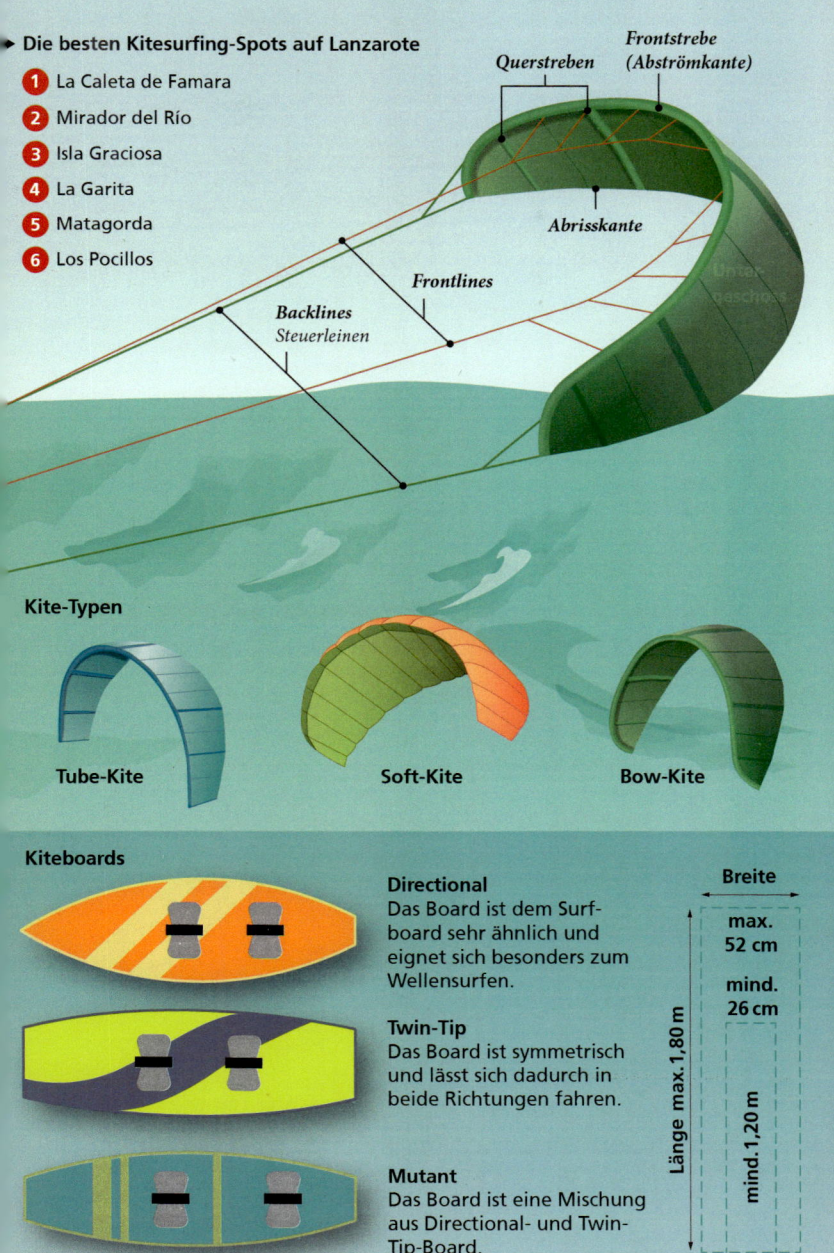

Die besten Kitesurfing-Spots auf Lanzarote

1. La Caleta de Famara
2. Mirador del Río
3. Isla Graciosa
4. La Garita
5. Matagorda
6. Los Pocillos

Querstreben

Frontstrebe (Abströmkante)

Abrisskante

Frontlines

Backlines
Steuerleinen

Kite-Typen

Tube-Kite **Soft-Kite** **Bow-Kite**

Kiteboards

Directional
Das Board ist dem Surf-board sehr ähnlich und eignet sich besonders zum Wellensurfen.

Twin-Tip
Das Board ist symmetrisch und lässt sich dadurch in beide Richtungen fahren.

Mutant
Das Board ist eine Mischung aus Directional- und Twin-Tip-Board.

Breite

max. 52 cm

mind. 26 cm

Länge max. 1,80 m

mind. 1,20 m

La Graciosa erleben

ANREISE

Zwischen Órzola (Lanzarote) und Caleta
del Sebo (La Graciosa) besteht eine Fährverbindung (keine Autofähre); die Zeiten
variieren nach Saison. Die Fahrt dauert
etwa 15 bis 20 Minuten.

ÜBERNACHTEN

Girasol Playa ⊜
Avenida Virgen del Mar 7
Caleta del Sebo

Tel. 928 84 21 18
www.graciosaonline.com, 7 Z.
Die Pension besitzt einfachen Zimmer
z. T. mit Blick auf den Hafen.

ESSEN

El Varadero ⊜⊜
Avenida Virgen del Mar 19
Tel. 928 84 21 75
Gute Fischgerichte, serviert auf einer Ter-
rasse mit Hafenblick.

Die Gewässer des »Kleinen Archipels« verfügen über einen ungewöhnlichen **Artenreichtum an Fauna und Flora** und haben daher
den Status einer Meeresschutzzone (Parque Natural Los Islotes). La
Graciosa, durch den nur 1 km breiten, allerdings recht tiefen Meeresarm El Río von Lanzarote getrennt, ist als einzige Insel des Archipelago Chinijo bewohnt. Sie nimmt eine Fläche von 28 km² ein,
ist etwa 9 km lang und an der breitesten Stelle knapp 5 km, an der
schmalsten Stelle rund 1,5 km breit. Die Bevölkerung lebt zu 90 %
vom Fischfang.

Tourismus Ein hervorragender Blick auf La Graciosa und bei klarer Sicht über
den gesamten Archipel bietet sich von Lanzarotes Nordspitze, vom
▶Mirador del Río. Man kann La Graciosa von Lanzarote aus prob-
lemlos bei einem Tagesausflug erkunden. Der Tourismus hält sich
auf La Graciosa in einem sehr begrenzten Rahmen: Es gibt nur rund
100 Gästebetten. Bisher hat man sich bewusst und erfolgreich gegen
einen weiteren Ausbau gewehrt. Insofern bevölkern meistens nur
Tagesgäste die Insel, und wer über Nacht oder sogar ein paar Tage
bleibt, muss Ruhe und Abgeschiedenheit mögen.

ZIELE AUF LA GRACIOSA

Caleta del Ständig bewohnt ist La Graciosa erst seit 1876, damals wurde in der
Sebo Bucht von Caleta del Sebo eine Fischfabrik gebaut. Die Arbeitskräfte
kamen von Lanzarote. In der Nähe der Fabrik entstand die Siedlung
Caleta del Sebo, weiter im Norden das Dorf Pedro Barba, das heute
nicht mehr ständig bewohnt ist. In Caleta del Sebo leben heute rund
600 Menschen: Es gibt den Hafen, eine Schule, eine erst 1974 gebaute
Kirche, einige Restaurants, zwei Pensionen und Apartmenthäuser.

La Graciosa verfügt über einsame Sandstrände. Der meistbesuchte   *Strände
und dennoch relativ leere Strand der Insulaner, die **Bahía del Salado**, liegt in der Nähe des Hafens. Etwas weiter im Westen kommt
man zur **Playa Francesa**, einer stark dem Wind ausgesetzten Sand-
bucht. Die westliche Nachbarbucht, die **Playa de la Cocina**, ist der
von FKK-Anhängern bevorzugte Strand. Die **Playa de las Conchas**
im Nordwesten ist ebenfalls ein wunderschöner Sandstrand. Man
muss beim Baden aber mit gefährlichen Strömungen rechnen.

WANDERUNGEN AUF LA GRACIOSA

Ausgangspunkt jeglicher Unternehmungen auf La Graciosa ist Caleta   **Erkundung**
del Sebo. Von hier folgt man der landeinwärts führenden Piste immer   **des**
geradeaus. Schließlich wird die traumhaft schöne, meist menschen-   **Inselnordens**
leere **Playa de las Conchas** an der Nordwestküste erreicht. Ein Stück
auf demselben Weg zurück, dann
geht man südlich an der Montaña
Bermeja vorbei und weiter in Richtung Norden zur **Playa Lambra**, einer grandiosen Dünenlandschaft. In
südöstlicher Richtung sind schon
bald die noblen Feriendomizile in
Pedro Barba erkennbar. Immer in
Küstennähe geht man von hier süd-
wärts zurück nach Caleta del Sebo.
Gut fünf Stunden muss man für die
etwa 18 km lange Tour einplanen.
Der Höhenunterschied ist minimal,
die Orientierung auf der flachen Insel bereitet kaum Probleme.

> **!**   *Explora La Graciosa*
>
> **BAEDEKER TIPP**
>
> Eva Maldener lebt seit 1998 auf
> der Insel La Graciosa und bietet
> historisch und naturkundlich fun-
> dierte Wandertouren an. In ihrem
> Infobüro gibt es zudem hübsche
> Souvenirs: handgemachte Memo-
> ry-Spiele, Kalender, Notizbücher
> mit Inselmotiven sowie Land- und
> Postkarten (Caleta del Sebo, Calle
> Popa 15, Tel. 928 84 21 94,
> exploralagraciosa@gmx.net).

Für die Wanderung durch den Inselsüden braucht man ca. zweieinhalb   **Inselsüden**
Stunden. Vom Hafen aus steuert man die südlich gelegene Bahía del
Salado an. Eine Piste führt von hier südlich zur **Playa Francesa** und
zur **Playa de la Cocina**. Der Weg verläuft dann parallel zur Westküste
und trifft auf den Fahrweg nach Caleta del Sebo im Osten.

La Santa

━━━━━━━━━━━━━━━━━━━━━━━━━━━━ ✦ **D 4**

**Vom rund 200 m hoch gelegenen Ort Tinajo führt eine Straße
abwärts ins vollkommen abgelegene La Santa. Das winzige
Küstendorf ist eigentlich nur an der Hauptstraße bebaut.**

Kleine Stichwege führen hinunter zum Wasser. Es gibt ein paar Restaurants und Bars, die zu abendlicher Stunde auch gut besucht sind. La Santa lebt nämlich zu einem nicht unbedeutenden Teil vom benachbarten großen Sporthotel La Santa Sport.

UMGEBUNG VON LA SANTA

La Santa Sport Die recht großzügig gestaltete Hotelanlage La Santa Sport wurde bereits in den 1970er-Jahren errichtet, stand dann allerdings etliche Jahre leer. Es fanden sich keine Touristen, die in der recht unwirtlichen Umgebung ihre Ferien verbringen wollten. Dank eines neuen

La Santa erleben

ÜBERNACHTEN
La Santa Sport ⊖⊖⊖
Tel. 928 59 99 99
(Tel. in Deutschland 040 55 00 34)
www.clublasanta.de
▶Baedeker Wissen S. 93

ESSEN
Amêndoa ⊖⊖
Av. del Marinero 20, Tel. 928 83 82 52
www.amendoalasanta.com
Schönstes Lokal in La Santa mit kreativer kanarischer Küche und südamerikanischer Musik.

Am Pool im Hotel La Santa Sport lässt sich nach dem Training relaxen.

Konzepts werden nun schon lange schwarze Zahlen geschrieben. Das Erfolgsprogramm heißt Sport: In La Santa besteht die Möglichkeit, über **35 verschiedene Sportarten** auszuüben. In einer Leichtathletikanlage können alle olympischen Sportarten trainiert werden. Ein 50-m-Schwimmbecken steht ebenso zur Verfügung wie Tennis- und Squashplätze sowie ein Tauchzentrum. Neben Sportlern, die hier vor allem in der Wintersaison trainieren, verbringen in La Santa auch sportfreudige Familien ihre Ferien.

Durch zwei Dämme ist die Küstenzone bei La Santa mit dem winzigen vorgelagerten Inselchen La Isleta verbunden. Die durch die Dämme entstandene ruhige Meereszone gewährt an dieser ansonsten recht rauen Küste auch Anfängern **Surfmöglichkeiten**. **La Isleta**

Lobos

Die 6 km² große Insel Lobos liegt in der Bocaïna, einer nur ca. 30 m tiefen Meerenge zwischen Lanzarote und Fuerteventura.

Von Lanzarote aus besteht kein regelmäßiger Schiffsverkehr nach Lobos. Man erreicht das Inselchen nur über Fuerteventura (Corralejo; Überfahrt mit Glasbodenboot bzw. umgebautem Fischerboot am Morgen, Rückfahrt spätnachmittags) bzw. mit privat gecharterten Booten. Ihren Namen verdankt die Isla de los Lobos den Mönchsrobben (span. »lobos marinos«), die hier bis Ende des 19. Jh.s in großer Zahl lebten. Lobos, das in vergangenen Jahrhunderten beliebter Schlupfwinkel von Piraten war – unter ihnen soll auch Sir Francis Drake gewesen sein –, ist heute unbewohnt.

SEHENSWERTES AUF LOBOS

Im Wesentlichen besteht die unbewohnte Insel aus einem nicht erloschenen Vulkan und kleineren Nebenkratern sowie einer noch weitgehend unberührten Dünenlandschaft. Sie steht seit 1982 unter Naturschutz und gehört zum **»Dünen- und Meerespark Corralejo, Lobos, El Río«**. Etwa 140 Pflanzenarten wurden auf Lobos gezählt, davon kommen 13 nur auf den Kanaren vor. In der Tierwelt hat Lobos Bedeutung als Rückzugsgebiet für verschiedene seltene Vogelarten; mit etwas Glück sieht man hier Schmutzgeier, Fischadler oder Berberfalken. Am Bootsanleger informiert ein kleines Besucherzentrum mit schön gestalteten Schautafeln über das Ökosystem. **Landschaftsbild**
Centro de Interpretación de Isla de Lobos: tgl. 10.30 – 15.00 Uhr, Ein. frei

Playa de las Conchas

Schöne Bademöglichkeiten gewährt die Playa de las Conchas, ca. 1 km westlich der Schiffsanlegestelle. Sie liegt in einer tiefen Bucht und ist gegen die Brandung geschützt. Auch **Schnorchler und Taucher** kommen hier auf ihre Kosten.

Wanderung

Die größte Entfernung von einer Küste zur anderen beträgt auf Lobos nur 3,5 km; man kann die Insel in ca. zwei Stunden gut umwandern (kein Schatten!). Von der Schiffsanlegestelle geht man zunächst rechts in Richtung Bar. Hinter der Häusergruppe führt der Weg nordwärts zum **Leuchtturm**, den man nach ca. einer Stunde erreicht. Ein von hier ab gut angelegter Weg führt zurück zum Ausgangspunkt.

Los Valles

 E 4

Man passiert das Dorf Los Valles auf der Fahrt zwischen Teguise und Haría. Es ist in eine wunderschöne Landschaft eingebettet, in den Abendstunden schimmert die Erde rötlich. Vereinzelt setzen Palmen grüne Farbakzente.

Strahlendes Weiß vor dunkler Vulkanerde: Ermita de Santa Catalina

SEHENSWERTES IN LOS VALLES UND UMGEBUNG

Von der Straße aus, die an Los Valles vorbeiführt, sieht man die strahlend weiße Kirche direkt vor einem kleinen rotbraunen Hügel liegen. Die Ermita de Santa Catalina wurde im 18. Jh. gebaut, als die Bewohner des Dorfes Santa Catalina im Südwesten der Insel vor der **Vulkankatastrophe** flohen und sich hier neu ansiedelten. Sie ist schlicht gehalten. Im Innern fallen nur die drei Heiligenfiguren von Jesus, dem Heiligen Antonius und der Heiligen Catalina auf.

Ermita de Santa Catalina

Der schönste Blick auf den Ort bietet sich vom **Mirador de los Valles** am nördlichen Ortsende.

> ### Los Valles erleben
>
> **ESSEN**
> *Mirador des los Valles* ⓔⓔ
> an der Hauptstraße
> (am nördlichen Ortsausgang)
> Tel. 928 52 80 71
> In einem kanarischen Bauernhaus werden traditionelle Speisen serviert.

Der Parque Eólico wurde 1993 nordöstlich von Los Valles im Barranco de Teneguime in Betrieb genommen. Nahe dem nördlichen Ortsausgang von Los Valles zweigt ein Zufahrtssträßchen dorthin ab. Zwar darf er nicht betreten werden, aber die Anlage lässt sich von außen gut in Augenschein nehmen. Zudem ist der Anblick der Windräder, die sich den Berg hinabziehen, auch von Ferne sehr imposant. Der Parque Eólico ist einer der größten **Windparks** auf den kanarischen Inseln.

Parque Eólico

Die Ermita de las Nieves liegt in vollkommener Abgeschiedenheit auf einem 648 m hohen Berg. Von den drei möglichen Zufahrtswegen sollte man den am besten ausgebauten nehmen, der von der Straße Los Valles – Haría einige Kilometer nördlich des Parque Eólico links abzweigt. Die meist nicht zugängliche Kapelle besticht durch ihre Lage: Mitten in einer steinigen Wüste ist sie – nur von niedrigen weißen Mauern und ein paar Pflanzen umstanden – schutzlos den stürmischen Winden preisgegeben, die hier oben auf dem **Risco de Famara** stets wehen. Oft ziehen dichte Wolken vom Atlantik herauf, während die übrige Insel von Sonne beschienen wird. In der Ermita de las Nieves wird wie vielerorts auf den kanarischen Inseln die **Nuestra Señora de las Nieves** verehrt, die dem Namen nach für Schnee zuständig ist, auf Lanzarote allerdings traditionell um Regen angerufen wurde.
Von hier oben hat man einen umfassenden Blick über die Insel, nach Norden hin über das Bergmassiv Risco de Famara, über die Inseln La Graciosa, Montaña Clara und Alegranza, und in Richtung Süden reicht die Aussicht bis hinunter nach Arrecife. Im Nordosten liegt Lanzarotes höchster Berg, der **Peñas del Chache** mit 671 m Höhe.

Ermita de las Nieves

✳ Mirador del Río

——————————————————————— ✦ F 3

Der Mirador del Río im äußersten Norden von Lanzarote ist ein Werk von César Manrique. An der Stelle eines alten Beobachtungspostens ließ er in einer Höhe von 479 m ein Café-Restaurant und einen Aussichtsplatz direkt in den Felsen hineinbauen.

Mischung von Natur und Architektur Manrique hat hier einmal mehr das Konzept verfolgt, Natur und Architektur harmonisch miteinander zu verbinden. Tatsächlich ist das Gebäude von außen kaum als künstliches Bauwerk zu erkennen. Allerdings musste Manrique für die Verwirklichung seiner Pläne diesmal Teile des Berges abtragen lassen. Die Dachkonstruktion wurde anschließend mit Gras bepflanzt.

Inneres Die Innenräume hat Manrique relativ schlicht gestaltet, Holz und die weißen, gerundeten Wände bestimmen den Eindruck. Riesige Fensterscheiben geben den Blick in die **grandiose Landschaft** frei. Überall sind Sitzgelegenheiten eingerichtet, die durchaus zu längerem Verweilen einladen – ein schönes Plätzchen, selbst wenn der Mirador einmal in Wolken gehüllt sein sollte. Über eine Wendeltrep-

Bilderbuchpanorama: La Graciosa am Fuße des Mirador del Río

pe kommt man in die nächste Etage mit der Tienda, dem Geschäft, in dem man Bücher und Mitbringsel von der Insel kaufen kann. Auf die **Aussichtsterrasse** gelangt man direkt unten vom Restaurant aus oder weiter über die Treppe, die oben in einem pilzähnlichen Glashäuschen endet.

 tgl. 10.00 – 17.45, im Sommer bis 18.45 Uhr; Eintritt 4,50 €

Von hier oben bietet sich ein imposanter Blick auf den namensge- ***Aussicht** benden »Río«, die schmale Meerenge zwischen Lanzarote und der La Graciosa, sowie bei guter Sicht auf den gesamten Archipela- go Chinijo (▶La Graciosa). Nördlich von La Graciosa liegt die In- sel Montaña Clara, dahinter das größere Alegranza sowie die Fel- sen Roque del Este und Roque del Oeste. Gut zu erkennen ist das Dorf Caleta del Sebo mit seinen Hafen- molen an der Südküste von La Gra- ciosa. Unterhalb des Mirador sieht man die rosarot gefärbten Salinas del Río; die Färbung stammt von ei- nem kleinen Krustentier, das in dem Salinenwasser lebt. Ins Inselinnere hinein schaut man über eine land- wirtschaftlich genutzte Fläche zum **Vulkan La Corona**. Aus dieser Pers- pektive hat man einen eindrucksvol- len Blick direkt in den Krater des höchsten Berges in Lanzarotes Nor- den. Weiter sieht man an der Küs- te entlang auf den Südwestteil von Lanzarote: deutlich zunächst die Ebene von El Jable und dann die Berge des südlichen Inselteils.

BAEDEKER WISSEN

? *Gut geschützt*

Der Mirador del Río diente einst Verteidigungszwecken. Die ehe- malige Geschützstellung hoch über der Meerenge von El Río wurde 1898 errichtet, also just in dem Jahr, in dem Spanien seine letzten Kolonien in Übersee ver- lor. Die Regierung in Madrid fürchtete, die Konkurrenzmacht USA würde sich als Nächstes auch die afrikanischen Besitzungen ein- verleiben. Der Berggipfel am Mirador, noch heute als »Batería del Río« bezeichnet, ist eine von mehreren Verteidigungsanlagen auf den kanarischen Inseln.

WANDERUNG ZU DEN SALINAS DEL RÍO

Eine lohnende Wanderung führt von Las Rositas (3 km südlich vom **Verlauf** Mirador del Río) hinunter zur **Playa del Risco** und zu den Salinas del Río. Für die Tour benötigt man etwa zweieinhalb Stunden; man steigt dabei ca. 440 m hinunter und wieder hinauf. Die Wegstrecke ist unproblematisch. Die Wanderung führt zunächst auf einem alten, vor einiger Zeit neu befestigten Pfad abwärts, unten in der Küsten- ebene geht es dann auf einem etwas breiteren Weg weiter.
Als Ausgangspunkt bietet sich ein Parkplatz bei Las Rositas an. Man folgt der schmalen Straße, die – vom Mirador kommend – am Rand der Steilküste verläuft und biegt kurz vor Las Rositas rechts ab; die

kleine Straße mündet in einen Parkplatz. Die Fortsetzung des Weges führt direkt an die Steilküste. Von hier oben zieht sich ein Weg in Serpentinen am Steilhang hinab. Grandios ist der Ausblick. Tief unten liegt der schmale Meeresarm El Río. Bei guter Sicht kann man den gesamten Archipelago Chinijo mit La Graciosa im Vordergrund ausmachen. Nach einer knappen halben Stunde stößt man in der Ebene auf einen Weg, der parallel zur Küste nordwärts zu den Salinas del Río führt. Bald erstreckt sich links des Weges die Playa del Risco. Dann entfernt sich der Weg wieder etwas vom Ufer und erreicht die Salinenbecken, die nicht mehr in Betrieb sind. Man umrundet die Salinen, geht auf der Meerseite zurück und gelangt nach kurzer Zeit zur Playa del Risco. An dem zum Baden geeigneten Sandstrand kann man eine längere Pause einlegen und Kräfte für den Rückweg den Steilhang hinauf nach Las Rositas sammeln.

Órzola

 F 3

Fast an der Nordspitze von Lanzarote liegt der Küstenort Órzola. Es ist ein hübsches Dorf mit verschiedenen beliebten Restaurants und Bars sowie einigen Übernachtungsmöglichkeiten. Vor allem aber wird Órzola durch die Fährverbindung nach La Graciosa ab und zu aus seiner Abgeschiedenheit gerissen.

Dann passieren die Tagesgäste den Ort, lassen hier ihre Autos stehen, um sie nach einem mehrstündigen Sonnenbad auf La Graciosa wieder abzuholen. Die Jugend von Órzola tummelt sich derweil im Hafenbecken und stürzt sich ein ums andere Mal mit Kopfsprüngen von der Kaimauer ins Wasser. Einmal im Jahr herrscht im Hafen von Órzola Hochbetrieb, wenn im Juli auf La Graciosa die **Fiesta del Carmen** gefeiert wird. Dann fahren die Fischerboote und Fähren unablässig hin und her und bringen zahlreiche Gäste auf die Insel.

Órzola erleben

ÜBERNACHTEN
Los Vientos ⊜ ⊜
Calle La Quemadita 4
Tel. 928 84 25 52
www.casas-lanzarote.de
Vier Apartments mit kleinem Garten.

ESSEN
Os Gallegos ⊜ ⊜
Calle La Quemadita 6
Tel. 928 84 25 02
Das Restaurant in Hafennähe bietet fangfrischen Fisch gut zubereitet.

Wer ansonsten morgens oder frühabends nach Órzola kommt, erlebt hier die große Ruhe – abends sind nur ein paar Fischer noch damit beschäftigt, ihr Tagewerk allmählich zu beenden.

UMGEBUNG VON ÓRZOLA

Südlich von Órzola erstreckt sich eine als Malpaís de la Corona bezeichnete Region, was so viel wie »schlechtes Land des Corona-Vulkans« bedeutet. Das weite **Lavafeld** kann in keiner Weise landwirtschaftlich genutzt werden. Lediglich einige Sukkulenten und Flechtenarten wachsen hier.

Malpaís de la Corona

Völlig überraschend finden sich in all der dunklen Unwirtlichkeit einige **Strandbuchten** mit hellem feinen Sand, an denen man, von Arrieta kommend, kurz vor Órzola vorbeifährt. Die schönste ist die Bajo de los Sables (Parkmöglichkeiten an der Straße).

*Bajo de los Sables

An der Straße, die Órzola mit Los Molinos verbindet, befindet sich etwa 500 m vor der südlichen Ortseinfahrt von Órzola die **Finca Las Pardelas**, die über einen Spielplatz, eine Postkartenausstellung und ein Restaurant verfügt.

Las Pardelas

❶ tgl. 10.00 – 18.00 Uhr; Eintritt 4,50 €

✳✳ Parque Nacional de Timanfaya

✦ B/C 5/6

Erstarrte Lavaflüsse und weite Lavafelder, Vulkankegel, in Schwarz-, Braun- und Rottönen schimmerndes Gestein – die Montañas del Fuego im Südwesten der Insel, sind Lanzarotes bedeutendste Sehenswürdigkeit und das touristische Markenzeichen der Insel.

Eine 85 km² große Fläche rund um die Feuerberge steht seit 1974 als Parque Nacional de Timanfaya (Timanfaya-Nationalpark) unter Naturschutz. Die spanische Bezeichnung **»Montañas del Fuego«** ist möglicherweise eine Übersetzung des Wortes »Timanfaya«, das bei den Ureinwohnern wahrscheinlich so viel wie **»Feuerberge«** hieß. Der Timanfaya selbst ist mit 510 m der höchste der Vulkane in dieser Region. »Timanfaya« war aber auch der Name eines Dorfes, das bei den Vulkanausbrüchen der Jahre 1730 bis 1736 innerhalb kürzester Zeit begraben wurde.

Besichtigung Man kann mit dem Auto auf der Straße Yaiza – Mancha Blanca jederzeit durch den Nationalpark hindurchfahren, das eigentliche Zentrum ist aber nur zu den Öffnungszeiten zugänglich; nachmittags ist es hier etwas ruhiger als in den Vormittagsstunden. Eine kleine Straße führt von der Hauptstraße bis zum Parkplatz des Restaurants El Diablo. Von dort ab sind Privatfahrzeuge nicht mehr zugelassen. Im Eintrittspreis eingeschlossen ist jedoch eine Busfahrt auf der **Ruta de los Volcanes**. Die rund 30-minütige Tour führt zu den wichtigsten Natursehenswürdigkeiten im Nationalpark. Außerdem besteht die Möglichkeit, auf einem Dromedar das Gebiet zu erkunden. Die Station, von der aus die Dromedare zu ihrem kurzen Ausritt starten, liegt südlich der Zufahrt zum Restaurant direkt an der Straße von Yaiza nach Mancha Blanca. Möglich ist ferner eine Wanderung entlang der zum Nationalparkgebiet gehörenden Küstenzone.

❶ tgl. 9.00 – 17.45 Uhr (letzte Busrundfahrt 17.00 Uhr), im Sommer eine Stunde länger; Eintritt 9 €

Flora und Fauna Zwar wirkt das Nationalparkgebiet auf den ersten Blick wie eine völlig **vegetationslose Mondlandschaft**, doch hat sich bereits wieder Leben angesiedelt. Die Vulkanregion gilt als Paradebeispiel für den Wiederbeginn einer Vegetation auf einem plötzlich steril gewordenen Boden. Rund 100 verschiedene Arten von Flechten sind hier zu finden, ferner einige Sukkulentenarten wie das Aeonium lancerotense, die Balsam-Wolfsmilch (Euphorbia balsamifera) und die König-Juba-Wolfsmilch (Euphorbia obtusifolia). Relativ häufig gedeiht auch der Strach-Dornlattich (lokaler Name: Aulaga majorera). An der Küste wächst die Stechende Binse (Junus acutus), die sich auf ständig feuchten Lavaflächen angesiedelt hat. An Wirbeltieren lebt im Parque Nacional de Timanfaya vor allem die Purpurarien-Eidechse (Gallotia atlantica).

Unter der Erde glüht es Eine Besonderheit sind die hohen Temperaturen, die hier in der Erde noch herrschen. Am **Islote de Hilario**, dem Krater, an dem das Restaurant El Diablo gebaut wurde, werden die höchsten Temperaturen verzeichnet: nur 10 cm unter der Erdoberfläche 140 °C, in 6 m Tiefe bereits Temperaturen von rund 400 °C! Nach Schätzung von Geologen ist in einigen Kilometern Tiefe noch flüssiges, 800 °C heißes Magma vorhanden.

Dieses Phänomen wird Besuchern an mehreren Beispielen verdeutlicht: Im Eingangsbereich des Restaurants gibt es einen Grill, auf dem nur mit der aus der Erde abgestrahlten Wärme Fleisch und Fisch gegrillt werden. Ein Angestellter des Nationalparks führt auf dem Gelände neben dem Restaurant zwei weitere Experimente vor: Er legt Reisig in eine Erdkuhle, wo es innerhalb kürzester Zeit zu brennen anfängt. Außerdem gießt er kaltes Wasser durch ein Rohr in die Erde. Nach kurzer Zeit schießt es als Dampfstrahl wieder an die Erdoberfläche.

Auch auf Dromedaren lassen sich die Montañas del Fuego erkunden.

El Diablo

Entsprechend konnte auch das **Restaurant** El Diablo nur aus feuerfesten Materialien und mit einer Isolierschicht gebaut werden. Das Gebäude ist bereits 1970 nach Plänen von **César Manrique** errichtet worden. Riesige Fensterflächen geben den Blick auf die ungewöhnliche Landschaft frei. Wie in vielen seiner Einrichtungen gibt es hübsch gestaltete Sitzgruppen. Mitten im Raum hat er ein verglastes Rondell eingelassen, das Lavagestein und einen Baumtorso zeigt, sowie das Skelett eines Wirbeltieres. Der Künstler hat sich dabei auf eine Legende bezogen, nach der hier oben der Einsiedler Hilario lebte, der von einem Dromedar begleitet wurde. Überall ist das **Bildnis des Diablo**, des Teufels, zu sehen, ein Symbol für die Region der Montañas del Fuego, das César Manrique sehr früh schon entworfen hat.

Ruta de los Volcanes

Vor dem Restaurant starten die Busrundfahrten über die Ruta de los Volcanes. Einige Wermutstropfen muss man sich bei dieser Tour eventuell gefallen lassen: Meistens werden mehrsprachige Erläuterungen gegeben; wer Pech hat, landet aber in einem Bus, in dem jegliche Erklärungen zu den interessanten Naturphänomenen fehlen. An einigen Stellen machen die Busse kurze Stopps, und die Besucher haben die Gelegenheit, durch die Scheiben hindurchzufotografieren – aussteigen dürfen die Fahrgäste in der Regel nicht. Was man zu sehen bekommt, ist dennoch grandios: Vom **Aussichtspunkt El Mirador** hat man einen hervorragenden Blick über das Mar de Lava, die Lavamassen, aus denen sich zahllose kleinere und größere Krater erheben. Weiter fährt der Bus am **Barranco del Fuego** vorbei, einer Schlucht, die einst das Bett eines Lavastroms darstellte. Schließlich

Vulkanische Inselwelt

Die Kanarischen Inseln, am Ostrand des bis über 6500 m Tiefe hinunterreichenden Kanarischen Beckens gelegen, sind ein Archipel, der seine Entstehung einem ortsfesten Hotspot unter der Afrikanischen Platte verdankt.

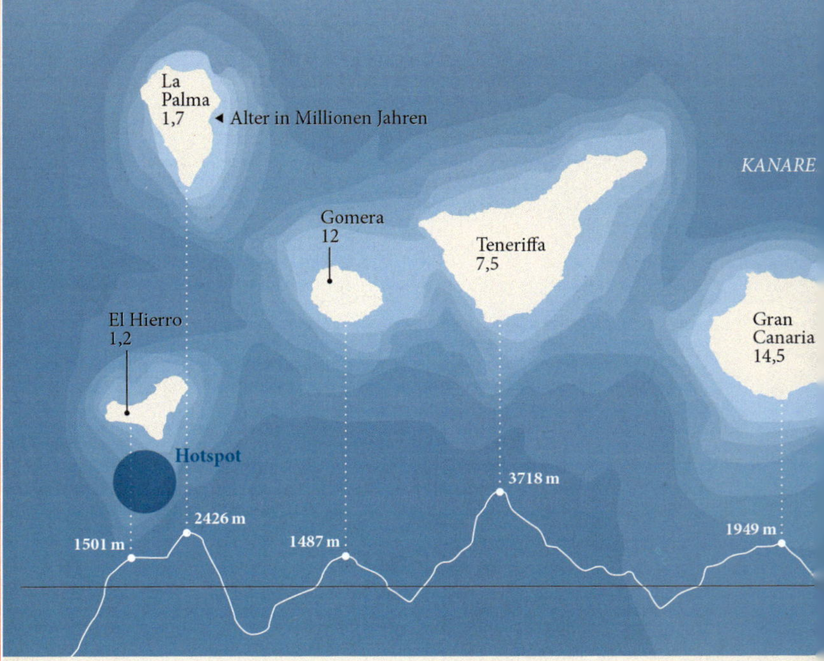

La
Palma
1,7 ◄ Alter in Millionen Jahren

KANARE

Gomera
12

Teneriffa
7,5

El Hierro
1,2

Gran
Canaria
14,5

Hotspot

3718 m

2426 m

1501 m   1487 m   1949 m

▶ **Plattentektonik und Hotspots**
Die Afrikanische Platte driftet in nordöstliche Richtung, der Hotspot bleibt jedoch ortsfest. Deshalb lagen die östlichen Inseln Gran Canaria, Fuerteventura und Lanzar schon vor längerer Zeit über dem Hotspot, die westlichen Inseln La Gomera, Tener und La Palma und Hierro jedoch erst in jüngerer Zeit und der untermeerische Vulkan vor El Hierro seit Herbst 2011.

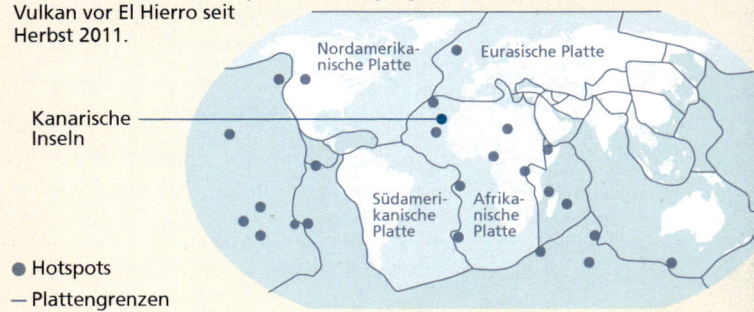

Nordamerika-
nische Platte

Eurasische Platte

Kanarische
Inseln

Südameri-
kanische
Platte

Afrika-
nische
Platte

● Hotspots
— Plattengrenzen

Die 500 km lange Inselkette führt systematisch von Ost nach West. Das Alter nimmt stetig ab. Diese Tatsache gilt als Beweis für die Hotspot-Theorie.

← W   O

Lanzarote
15,5

Furte-
ventura
20,6

Entstehung von Land
Seit November 2011 ist vor der Küste von El Hierro ein submariner Vulkan aktiv, dessen Kegel heute bis 125 m unter den Meeresspiegel heraufreicht.

AFRIKA

807 m   671 m   0 m

Inselprofil
Die Kanaren bilden heute einen mächtigen, bis zu 4000 m u.d.M reichenden untermeerischen Gebirgszug, von dem allenfalls 5% über den Meeresspiegel herausragen.

©BAEDEKER   ↓ 4000 m

Hotspot-Theorie
»Ein Hotspot ist eine dünne Stelle im oberen Erdmantel, durch die heißes Magma nach oben aufsteigen und die Erdkruste aufschmelzen kann«, formulierte der Vulkanologe Jahn T. Wilson in den 1960er-Jahren.

▶ **Vulkanausbrüche auf den Kanaren**
In den letzten 500 Jahren gab es zehn große und mehrere kleine. Diese fanden nur lokal statt und betrafen nicht die gesamte Inselwelt.

Teneriffa	1492
	1604, 1605
	1704 – 1706, 1798
	1909
La Palma	1585
	1646, 1677
	1712
	1971, 1949
Lanzarote	1730 – 1736
	1824
El Hierro	2011, 2012

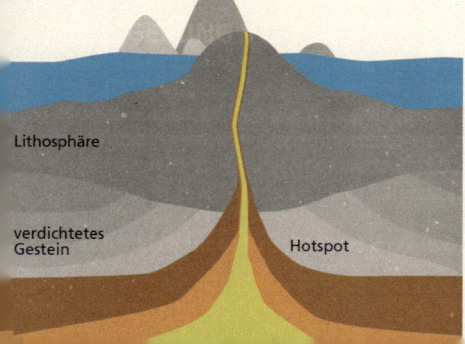

Lithosphäre

verdichtetes
Gestein   Hotspot

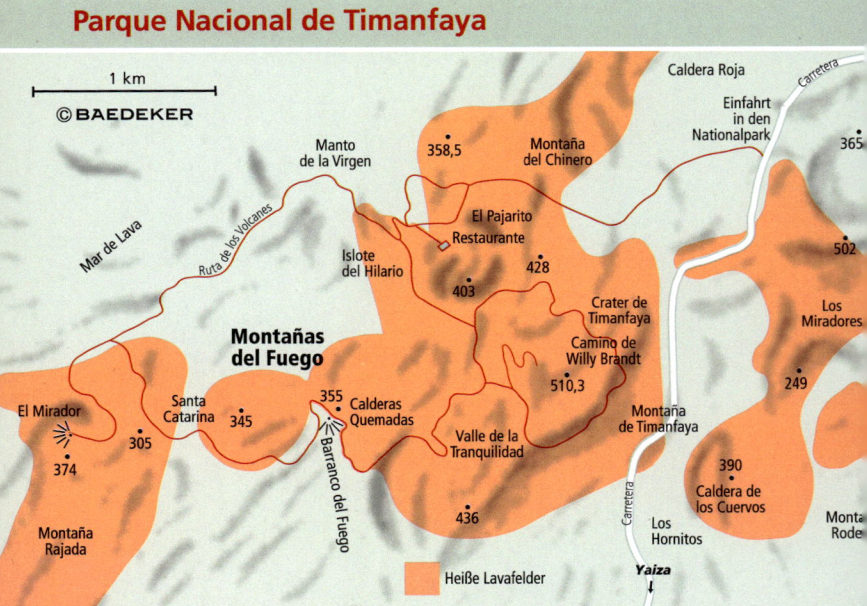

Parque Nacional de Timanfaya

geht es durch das **Valle de la Tranquilidad** (»Tal der Ruhe«), das von einer dicken Lapillischicht überzogen ist. An einer Stelle hält der Bus direkt bei einem »jameo«, einem Lavatunnel, dessen Decke eingestürzt ist. Hier sind deutlich tropfenartige Gebilde zu sehen, die beim Erstarrungsprozess der Lava entstanden sind.

*Centro de Visitantes Am besten besichtigt man das sehr gut gemachte **Informationszentrum des Nationalparks** (Centro de Visitantes e Interpretación) vor dem Besuch der Montañas del Fuego man hier ausgezeichnete und fundierte Hintergrundinformationen zur Entstehung der grandiosen Vulkanlandschaft bekommt. Das Besucherzentrum liegt an der Straße Yaiza – Mancha Blanca, 4 km nordöstlich der Zufahrt in die Feuerberge. Im Stundenturnus wird eine audiovisuelle Vorführung gezeigt, die in die Schönheiten der Landschaft einführt. Die Filme über Vulkanismus kann man per Kopfhörer auch auf Deutsch verfolgen. Eine ständige Ausstellung informiert über die Entstehung der Kanaren, Vulkanismus sowie Flora und Fauna des Timanfaya-Nationalparks. Eine Aussichtsterrasse gibt den Blick auf die Vulkanlandschaft frei.

❶ tgl. 9.00 – 16.00 Uhr; Eintritt frei

WANDERUNGEN IM NATIONALPARK

Die Nationalparkverwaltung organisiert regelmäßig geführte (kostenlose) Wanderungen. Es gibt zwei unterschiedliche Touren, die 3,5 km lange, leichte Wanderung »**Tremesana**« oder die 9 km lange, anspruchsvollere »**Ruta del Litoral**« entlang der Küste. Letztgenannte Wanderung kann man auch allein absolvieren. Dann muss man allerdings auf derselben Strecke wieder zurück, die Nationalparkverwaltung organisiert dagegen einen Bustransfer.

Geführte Wanderungen

Erfahrene Mitarbeiter der Nationalparkverwaltung begleiten die Wanderungen und geben unterwegs Erläuterungen in Spanisch oder Englisch. Die Teilnehmerzahl ist begrenzt. Nicht selten sind die geführten Wanderungen schon Wochen im Voraus ausgebucht. Daher ist eine **rechtzeitige Voranmeldung** erforderlich. Anmeldung im Centro des Visitantes de Mancha Blanca oder im Internet. Bei den Touren ist gutes Schuhwerk angesichts des scharfkantigen Lavagesteins unabdingbar!

Centro des Visitantes de Mancha Blanca: Tel. 928 11 80 42, www.reservasparquesnacionales.es

Wanderungen im Nationalparkgebiet in Eigeninitiative sind nicht erlaubt. Eine Ausnahme bildet die Wanderung entlang des zum Nationalparkgebiet gehörenden Küstenabschnitts. Die Wanderung startet an der **Playa de la Madera**, die man von Tinajo aus auf einer nicht beschilderten Piste erreicht. Aus nördlicher Richtung kommend, passiert man den Kirchplatz von Tinajo und biegt nach 300 m rechts ab, nach 150 m hält man sich nochmals rechts. Das Asphaltsträßchen führt an Feldern vorbei. In einer Rechtskurve verlässt man nach 4 km die Asphaltstraße und biegt auf eine (mit dem Pkw befahrbare) Schotterpiste ein. Auf ihr erreicht man nach etwa 9 km die Playa de la Madera. Hier beginnt ein zunächst kaum erkennbarer Pfad an der Küste entlang in Richtung Südwesten. Hat man genügend Ausdauer, könnte man bis zur knapp 5 km entfernten **Punta de la Ensenada** gehen, einer kleinen, aus schwarzen Basalten aufgebauten Landzunge. Der Rückweg erfolgt auf demselben Weg.

Wanderung in Eigenregie

BAEDEKER TIPP ❗

»Bombenexkursion«

Unter hohem Druck werden bei Vulkanausbrüchen mitunter Gesteinsmassen herausgeschleudert, die durch Rotation zu riesigen Bällen geformt werden. Ein besonders stattliches Exemplar einer solchen Vulkanbombe finden Sie östlich des Nationalparks, nahe der Caldera Colorada. Von der Straße Uga – Masdache zweigt eine Straße gen Norden nach Tinajo ab. Nach 2,5 km befindet sich rechts ein Schotterparkplatz. Hier beginnt eine Piste, der man zu Fuß in östlicher Richtung folgt. Nach zehn Minuten sehen Sie rechts des Weges die »Vulkanbombe«, die einen Durchmesser von etwa 4 m hat.

Geologischer Anschauungsunterricht

»Am 1. September zwischen 9 und 10 Uhr abends öffnete sich plötzlich die Erde bei Timanfaya, 2 Meilen von Yaiza entfernt. In der ersten Nacht erhob sich ein ungeheurer Berg aus dem Schoß der Erde, und aus seinem Gipfel brachen Flammen, die 19 Tage lang weiterbrannten.« So beginnt der Augenzeugenbericht des Pfarrers Andrés Lorenzo Curbelo aus Yaiza, der einen Eindruck des unbeschreiblichen Grauens vermittelt, das sich im Timanfaya-Gebiet zwischen 1730 und 1736 abgespielt hat.

Weiter heißt es: »Aber am 7. September erhob sich ein Felsen aus dem Schoß der Erde mit einem dem Donner ähnlichen Getöse und zwang die Lava, die anfangs sich nach Norden wandte, ihren Lauf zu ändern und sich nach Nordwesten und Westnordwesten zu wenden. Die Lavamasse erreichte und zerstörte augenblicklich die im Tal gelegenen Orte Maretas und Santa Catalina. So tobte die vulkanische Aktivität noch volle zehn Tage und plötzlich fiel das Vieh in der ganzen Gegend tot um, erstickt durch die Entwicklung giftiger Dämpfe, die auskondensierten und als Tropfen niederfielen.«

Angst und Schrecken

Dabei blieb es nicht. Noch mehr als fünf Jahre wurde die Bevölkerung vom Rumoren, Beben, Donnern und Blitzen der Erde in Panik versetzt, Aschesäulen bis zu 8 km Höhe standen über der Insel, Lava strömte auf die Dörfer zu, Berge von toten Fischen türmten sich an den Stränden auf. Alles war seit dem 1. September 1730 unberechenbar geworden. Niemand konnte sagen, ob sich die **Eruptionen** auf den Westteil der Insel beschränken würden. Schließlich ertrugen die Menschen die Ungewissheit nicht mehr, viele übersiedelten nach Gran Canaria. Acht Dörfer und mehrere Höfe wurden unter den Lavamassen begraben. Die Vulkane stießen neben flüssigem Magma auch feine **Asche und Lapillikörner** aus, die der Wind über weite Landstriche verteilte. Etwa 20 % der Insel sind seitdem mit bis zu 40 m dicken Lava- und Aschenschichten bedeckt.

1824 gab es erneut eine Serie von Eruptionen. Seitdem ruhen Lanzarotes Vulkane. Dass diese Ruhe aber nicht endgültig ist, wissen die Menschen auf Lanzarote.

Die Vulkane ruhen seit fast 180 Jahren – werden sie wieder erwachen?

Playa Blanca

✦ A/B 7

Playa Blanca ist Lanzarotes südliches und nach Puerto del Carmen und Costa Teguise drittgrößtes Touristenzentrum. In einigen Reisekatalogen noch als »idyllisches Fischerdorf« charakterisiert, ist es heute eine expandierende Urbanisation.

Um den alten Ortskern herum wurden zahlreiche Apartment- und Bungalowanlagen gebaut, weitere sind im Entstehen. Vergleichsweise lebhaft geht es im Hafen von Playa Blanca zu; hier starten mehrmals täglich die Autofähren nach ►Fuerteventura.

Ortsbild

Den Mittelpunkt von Playa Blanca bildet die hübsche **Uferpromenade**, die sich mittlerweile längs der gesamten Urbanisation erstreckt. Vom Hafen führt sie westwärts an der Playa Flamingo vorbei bis fast zum Leuchtturm. Ostwärts reicht sie über die Playa Dorada und den neuen Jachthafen über den Festungsturm Castillo de las Coloradas hinaus. Im Bereich des Ortszentrums wird die Promenade von Cafés und Lokalen gesäumt, in denen man den Blick auf das nahe Fuerteventura genießen kann; abends herrscht hier gemäßigter Trubel.

SEHENSWERTES IN UND UM PLAYA BLANCA

2 km östlich des Ortszentrums liegt der **Jachthafen** Marina Rubicón; durch gewaltige Wellenbrecher ist er von der offenen See abgeschirmt. An Pontons liegen Boote vor Anker, den Hintergrund bildet das hübsch gestaltete, künstlich angelegte »kanarische Dorf« des Hotels Volcán Lanzarote mit Kirche und Vulkan. Vom Jachthafen sind es nur wenige Schritte zum Festungsturm **Castillo de las Coloradas**, der auf der Punta del Águila (»Turm des Adlers«) thront. 1741 wurde er errichtet, doch nur wenige Jahre später von algerischen Piraten zerstört. Der bis heute erhaltene Bau entstand 1769.

Marina Rubicón

Zwar wirken auch die beiden Ortsstrände von Playa Blanca sehr gepflegt, doch sind die wenige Kilometer weiter östlich gelegenen Papageien-Strände weitaus schöner. Es handelt sich dabei um **mehrere Badebuchten**, darunter die namensgebende Playa de Papagayo, mit kristallklarem Wasser und hellbraunem Sand. Man erreicht die Strände von Playa Blanca aus zwar auch zu Fuß (Entfernung 5–7 km), doch ist bei sengender Sonne der schattenlose Weg recht anstrengend. Besser nimmt man einen Mietwagen und fährt auf einer Schotterpiste zu den viel gepriesenen Stränden, die 1998 zum »Monumento Natural Los Ajaches« erklärt wurden. Bei der Einfahrt in dieses Gebiet muss eine Gebühr in Höhe von 3 € entrichtet werden (man bezahlt pro

**Playas de Papagayo

Playa Blanca erleben

AUSKUNFT
Oficina de Turismo
Calle Limones/
Avenida de Papagayo
Tel. 928 51 81 50
www.yaiza.es
Tgl. 9.00 – 20.00 Uhr

ÜBERNACHTEN
❶ Volcán Lanzarote ⓔ ⓔ ⓔ ⓔ
Calle El Castillo 1
Tel. 928 51 91 85
www.hotelvolcanlanzarote.com
255 Z.
Ein architektonisches Glanzstück im Manrique-Stil: kanarisches Dorf oberhalb des Jachthafens mit schmucken Häusern, romantischen Pools, Patios und Piazzas, dazu ein künstlich errichteter Vulkan und eine große »Kirche«. Wer besonders ruhig wohnen will, wählt den kinderfreien Club-Bereich.

❷ Princesa Yaiza Suite Hotel Resort 5 ⓔ ⓔ ⓔ ⓔ
Avenida Papagayo s/n
Tel. 928 51 93 00
www.princesayaiza.com
385 Z.
Dieses maurisch angehauchte Fünfsternehaus liegt an der Playa Dorada. Der Service ist perfekt, das Thalasso-Center gilt als das beste weit und breit. Auf der Promenade erreicht man in wenigen Gehminuten das Ortszentrum von Playa Blanca und den Hafen.

An der Promenade von Playa Blanca reihen sich Cafés und Lokale aneinander.

❸ Dream Gran Castillo Resort 5 €€€
Calle Hoya de Afre 2
Tel. 928 59 59 99
www.dreamplacehotels.com
329 Z.
Auch so geht »all inclusive«: eine gepflegte Anlage mit freundlichem Personal, leckerem Essen und dezenter Animation. Das Hotel hat sich an der Playa de las Coloradas angesiedelt, zu Fuß nur 15 Minuten von den berühmten Playas de Papagayo entfernt.

❹ Iberostar Lanzarote Park €€
Avenida Archipiélago 7
Tel. 928 51 70 48
www.iberostar.com
332 Z.
Das Hotel liegt direkt an der Playa Flamingo, sehr ruhig und etwa zehn Minuten vom Ort entfernt. Der Strand hier ist sehr gut für Kinder geeignet und damit familienfreundlich, mitunter allerdings auch relativ voll. Alle Zimmer haben Blick aufs Meer und sind zudem sehr ansprechend eingerichtet.

❺ Lanzarote Princess €€
La Maciol 1
Tel. 928 51 71 08
www.hotelh10lanzaroteprincess.com
407 Z.
Das Hotel Zimmer ist für alle, die in dem eher ruhigen Ort etwas abendliche Zer-

streuung suchen, genau das Richtige. Die Ortsmitte ist schnell erreichbar.

ESSEN

❶ Aromas Yaiza
Calle La Laja 1
Tel. 928 34 96 91
So. geschl.
Das auch bei Einheimischen beliebte Lokal mit gepflegtem Ambiente findet man etwas versteckt oberhalb der Fußgängerzone. Gekocht wird kanarische und internationale Küche und Lanzarote-Wein ausgeschenkt.

❷ Casa Brígida €€€
Puerto Marina Rubicón
Local 32-B, Tel. 928 51 91 90
www.restaurantecasabrigida.com
Pedro Santana, inselbekannter Koch, bietet im Jachthafen kreative kanarische Küche. Empfehlenswert: das exzellente fünfgängige »Menú del Chef«.

❸ Brisa del Mar €€
Avenida Marítima 111
Tel. 928 51 95 72
Angenehmes Lokal an der Promenade mit sehr freundlichem Service. Besonders köstlich ist die Paella.

❹ Café del €
Marina Rubicón, Tel. 928 34 92 00
Heiter-mediterrane Einrichtung. Man bekommt Snacks und exotische Cocktails, begleitet von Chill-out-Musik.

Auto, unabhängig von der Personenzahl). Eine bequeme, aber auch kostspielige Alternative ist es, sich per Boot zu den Papageienstränden chauffieren zu lassen: Vom Hafen in Playa Blanca startet mehrmals täglich ein Taxi Boat via Jachthafen zu den Stränden. Größter und meistbesuchter der Papageienstrände ist die **Playa de Mujeres** im Westen. An sie schließt östlich die schmale **Playa del Caletón** an, gefolgt von der größeren **Playa del Pozo** und der **Playa de la Cera**. Die eigentliche Playa de Papagayo erstreckt sich nahe dem Südostzip-

Playa Blanca

fel Lanzarotes. Einige Mauerreste oberhalb der Bucht erinnern an das bereits im 19. Jh. verlassene Dorf Papagayo. Relativ geruhsam geht es meist an der jenseits der Landspitze gelegenen Playa Caleta del Congrio und an der Playa de Puerto Muelas, einem FKK-Strand, zu.

Unterwasser-museum Das erste Unterwassermuseum Europas entsteht zurzeit in 12 m Tiefe in der Nähe der Playa Las Colorades. Der britische Künstler Jason de Caires Tylor hat dafür Zementskulpturen von den Bewohnern Lanzarotes geschaffen.

Punta Pechiguera Verlässt man den Ort in westlicher Richtung, kommt man – zu Fuß auf der Promenade oder mit dem Auto – zum südwestlichsten Punkt Lanzarotes, der Punta Pechiguera (Leuchtturm). Von diesem stark zerklüfteten Küstenstrich hat man einen schönen Blick hinüber nach Fuerteventura.

Puerto Calero

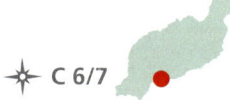 C 6/7

Puerto Calero ist ein exklusiver Sporthafen. Rund um die Hafenbecken, in denen noble Jachten dümpeln, entstanden nach Plänen des bekannten Architekten Luíz Ibáñez Magalef eine elegante Shopping- und Restaurantmeile, außerdem Luxusapartments.

Die Bebauung erfolgte in Anlehnung an den spanischen **Kolonialstil** in Übersee, die Inselfarben Grün-Weiß haben eine Abänderung nach Blau-Weiß erfahren. Mit dem Bau zwei großer Hotels nahm der Besucherstrom nach Puerto Calero deutlich zu. Die Restaurantbesitzer freut's, denn viele Gäste suchen eine Alternative zur Hotelgastronomie. Vorerst jeden Dienstag- und Freitagvormittag findet vor dem Stapelplatz des Hafens (Varadero) ein **Markt** mit Kleidern und Kunsthandwerk statt. Ein Wassertaxi, der Express Water Bus, verkehrt mehrmals täglich zwischen Puerto Calero und Puerto del Carmen (Tel. 928 59 61 07, www.lineasromero.com).

SEHENSWERTES IN PUERTO CALERO UND UMGEBUNG

Westlicher Nachbarort von Puerto Calero ist Playa Quemada, was so viel wie **»Verbrannter Strand«** bedeutet, ein vom Tourismus noch

Playa Quemada

Puerto Calero erleben

AUSFLÜGE
Submarine Safaris
Tel. 928 51 28 98
www.submarinesafaris.com
45 Minuten abtauchen, ohne nass zu werden? Möglich ist das auf einer »Submarine Safari« einem Ausflug im U-Boot. Eine spannende Unterwasserwelt wartet!

ÜBERNACHTEN
Costa Calero ⊕ ⊕ ⊕
Tel. 928 84 95 95
www.hotelcostacalero.com

Das Viersternehaus ist eine gute Wahl für Familienurlaub: Zimmer sind mit je zwei Schlafräumen und Bädern buchbar, Kinder bis zwölf Jahre wohnen frei und werden im Miniclub betreut. Vier Pools, Thalasso-Therapiezentrum und Gratis-Shuttle-Bus nach Puerto del Carmen.

ESSEN
La Pappardella ⊕ ⊕
Hafenpromenade
Tel. 928 51 29 11
Diverse Pastagerichte und Pizza aus dem Holzkohleofen.

weitgehend unberührter (allerdings nicht allzu schöner) Fischerort. Nur wenige Individualreisende logieren in den privat vermieteten Zimmern. Einige Ausländer haben sich oberhalb der Bucht Villen errichtet. Zwar ist der Strand steinig, doch lohnen die Restaurants in dem abgeschiedenen Flecken durchaus einen Abstecher.

Playa de la Arena Schöner als der Strand Playa Quemada ist die westliche, jenseits eines (bei Flut überspülten) Felsrückens gelegene Nachbarbucht, die Playa de la Arena. Meist sind hier nur einige Einheimische anzutreffen.

Puerto del Carmen

C/D 6

Puerto del Carmen ist Lanzarotes Urlaubszentrum schlechthin. Etwa zwei Drittel aller Touristen, die nach Lanzarote kommen, verbringen hier ihren Urlaub in Hunderten von Apartmentanlagen und großen Hotels.

Es gibt rund 30 000 Gästebetten – statistisch gesehen kommt nur auf jeden fünften Urlauber ein Einheimischer. Für die nötige touristische Infrastruktur ist natürlich bestens gesorgt. Bei etwa 200 Restaurants und mehr als 100 Bars und Pubs dürfte für jeden Geschmack etwas

Puerto del Carmen

[Karte: Puerto del Carmen]

Tías

Lanzarote Golf Resort

Camino Tres Peñas
Circunvalación

Yaiza

Cadera

Reina Sofía

Los Volcanes

URBANIZACIÓN LOS MOJONES

Reina Sofía

Salinas

Tabuiente

Salinas

Juan

Carlos I

Chaveto

Achagua

César Manrique

Circunvalación

Achagua

Potera

Remo

Toglo

Benidorm

Anzuelo

Pietro

Rda. Nublo

Guanapay

Prin. Guayarmina

César Manrique

Pedro Barba

Arpór

Risco

Elica Flora

Telde

Juan Carlos

Alegranza

Policía

LOS FARIONES

Chafant

Puerto

El Fondeader

3

1 **2** **6**

Punta Tiñosa

4

Aparthotel Fariones Playa

2 Playa Chica

P l a y a   G r a n d e

Av. de las Playas

Av. de

5 **6**

Playa Pila de la Barrilla

Playa de la Peñita

dabei sein. Das **Sport- und Unterhaltungsangebot** ist riesig. Im trubeligen Zentrum der Urlauberstadt ist rund um die Uhr etwas los. Im Vergleich zu vielen anderen Orten auf den Kanaren herrscht in Puerto del Carmen eine internationale Atmosphäre. Vor allem Briten, Skandinavier und Deutsche, aber auch Spanier, Italiener, Franzosen und Niederländer verleben hier »die schönsten Wochen des Jahres«.

Ortsbild

Will man Puerto del Carmen in seiner gesamten Länge durchlaufen, muss man sich auf einen ausgedehnten Fußmarsch einstellen: Auf einer Länge von etwa 10 km reihen sich an der **Avenida de las Playas** Hotels, Apartments, Souvenirläden, Modeboutiquen, Wechselstuben, Autovermietungen, Restaurants, Pizzerias, Cafés und Bars aneinander. Es gibt bayerischen Leberkäse mit Bratkartoffeln, Sauerkraut und Eisbein, eine deutsche Bäckerei mit Sahnetorten und Mürbegebäck und dergleichen mehr. Wer kein deutsches Essen möchte, dem steht ein grandioses Angebot an internationaler Küche zur Auswahl. Großes Plus der Promenadenbebauung ist die Gebäudehöhe: Nur in Ausnahmefällen wurde über das erste Stockwerk hinaus gebaut, weshalb überdimensionierte Hochhausburgen fehlen.

La Tiñosa

Der alte, als »La Tiñosa« bezeichnete Dorfkern von Puerto del Carmen liegt am westlichen Rand des touristischen Geschehens. Hier ist noch ein wenig von der früheren Schönheit des Ortes zu erahnen. In einigen Restaurants sitzt man sehr stimmungsvoll mit Blick auf das

Übernachten
1. Los Jameos Playa
2. Los Fariones
3. Riu Paraiso Lanzarote
4. San Antonio
5. Costa Sal
6. Magec

Essen
1. La Casa Roja
2. El Ancla
3. Cofradía de Pescadores La Tiñosa
4. La Casa del Parmigiano
5. Café La Olá
6. Terraza Playa

Puerto del Carmen erleben

AUSKUNFT
Oficina de Turismo
Avida de las Playas (Playa Blanca)
Tel. 928 51 33 51
www.puertodelcarmen.com
Mo. – Fr. 10.00 – 14.00 und
18.00 – 20.00 Uhr

EINKAUFEN
Auf dem Platz vor dem Hafen wird sonntagvormittags ein touristischer Markt u. a. mit Kunsthandwerk und Kulinaria abgehalten. Längs der Küstenpromenade finden sich Einkaufszentren (Centros Comerciales) mit Supermärkten und Boutiquen, Sport- und Elektronikgeschäften.

ÜBERNACHTEN
❶ *Los Jameos Playa* ⓔ ⓔ ⓔ ⓔ
Calle Marte 2, Tel. 928 51 17 17
www.los-jameos-playa.es, 530 Z.
Große All-inclusive-Anlage mit sieben Gebäuden; hübscher Palmengarten mit drei Swimmingpools.

❷ *Los Fariones* ⓔ ⓔ ⓔ
Calle Roque del Este 1, Tel. 928 51 01 75
www.farioneshotels.com, 242 Z.
Von außen wirkt das direkt am Meer gelegene ausgezeichnete Hotel nicht allzu attraktiv, doch überzeugen die hübsch gestalteten Gartenanlagen mit Swimmingpool auch verwöhntere Gäste. Besonderer Wert wird auf eine ökologisch nachhaltige Hotelführung gelegt. Animations- und Sportprogramme sorgen für Unterhaltung.

❸ *Riu Paraiso Lanzarote* ⓔ ⓔ ⓔ
Calle Suiza 6, Playa de los Pocillos
Tel. 928 51 24 00,
www.riuhotels.com, 253 Z.

Großes All-inclusive-Resort gegenüber der Playa de los Pocillos. Obwohl das ausgesprochen komfortable Hotel direkt an der Straße liegt, ist dank geschickter Architektur nicht viel vom Verkehrslärm zu hören.

❹ *San Antonio* ⓔ ⓔ ⓔ
Avenida de las Playas 84
Tel. 928 51 42 00
www.vikhotels.com, 331 Z.
Das San Antonio wurde als eines der ersten großen Hotels (331 Zimmer) auf Lanzarote in schöner Lage an der weitläufigen Playa de los Pocillos gebaut. Herrlicher Poolgarten mit Wasserkaskaden und Infinity Pool. Abwechslungsreiches Frühstücks- und Abendbuffet.

❺ *Costa Sal* ⓔ ⓔ
Calle Agonal 6, Tel. 928 51 42 42
www.costasal.com
Diese ansprechende Anlage mit Apartments liegt etwas außerhalb von Puerto del Carmen in Richtung Flughafen. Wer nicht allzu aktiv sein möchte, verbringt seine Zeit direkt am Swimmingpool. Zur Playa Matagorda und zu Tennis- und Squashplätzen ist es nicht weit.

❻ *Magec* ⓔ
Calle Hierro 11
Tel. 928 51 51 20
www.pensionmagec.com, 14 Z.
Eine der ganz wenigen einfachen, preisgünstigen und familiären Pensionen in Puerto del Carmen.

ESSEN
❶ *La Casa Roja* ⓔ ⓔ
Avenida del Varadero 22
Tel. 928 51 58 66

www.casarojalanzarote.com

Das »Rote Haus« (▶Abb. S. 10) am Hafen hat eine Terrasse unmittelbar am Wasser mit Blick auf bunte Fischerboote – die Aussicht muss aber mitbezahlt werden.

❷ *El Ancla* ⓔ ⓔ

Avenida El Varadero 2, Tel. 928 51 36 39 Kosmopolitischer Treff am Hafen: Mediterrane Küche mit Fisch, Pizza und Pasta sowie Grillgerichten.

❸ *Cofradía de Pescadores La Tiñosa* ⓔ ⓔ

Plaza del Varadero

Tel. 660 43 35 78

Das Lokal der Fischergenossenschaft liegt direkt am Hafen, so genießt man den Blick auf die ein- und auslaufenden Boote. Zu den Spezialitäten des Hauses gehören »calamares«, »chocos« und »ropa vieja de pulpo«. Aber vielleicht bestellen Sie auch einfach den »pescado fresco del día«, den am selben Tag gefangenen Fisch.

❹ *La Casa del Parmigiano* ⓔ ⓔ

Calle Alegranza 1, Tel. 928 51 27 31 www.lacasadelparmigiano.es Im alten Ortsteil neben dem Sportzentrum Los Fariones: In gepflegtem Trattoria-Ambiente bietet ein italienisch-spanisches Duo Focaccia, Pizza und Pasta.

❺ *Café La Olá* ⓔ ⓔ

Avenida de las Playas 10

Tel. 928 51 55 00

www.cafelaola.com

Einer der beliebtesten Treffpunkte an der Playa Blanca, der Salate und kleine Gerichten, Cocktails und guten Wein anbietet. Im Obergeschoss gibt es ein Restaurant – empfehlenswert für den Abend.

❻ *Terraza Playa* ⓔ ⓔ

Avenida de las Playas 28

Tel. 928 51 54 17

Eine Oase abseits des lauten Vergnügens: man sitzt auf einer schönen Terrasse unter Palmen am Meer, es gibt gute Paella mit Wein oder Sangría.

Hafenbecken und kann das Leben und Treiben der Einheimischen beobachten, die ihren Alltag relativ unbeeindruckt vom Trubel einige Straßen weiter leben. Auffällig ist an der Plaza del Varadero das Gebäude des Centro Cívico El Fondeadero, ein Zentrum für verschiedene kulturelle Veranstaltungen. Einige Schritte weiter steht die Iglesia de Nuestra Señora del Carmen aus dem Jahr 1890.

Etwas östlich ragt das Hotel Los Fariones auf, das durch seine Klobigkeit vollkommen aus dem Inselbild herausfällt – beim Anblick dieses Gebäudes wird selbst demjenigen, den der grün-weiße Einheitsstil der neueren Inselarchitektur langweilt, klar, dass es auch anders hätte kommen können. Hier beginnt das moderne Puerto del Carmen mit seinen unzähligen Hotels, Restaurants und Vergnügungseinrichtungen. Zwischen diesem Hotel Los Fariones und dem nächsten größeren Hotelkomplex San Antonio wurde die **Avenida de las Playas** zur Seeseite hin sehr aufwendig mit üppig blühenden Pflanzen – Geranien, Hibisken, Bougainvilleen – und Palmen angelegt.

Moderner Stadtteil

Sonnenbaden an der Playa Grande von Puerto del Carmen

STRÄNDE IM ORTSBEREICH

Puerto del Carmen besitzt acht Strände mit einer Gesamtlänge von 6 km. Von West nach Ost beginnt die Strandzone mit der kleinen **Playa Pila de la Barrilla**, einer nur 100 m langen, von zwei Felszungen eingefassten Badebucht. Schnorchler erkunden hier gern die Unterwasserwelt. Ebenfalls winzig, aber sehr gepflegt ist die **Playa Chica**. Hauptstrand von Puerto del Carmen ist die **Playa Grande/Playa Blanca**. Von der hübsch gestalteten Promenade führen überall Treppen hinunter zum relativ feinsandigen, 1000 m langen Strand mit vielen Liegestühlen und bunten Sonnenschirmen. Die **Playa de la Peñita** ist eine dunklere, von Felsen umgebene, winzige Bucht, zu der eine Treppe hinabführt. Etwas versteckt unterhalb der Küstenstraße findet man in der Nähe auch das hübsche Restaurant Terraza Playa, in dem man den Strandtag bei einem Aperitif bestens ausklingen lassen kann (▶S. 177).

An der **Playa del Barranquillo** mit goldfarbenem Sand haben immerhin 200 Sonnenliegen Platz. Die **Playa de los Pocillos** ist mit einer Länge von 1500 m der größte Strand des Touristenzentrums. Von vielen wird sie besonders geschätzt, weil man hier von dem städtischen Treiben und der viel befahrenen Uferstraße deutlich weiter entfernt ist. Dort gibt es neben den Bungalow- und Apartmentanlagen nur wenige Restaurants, Kneipen und Cafés. Auch an der **Playa de Matagorda** geht es vergleichsweise geruhsam zu. Allerdings badet man hier unmittelbar in der Einflugschneise des nahen Flughafens. An der 700 m langen und ca. 40 m breiten Playa Matagorda bestehen ideale Bedingungen zum Windsurfen und für Funboarding. Am Ostrand von Puerto del Carmen liegt die **Playa de Guacimeta**, ein 700 m langer, wenig besuchter Sandstrand. Der Grund dafür: Die Start- und Landebahn des Flughafens verläuft teilweise direkt am Strand entlang.

UMGEBUNG VON PUERTO DEL CARMEN

Urlauber machen um die Gemeindehauptstadt Tías einen großen Bogen. Hier, wo die Mieten erschwinglich sind, wohnen viele Insulaner, die in der Tourismusindustrie arbeiten. Und weil die Hauspreise gleichfalls relativ niedrig sind, haben sich hier auch zahlreiche Menschen angesiedelt. Einer von ihnen war der 2010 verstorbene Literaturnobelpreisträger **José Saramago** (▶Berühmte Persönlichkeiten S. 51): das Haus, in dem er lebte und starb, kann besichtigt werden. Ein 4 m großer Olivenbaum aus Eisen weist den Weg zur **Casa Saramago**. Täglich außer Sonntag kann man an einer Führung in spanischer Sprache teilnehmen und das Anwesen mit Bibliothek, Wohnraum und Küche kennenlernen. Auch viele Bilder erinnern an den Schriftsteller und sein Werk.

Tías

Casa Saramago: Calle Los Topes 2 (Bus 5, 19, 34 oder 60, Haltestelle Tías Centro); Mo.–Sa. 10.00–14.30, letzter Einlass 13.30 Uhr; Eintritt 8 €; www.acasajosesaramago.com

* Salinas de Janubio

── B 6 ●

Die Salinen von Janubio liegen an der Westküste von Lanzarote, etwa 7 km südlich von El Golfo. Die ehemals größte Salinenanlage der Insel wurde in den 1920er-Jahren in Betrieb genommen.

Bis Anfang der 1960er-Jahre war die **Salzgewinnung** für Lanzarote ein wichtiger Wirtschaftsfaktor, wurde doch Salz zur Konservierung von Lebensmitteln benötigt. Gerade auf Lanzarote, das über eine große Fischfangflotte verfügte, brauchte man das »weiße Gold« in Mengen. Mit dem Aufkommen der Tiefkühlung in großem Maßstab sank die wirtschaftliche Bedeutung der Salinen. Allein schon aus touristischen Erwägungen ist man jedoch bestrebt, die Salinas de Janubio als **Industriedenkmal** zu erhalten. So wird hier auch heute noch – allerdings nur in geringen Mengen – Salz gewonnen. Früher pumpte man mit Windmühlen, heute mit elektrischen Pumpen das Meerwasser in die flachen, unterschiedlich großen Becken der Salinen. Für die vollständige **Verdunstung des Meerwassers** rechnet man etwa einen Monat. Auf dem Beckengrund bleibt dann eine Salzlake zurück, die in den eigentlichen Salinen weiter ausgetrocknet wird. Auf diese Weise wurden früher hier im Sommer 30 t Salz täglich produziert, im Winter etwa die Hälfte. Der Gesamtertrag lag pro Jahr bei 10 000 t Salz.

Aussicht Nördlich der Salinenanlage ist der Mirador de las Salinas ausgeschildert; von der Sonnenterrasse des dortigen Restaurants hat man einen fantastischen **Blick auf die Salinen** (▶Willkommen im Alltag S. 29)

UMGEBUNG DER SALINAS DE JANUBIO

Playa de Janubio Westlich der Salinas de Janubio erstreckt sich die Playa de Janubio, ein **herrlicher dunkler Sandstrand**. Ein Parkplatz liegt direkt nördlich des Strandes an der nach Los Hervideros weiterführenden Straße. Man erreicht die Playa de Janubio jedoch auch von Süden her über eine Piste, die von der alten Hauptstraße Playa Blanca – Yaiza abzweigt.

*Los Hervideros Als Los Hervideros wird eine Felsformation bezeichnet, die man bei der Fahrt von den Salinen nach El Golfo passiert. Hier hat das Meer

Die untergehende Sonne spiegelt sich in den Salinenbecken.

über Jahrhunderte das Lavagestein so ausgewaschen, dass **Höhlen** entstanden sind, in denen das Wasser – besonders im Winter – laut tost. Die Straße verläuft parallel zur Küste durch ein endloses Lavafeld, und scheinbar mitten im Nichts kommt man zu einem Parkplatz, von dem aus sich ein bequemer kurzer Spaziergang durch die bizarre Lavalandschaft zu Los Hervideros (von »hervir« = »kochen, brodeln«) unternehmen lässt. Ein paar Stufen führen hinab zu einer Stelle, an der man in die ausgehöhlten Felsen hi-

neinsehen kann. Unten klatscht das Wasser unruhig gegen die Steine; im Winterhalbjahr spritzt das Wasser bei rauer See weit aus den Felsöffnungen nach oben heraus.

San Bartolomé

✦ D 5/6

San Bartolomé ist ein relativ unspektakulärer Wohnort an der viel befahrenen Straße zwischen dem Inselzentrum und Arrecife. In Trockenfeldbauweise wurden in vergangenen Jahrzehnten rund um den Ort vor allem Boniatos (Süßkartoffeln) angebaut.

Heute geschieht dies lediglich zum Eigenbedarf. Von den ca. 5000 Einwohnern arbeiten nur noch wenige in der Landwirtschaft, die meisten verdienen ihren Lebensunterhalt in der nahen Inselhauptstadt bzw. in den Touristikzentren.

SEHENSWERTES IN SAN BARTOLOMÉ

Wer von der Hauptstraße abfährt, wird nach einem richtigen Ortszentrum lange suchen. Schließlich stößt man aber doch auf einen recht nüchtern angelegten Platz, um den sich das Rathaus mit dem hohen Turm, das Teatro Municipal und die Iglesia de San Bartolomé gruppieren. Die hübsche kleine **Kirche** mit der Basalteinfassung an der Fassade und einem schweren Holztor stammt aus dem Jahr 1789. Das Innere, das für seine Akustik bekannt ist, ziert eine geschnitzte Holzdecke.

Iglesia de San Bartolomé

Museo Etnográfico Tanit Im Zentrum ist in einem traditionellen kanarischen Anwesen aus dem 18. Jh. das Museo Etnográfico Tanit mit einer kunterbunten **volkskundlichen Sammlung** untergebracht (▶Baedeker Tipp S. 105).

Casa Ajei In San Bartolomé gibt es eindrucksvolle Herrenhäuser. Zu ihnen gehört die Casa Ajei in der Calle César Manrique. Diese **Villa** aus dem 18. Jh. wird heute mitunter für Folkloreveranstaltungen und Ausstellungen genutzt. Der Name »Ajei« stammt aus der Sprache der Ureinwohner, die die gesamte Region so bezeichneten.

UMGEBUNG VON SAN BARTOLOMÉ

*Monumento al Campesino Verlässt man San Bartolomé in nördlicher Richtung, so erreicht man nach gut 1 km das schon vom Weitem sichtbare Monumento al Campesino/**Monumento Fecundidad** (Fruchtbarkeitsdenkmal). Der Entwurf für die mehr als 15 m hohe Skulptur stammt von **César Manrique**, ausgeführt wurde die Arbeit im Jahr 1968. Den Platz, an dem das Denkmal aufgestellt ist, errechnete Manrique als den **geografischen Mittelpunkt der Insel**. Das Monumento al Campesino steht am Rand der weiten Ebene von El Jable; abends wird es angestrahlt und ist dadurch bei Dunkelheit geradezu ein Orientierungspunkt in dieser Region der Insel. Als Material für die Skulptur dienten alte Wassertanks und Teile von verrotteten Schiffen und Fischerbooten. Manrique arbeitete hier schon sehr früh nach einem Recyclingprinzip, noch verwertbare Gegenstände versuchte er in mehreren seiner Arbeiten zur Gestaltung einzusetzen. Er ließ ein plastisches Werk zusammenschweißen, das in sehr abstrahierter Form einen Bauern in Begleitung seines Viehs – eines Kamels und eines Esels – zeigt. Das verrostete Material wurde blendend weiß angestrichen.

Zum Komplex beim Monumento al Campesino gehört eine **Töpferei**. In traditioneller Inselmanier wird hier Keramik ohne Töpferscheibe hergestellt. Auffallend sind in Ton gearbeitete weibliche und männliche Figuren mit extrem großen Genitalien. Die »Novios del Mojón« (»Brautleute von Mojón«) erinnern an einen altkanarischen Brauch bei der

San Bartolomé erleben

AUSKUNFT
Oficina de Turismo
Dr. Cerdeña Bethencourt 17
Tel. 928 52 23 51
Mo. – Fr. 8.00 – 15.00 Uhr

ÜBERNACHTEN
Caserío de Mozaga
Calle Malva 8, Mozaga
Tel. 928 52 00 60
www.caseriodemozaga.com, 8 Z.
Schönes Landhotel in traditioneller Architektur: Das Haupthaus umschließt einen Patio mit Brunnen, die Gemäuer ringsum beherbergen den Salon und den mit alten Familienstücken eingerichteten Frühstücksraum.

Brautwerbung: Der Mann schickte seiner Angebeteten ein männliches Exemplar. War die Dame geneigt, die Werbung anzunehmen, so sandte sie eine weibliche Figur zurück.

Neben dem Denkmal hat Manrique ein einstiges Bauerngehöft renovieren lassen. Die Casa-Museo del Campesino ist **Museum und Restaurant in einem**. Verschiedene Ausstellungsräume können besichtigt werden: Es gibt u. a. eine **Sammlung von Keramikfiguren**, die legendäre Ureinwohner darstellen, und Modelle fast aller Inselkirchen. In den kunsthandwerkliche Werksätten werden Sticken, Weben, Korbflechten und Töpfern vorgestellt. Wer nach dem Museumsbesuch Hunger verspürt, lässt sich im angeschlossenen Restaurant oder in der gemütlichen Tapasbar einheimische Speisen servieren.

*Casa-Museo del Campesino

Casa-Museo del Campesino: tgl. 10.00 – 17.45 Uhr; Eintritt frei
Restaurant: 12.00 – 16.30 Uhr

Der Monumento al Campesino steht am südlichen Ortsrand von Mozaga. Die kleine Streusiedlung ist ein Zentrum des Weinanbaus, bis heute wird in der Umgebung vor allem die **Malvasiertraube** kultiviert. Auf kleinen Feldern gedeihen daneben Kartoffeln und Zwiebeln. Probieren kann man den Wein der Region in einigen kleinen Bodegas.

Mozaga

Tahíche

E 5

Tahíche ist eine Streusiedlung nur wenige Kilometer nördlich von Arrecife. Zahlreiche in der Inselhauptstadt arbeitende wohlhabende Bürger haben sich in dem Ort ansehnliche Häuser und Villen errichtet. In aller Munde ist Tahíche jedoch wegen der hier ansässigen Fundación César Manrique.

** FUNDACIÓN CÉSAR MANRIQUE

Am südlichen Ortsrand von Tahíche steht an der nach San Bartolomé führenden Straße der Taro de Tahíche, bis 1987 Wohnhaus von César Manrique und jetzt Sitz der **César-Manrique-Stiftung**. Manrique baute sich dieses Haus 1968 auf einem bei den Vulkanausbrüchen des 18. Jh.s entstandenen Lavafeld. Den »Bauplatz« fand er eher zufällig: Er wunderte sich über die Spitze eines grünen Feigenbaums, der in der lebensfeindlichen Einöde wuchs. Seine Wurzeln waren in einer Vulkanblase, einem Hohlraum im Lavagestein, fest verankert. Manriques Vorstellungen vom Ineinanderwirken von Natur und Architektur ließen sich in dieser außergewöhnlichen Umgebung beson-

►Abb. S. 38,
►Baedeker
Wissen S. 44

ders gut realisieren. Er baute sein Haus um fünf Lavablasen herum. Durch große Fensterfronten wirkt die Atmosphäre der umgebenden Landschaft in das Haus hinein.

Werke von Manrique Manrique zog 1987 nach Haría und baute den Taro de Tahíche zum Museum um. Neben der Funktion als Ausstellungsraum ist nach den Umbauten aber auch noch der ursprüngliche Wohnhauscharakter zu erkennen, was den Besuch umso interessanter macht. Im Jahre 1992 wurde die Fundación César Manrique eingeweiht und ist seitdem für die Öffentlichkeit zugänglich. Außer der ständigen **Manrique-Sammlung** werden in zusätzlichen Räumen wechselnde Ausstellungen gezeigt. Im Eingangsbereich fällt das bunte Windspiel La energia de la Pirámide von Manrique ins Auge.

Obergeschoss Der Rundgang durch das Haus führt dann zunächst in das ebenerdige obere Stockwerk. In den weitläufigen Räumen ist **Manriques private Gemäldesammlung** ausgestellt. Unter anderem sind in einem abgetrennten Raum Bilder von Antonio Tàpies, Juan Miró und

Fundación César Manrique

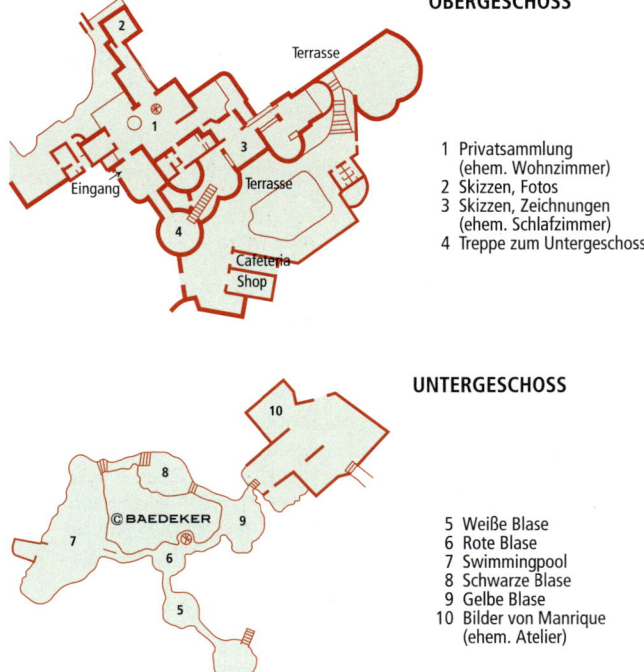

OBERGESCHOSS

Terrasse

1 Eingang
Terrasse
Cafeteria Shop

1 Privatsammlung (ehem. Wohnzimmer)
2 Skizzen, Fotos
3 Skizzen, Zeichnungen (ehem. Schlafzimmer)
4 Treppe zum Untergeschoss

UNTERGESCHOSS

© BAEDEKER

5 Weiße Blase
6 Rote Blase
7 Swimmingpool
8 Schwarze Blase
9 Gelbe Blase
10 Bilder von Manrique (ehem. Atelier)

Pablo Picasso zu sehen. Über eine kleine Terrasse gelangt man in weitere Räume der Privatsammlung, in denen überwiegend Gemälde zeitgenössischer kanarischer Künstler hängen. Aber auch Skizzen, Pläne und Zeichnungen von Manrique selbst sind ausgestellt. In den großzügigen oberen Räumen befanden sich früher mehrere Wohn- und Gästezimmer, eine Küche sowie in dem heutigen »Bocetos«-Saal (Entwurfssaal) das Schlafzimmer. Von hier oben kann man in eine der Lavablasen hinuntersehen.

Im unteren Stockwerk geht man durch das Innere von fünf Blasen, die sich als Hohlräume in dem versteinerten Lavastrom gebildet haben. Schmale Gänge verbinden die teilweise geweißten Lavahöhlen miteinander. Die Bezeichnungen »Rote Blase« oder »Schwarze Blase« deuten auf die vorherrschende Farbe der Möbel hin. Durch Öffnungen im Vulkangestein fällt etwas Tageslicht in die einstigen Wohnräume herein. Eine Attraktion ist ein bepflanzter Innenhof, in dem Manrique Sitzecken eingerichtet und einen Swimmingpool angelegt hat. Nach der »Gelben Blase« kommt man in weitere Ausstellungsräume, in denen Arbeiten von Manrique zu sehen sind. **Untergeschoss**

Am Ende des Rundgangs kommt man zu dem erst 1992 angelegten Garten mit hübscher Bepflanzung und einem Teich. Das farbige Wandmosaik hat Manrique ebenfalls 1992 gearbeitet, es ist eines seiner letzten größeren Werke. **Garten**

❶ Juli – Okt. tgl. 10.00 – 19.00; Nov. – Juni Mo. – Sa. 10.00 – 18.00, So. 10.00 – 15.00 Uhr; Eintritt 8 €; www.fcmanrique.org

UMGEBUNG VON TAHÍCHE

Fährt man von der Fundación weiter Richtung San Bartolomé, so passiert man bald darauf eine **landwirtschaftliche Versuchsstation** (Granja Agricola Experimental). Hier werden verschiedene Pflanzen angebaut, die traditionell auf Lanzarote nicht genutzt wurden, von deren Anbau man sich aber gute Erträge verspricht. Ein neues Profekt versucht, die Olivenkultur auf der Insel heimisch zu machen. **Granja Agricola Experimental**

Besichtigung nur nach vorheriger Anmeldung, Tel. 928 83 65 90

Bei der Quesera de Zonzamas handelt es sich um längliche Vertiefungen im Felsboden, die auch aus dem westmarokkanischen Raum bekannt sind. Ihre Funktion ist nicht eindeutig geklärt. Vermutungen gehen dahin, sie als **kultische Stätten** anzusehen, die möglicherweise für Blutopfer benutzt wurden; weitere Queseras befinden sich in der Nähe der ▶Cueva de los Verdes. Um die Queseras de Zonzamas zu erreichen, fährt man an der zuvor beschriebenen Versuchsstation vorbei. Nach 2 km beginnt links der Straße ein Feldweg. Man stellt **Quesera de Zonzamas** hier das Fahrzeug ab und folgt dem Weg, der zunächst parallel zur Straße zurück Richtung Küste führt. Nach knapp zehn Minuten endet der Weg an einem Abhang. Hier erkennt man im Gestein die Quesera.

Palacio de Zonzamas Etwa 800 m hinter der Abzweigung zu der Quesera de Zonzamas passiert man rechts der Straße Richtung San Bartolomé eine leichte Anhöhe. Hier befindet sich ein **archäologisches Ausgrabungsfeld**, das als »Palacio de Zonzamas/**Llano de Zonzamas**« bezeichnet wird. Man nimmt an, dass an dieser Stelle der Palast des Zonzamas, des vorletzten Königs der lanzarotenischen Urbevölkerung, gestanden hat. Zu sehen sind sorgfältig aus losen Steinen aufgeschichtete Mauerreste einer alten Ansiedlung; die Gebäudegrundrisse sind teilweise noch zu erkennen. Offenbar wurden die Räume unterteilt oder nach außen hin durch runde oder halbrunde Anbauten erweitert. Dadurch war eine sicherere Dachüberspannung möglich als bei einem großen, nur von Außenwänden umgrenzten Raum.

Die sogenannten **Casas hondas**, tiefe Häuser, die halb in die Erde eingelassen waren, wurden auch in einigen Gebieten Nordafrikas gefunden. Der Llano de Zonzamas ist eine der ergiebigsten Fundstellen dieser Casas hondas auf dem gesamten Kanarischen Archipel. Zukünftig sollen die Ausgrabungsstücke und weitere Zeugnisse der altkanarischen Kultur in einem neuen Museum in diesem Bereich gezeigt werden – die Finanzierung des Museum konnte jedoch bis heute nicht sichergestellt werden.

★★ **Teguise**

E 5

Einwohner: ca. 21 000

Teguise, ursprünglich »La Real Villa de Teguise« und von den Insulanern bis heute oft nur »La Villa« genannt, ist die älteste Stadt der kanarischen Inseln. Sie liegt rund 10 km von Arrecife entfernt an den Ausläufern des Bergmassivs Risco de Famara.

Bis 1852 war Teguise die Hauptstadt von Lanzarote. Diese frühere Funktion ist dem Stadtbild heute noch durch seine vielen Herrenhäuser anzumerken. Eine der größten Touristenattraktionen der Insel ist der **Markt**, der jeden Sonntagvormittag in Teguise stattfindet. Links und rechts der Zufahrtsstraßen gibt es Parkplätze für Mietwagen. Die kleine Stadt ist dann für ein paar Stunden vollkommen überbevölkert. Man sollte Teguise nicht nur zu diesem Anlass einen Besuch abstatten. An den übrigen Tagen strahlt der Ort eine ganz eigene ruhige Atmosphäre aus, in der das architektonische Stadtensemble noch besser zur Geltung kommt.

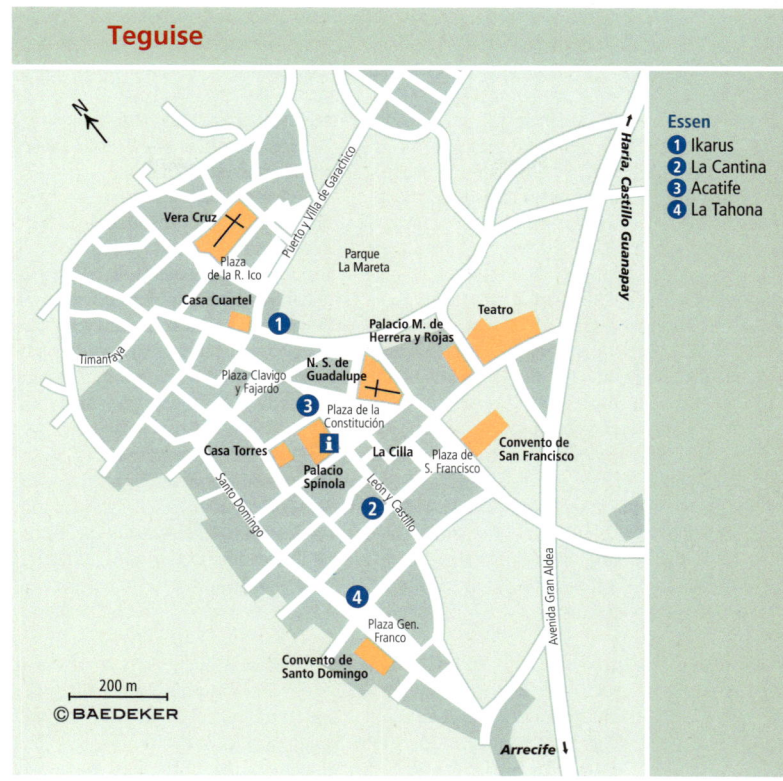

Teguise

Vera Cruz
Plaza de la R. Ico
Puerto y Villa de Garachico
Parque La Mareta
Haría, Castillo Guanapay
Casa Cuartel
1
Palacio M. de Herrera y Rojas
Teatro
Timanfaya
Plaza Clavijo y Fajardo
N. S. de Guadalupe
3
Plaza de la Constitución
Casa Torres
i
La Cilla
Plaza de S. Francisco
Convento de San Francisco
Palacio Spínola
Santo Domingo
León y Castillo
2
Avenida Gran Aldea
4
Plaza Gen. Franco
Convento de Santo Domingo

200 m
© BAEDEKER

Arrecife

Schon zu Zeiten der Ureinwohner gab es an dieser Stelle eine Ansiedlung. 1418 hat Maciot de Béthencourt das zuvor als »Gran Aldea« bezeichnete **Dorf der Ureinwohner** in »Teguise« umbenannt und begann es zu erweitern. Teguise war Sitz diverser adeliger Machthaber, so der Béthencourts, der Herreras und der Spínolas. Zeugnis davon legen noch heute die Paläste dieser Familien ab. Obwohl Teguise im Inselnnern und relativ weit von der Küste entfernt liegt, war die Stadt immer wieder Überfällen von Piraten ausgesetzt. Während der Adel meistens rechtzeitig im nahen Castillo de Guanapay Unterschlupf fand, flüchtete die einfache Bevölkerung vielfach in die ►Cueva de los Verdes. Im Jahr 1618 war Teguise Schauplatz eines grausamen Angriffs: Sowohl die im Ort verbliebenen Einwohner als auch diejenigen, die sich in der Lavahöhle versteckt hatten, fielen einem 5000 Mann starken Heer in die Hände. Bei diesem Überfall wurde die Stadt fast vollkommen zerstört, sodass die älteste Bausubstanz heute aus dem 17. Jh. stammt.

Geschichte

Teguise erleben

AUSKUNFT
Oficina de Turismo
Plaza de la Constitución s/n
35530 Teguise, Tel. 928 84 53 98
www.turismoteguise.com
Mo. – Fr. 9.00 – 17.00,
Sa., So. 9.00 – 15.30 Uhr

ESSEN
❶ *Ikarus* ⓔ ⓔ ⓔ
Plaza Clavijo y Fajardo 6
Tel. 928 51 42 42
Sa geschl.
Nach vielen Jahren unter deutschem
Pächter ging das Lokal in spanische Hän-
de über. Heimeliges Ambiente, Tapas
und große Auswahl spanischer Gerichte.

❷ *La Cantina* ⓔ ⓔ
Calle León y Castillo 8

Tel. 928 84 55 36
www.cantinateguise.com
Stimmungsvolles Lokal mit ausgezeichneter kanarischer Küche

❸ *Acatife* ⓔ ⓔ
San Miguel 4
Plaza de la Constitución
Tel. 928 84 50 37, Mo. geschl.
Sehr schön eingerichtet ist das Restau-
rant in einem alten Inselhaus. Auf der
Speisekarte stehen viele leckere kanari-
sche Spezialitäten.

❹ *La Tahona* ⓔ
Calle Santo Domingo 3
Tel. 928 84 58 92
Bar und Cafeteria in traditionellem
Ambiente mit kanarischer Küche; großer
Außenbereich.

Ortsbild Teguise ist ein **architektonisches Schmuckstück. Der gut erhaltene
kompakte Ortskern wurde 1973 unter Denkmalschutz gestellt. Ortsmittelpunkt ist die Plaza de la Constitución mit der Kirche **Nuestra
Señora de Guadalupe**, dem Palacio Spínola und der »Cilla«. Der
Platz ist mit Palmen und Araukarien bepflanzt, und in der Mitte steht
ein hübscher Brunnen. Gegenüber dem Palacio Spínola flankieren
zwei Löwen eine Treppe – ein grinsender und ein ernster. Alle Sehenswürdigkeiten kann man von der Plaza de la Constitución aus bei
einem bequemen Stadtrundgang erkunden. Deshalb stellt man das
Auto am besten bereits am Stadtrand ab.

SEHENSWERTES IN TEGUISE

**Iglesia
Nuestra
Señora de
Guadalupe
(▸Abb. S. 190)** Weithin sichtbar ist die Kirche Nuestra Señora de Guadalupe, auch
Iglesia de San Miguel genannt, mit dem für Lanzarote ungewöhnlichen Turm aus rotem Backstein. Sie wurde in der ersten Hälfte des
15. Jh.s gebaut und war lange Zeit Hauptkirche von Lanzarote. Sie
beherbergte daher einen wertvollen Kirchenschatz und war folglich
bei Angriffen besonders gefährdet. So wurde sie 1568, 1569, 1571
und 1596 bei **Überfällen** ausgeraubt. Bei dem Angriff des Jahres

1618 wurde sie dann vollkommen zerstört, 1680 jedoch mit Spenden der Bevölkerung wiederaufgebaut. Schließlich brannte die Kirche 1909 noch einmal fast vollständig aus, diesmal allerdings bedingt durch die Unachtsamkeit eines Ministranten. Bis 1922 dauerte der Wiederaufbau. Von der alten Bausubstanz sind heute nur noch Teile des Turms erhalten.

An der Südseite des Hauptplatzes steht das **»Zehnthaus«**, La Cilla de Diezmos. In dem schlichten Bau (erste Hälfte des 17. Jh.s) mussten die Bauern früher ein Zehntel ihrer Ernteeinnahmen abgeben. Bereits Jean de Béthencourt hatte im 15. Jh. eine Steuer zugunsten des Klerus erhoben.

La Cilla de Diezmos

Eine der Hauptsehenswürdigkeiten von Teguise ist der auch als Gouverneurspalast bezeichnete Palacio Spínola, der heute das Casa-Museo del Timple beherbergt. Der Stadtpalast an der Westseite der Plaza de la Constitució wurde zwischen 1730 und 1780 im Auftrag von José Feo Peraza erbaut. 1895 tauchte erstmals der Name der Familie Spínola in Zusammenhang mit dem Gebäude auf, als sich Doña Adelina Feo Curbelo mit Don Angel Spínola Cancio verheiratete. 1974 erwarb der Konzern Rio Tinto das Gebäude und ließ es nach Plänen von Fernando Higueras und César Manrique restaurieren.
Der Palast vermittelt einen guten Eindruck von der Wohnkultur des Adels im 18. Jahrhundert. Untergebracht ist hier ein Timple-Museum. Die Timple, ein ursprünglich kanarisches Instrument, ist eine fünfseitige Gitarre. Das Museum informiert über ihre Geschichte und Herstellung, so auch mit einer Originale-Werkstatt. Wunderschön ist der große **Patio** mit einem Feigenbaum.
❶ Mo. – Sa. 9.00 – 16.30, So. 9.30 – 15.30 Uhr; Eintritt 3 €; www.casadeltimple.org

*Palacio Spínola/ Casa-Museo del Timple

Das Archivo Histórico an der Plaza de la Constitución, enthält eine Dokumentensammlung und wichtige Zeugnisse aus der Zeit der Conquista.
❶ Mo. – Fr. 9.00 – 13.00 Uhr

Archivo Histórico

Wenige Schritte westlich des Spínola-Palastes erreicht man die Casa Torres. Das Gebäude aus dem 18. Jh. überdauerte die Zeiten relativ unverändert.

Casa Torres

Die Calle Higuera führt von hier zur Plaza Maciot de Béthencourt und zur östlich angrenzenden Plaza Clavijo y Fajardo – Teguise ist der **Geburtsort des berühmten José Clavijo y Fajardo** (▶Berühmte Persönlichkeiten S. 50). Von dort sind es nur noch wenige Schritte in nördlicher Richtung zur Casa Cuartel. Sie wurde um 1700 als Kaserne erbaut.

Casa Cuartel

Einst die Hauptkirche von Lanzarote am zentralen Platz von Teguise: die Iglesia de Nuestra Señora de Guadalupe

Ermita de la Vera Cruz

Unweit nördlich steht die Ermita de la Vera Cruz an der gleichnamigen Plaza. Die Kapelle ist ein Bau aus dem 17. Jahrhundert. Er entstand damals in einem Ortsteil, in dem Teguises ärmere Bevölkerung wohnte. Die relativ **schmucklose Kirche** beherbergt eine Christusfigur portugiesischer Herkunft aus dem 17. Jahrhundert. Die Holzschnitzereien im Chor und an der Kanzel sowie das Taufbecken aus Vulkangestein stammen aus dem 19. Jahrhundert.

Parque La Mareta

Südlich der Plaza de la Reina Ico beginnt der als Parque La Mareta bezeichnete Platz. Verglichen mit dem übrigen Ort erscheint er überdimensional geraten. Dieser Eindruck ändert sich jedoch immer sonntags, wenn der viel besuchte Markt hier abgehalten wird. Die Bezeichnung **»Mareta«** erinnert an eine unter dem Platz befindliche **Zisterne**, die vermutlich bereits im 15. Jh. angelegt wurde. Mit einem Durchmesser von ca. 40 m und einer Tiefe von 9 m ist sie das größte Wasserreservoir der Insel. Zwar wurde die Zisterne restauriert, eine Besichtigung ist aber dennoch nicht möglich.

Calle de la Sangre

Die Calle de la Sangre führt östlich an der Iglesia de Nuestra Señora de Guadalupe vorbei. Der Name **»Blutstraße«** erinnert an die verheerenden Piratenüberfälle insbesondere in der zweiten Hälfte des 16. Jh.s, bei denen etliche Bewohner der Stadt, aber auch zahlreiche Angreifer ihr Leben lassen mussten.

Die Calle de la Sangre trifft südlich auf die Calle Marqués de Herrera, über die man in östlicher Richtung den gleichnamigen Palast erreicht. Der Palacio Marqués de Herrera y Rojas wurde Mitte des 15. Jh.s um einen Innenhof errichtet. Nach umfassender Restaurierung beherbergt der **Stadtpalast** heute ein sehr hübsches Café und eine Weinhandlung.

Palacio Marqués de Herrera y Rojas

Gleich gegenüber verdient das Teatro Municipal Beachtung. Es ist eines der drei ältesten Theater der Kanarischen Inseln. Das Gebäude aus dem 17. Jh. wurde im 18. Jh. als **Klosterkirche** benutzt, später dienten die Räumlichkeiten als **Krankenhaus**, dann wiederum als **Waisenhaus**. 1825 wurde hier erstmals ein öffentliches Theater eingerichtet, das auf Initiative einer Laienspielgruppe entstanden war.

Teatro Municipal de Teguise

Zwei am Südrand des Stadtkerns gelegene, ehemalige Klöster lohnen in Teguise noch einen Besuch. Der Convento de San Francisco wird wegen seiner Lage im **Valle de Miraflores** auch als La Madre de Dios de Miraflores bezeichnet. Der Bau geht auf eine Initiative von Sancho de Herrera zurück, der testamentarisch die Gründung eines Franziskanerklosters in der Famara-Region festlegte. Seine Erben entschieden sich für Teguise als Standort. Die Bauarbeiten wurden in den 1580er-Jahren ausgeführt, 1590 wurde das Kloster mit einem Festakt geweiht. Dem schweren Angriff auf Teguise 1618 fiel auch das Kloster zum Opfer: Es wurde ausgeraubt und niedergebrannt, jedoch erheblich schneller als die Iglesia de Nuestra Señora de Guadalupe ebenfalls mittels Spenden aus der Bevölkerung wieder aufgebaut. Im Rahmen der Säkularisierung von Klöstern in der ersten Hälfte des 19. Jh.s ging der Convento de San Francisco 1835 an die Gemeinde über.
Vom ursprünglichen Kloster ist heute nur die Kirche erhalten. Der Bau besteht aus zwei Schiffen, die – wie so oft auf Lanzarote – unterschiedlich lang sind. Bemerkenswert sind die im **Mudéjarstil** gearbeitete Holzdecke sowie eine schöne Holzkanzel. An der linken Seitenwand fällt der in hellem Stein gestaltete Altar auf, der in Material und Machart einzigartig auf Lanzarote ist. Im Convento de San Francisco wurde ein **Sakralmuseum** eingerichtet (Museo de Arte Sacro Diocesis). Zu den Museumsschätzen gehört eine Sammlung von volkstümlichen Christusdarstellungen aus dem 18./19. Jahrhundert.
❶ Di.–Sa. 9.30–16.30, So. 10.00–14.00 Uhr; Eintritt 2 €

Convento de San Francisco

Der Convento de Santo Domingo wurde 1698 gegründet. Die zweiteilige Hauptfassade der Klosterkirche ist in schlichtem Barockstil gehalten. Der Innenraum gliedert sich in zwei Schiffe, von denen das linke das weitaus ältere ist. Für viel Aufruhr sorgten 1988 vorgenommene Restaurierungsarbeiten, weil dabei unwiederbringliche Werte zerstört wurden, u. a. die polychrome Decke der Sakristei, originale Keramikkacheln und allegorische Freskenmalereien. Im Zuge

Convento de Santo Domingo

der Renovierungen stieß man durch Zufall auf mehr als 100 Skelette und Mumien, die unter dem Fußboden eingelagert waren. In den Klosterräumen ist heute das Rathaus von Teguise untergebracht; die ehemalige Klosterkirche beherbergt als **Centro de Arte** wechselnde Kunstausstellungen.

UMGEBUNG VON TEGUISE

*Castillo de Santa Barbara/ Museo de la Piratería

Am östlichen Ortsrand von Teguise erhebt sich auf einem 452 m hohen Vulkankegel, dem Guanapay, das Castillo de Guanapay. Eine Straße führt hinauf. Oben fährt man in einem Bogen auf dem Kraterrand entlang zum Kastell, wobei sich ein hervorragender Blick in den Krater hinein bietet. Zur anderen Seite hat man eine sehr schöne Aussicht auf das etwa 150 m tiefer gelegene Teguise. Das Castillo de Santa Bárbara seinen Ursprung wahrscheinlich im 14. Jahrhundert. Man nimmt an, dass bereits unter Lancellotto Mallocello hier oben ein Befestigungsturm errichtet wurde. Dieser Wachturm wurde Mitte des 16. Jh.s im Auftrag von Augustín Herreras y Rocha zu einer Festung erweitert, die dazu dienen sollte, eindringende Piraten abzuwehren. 1586 wurde der Bau bei einem **Piratenangriff** in Schutt und Asche gelegt. 1588 beauftragte Philipp II. den italienischen Architekten und Ingenieur Leonardo Torriani damit, die Reste des ehemaligen Kastells wieder zu einer funktionstüchtigen Verteidigungsanlage aufzubauen. Torriani übernahm die ursprüngliche rhombische Grundform und rüstete das Bauwerk mit einem Waffenlager, Beobachtungstürmen, Schießscharten und einem Burggraben zu einer massiven Festung auf. Im 18. Jh. gab es mit der Konstruktion eines Sammelbeckens für Regenwasser in dem Vulkankegel eine letzte bauliche Aktion. Danach verfiel das Kastell, da die Verteidigungsfunktion sich erübrigt hatte. Auf Privatinitiative hin wurde das Kastell 1960 und 1977 wieder aufgebaut.

Das Kastell beherbergt das Museo de las Piratería. Anschaulich zeigt es die vielen Piratenüberfälle auf, die die Lanzaroteños im Lauf mehrerer Jahrhunderte erleiden mussten.

❶ Mo. – Sa. 9.00 – 16.00, So. 10.00 – 16.00 Uhr; Eintritt 3 €; www.museodelapirateria.com

---

BAEDEKER TIPP

! Eine geglückte Kombination

Eines der prächtigen Anwesen von Nazaret (2 km südlich von Teguise), das ehemalige Wohnhaus des Schauspielers Omar Sharif, beherbergt das Restaurant »LagOmar«. Natur und faszinierende Architektur gehen hier einmal mehr eine geglückte Kombination ein, mit dem Ergebnis eines besonderen Ambientes. In dem nur abends geöffneten Lokal wird zu gehobenen Preise mediterrane Küche aufgetischt. Angeschlossen ist ein Museum, in dem moderne Kunst gezeigt wird. Auch Apartments gibt es. Calle los Loros 2, Museum: tgl. 10.00 – 18.00 Uhr; Eintritt 5 €

Über den von maurischen Sklaven gegründeten Weiler Teseguite – sie durften sich in der damaligen Inselhauptstadt nicht ansiedeln – gelangt man in das 5 km östlich von Teguise gelegene Dorf El Mojón. Hübsch präsentiert sich die **Ermita de San Sebastián**. Sie entstand im 16. Jh. in der damals typischen Bauweise mit Verstrebungen an den Außenmauern. Bis auf die kleine runde Öffnung oberhalb der schweren Eingangstür ist die Kapelle fensterlos. **El Mojón**

Tiagua

D 5

Tiagua, in der Ebene von El Jable gelegen, ist traditionell ein von Landwirtschaft geprägtes Dorf. Durch die vom touristischen Geschehen weit entfernte Lage verliert der Ort immer mehr Einwohner. Im 16. Jh. war Tiagua als Kornkammer der Insel bekannt. Zu Zeiten der Ureinwohner soll es hier noch Gewässer gegeben haben, wie aus einer Beschreibung von Leonardo Torriani hervorgeht.

Mit der Zeit wurde diese Region aber durch Kalksande von der Küste mehr und mehr zugeweht, es entstand eine **dünenähnliche Landschaft**. Unter der Schicht aus Kalksanden (»jable«) liegen relativ fruchtbare Böden, die die Insulaner zu beackern versuchen, indem sie sich die Wasserspeicherung dieser Schicht zunutze machen. Der Jable verhindert ein Verdunsten des Wassers und kann dadurch die darunterliegende Erde etwas feucht halten. Vorrangig werden Mais, Getreide, Tomaten, Kartoffeln und Wein angebaut (heute meist nur noch zum Eigenverbrauch). **El Jable**

SEHENSWERTES IN TIAGUA UND UMGEBUNG

Ausgesprochen sehenswert ist das **Landwirtschaftsmuseum El Patio** (Museo Agrícola El Patio). Der ehemalige Bauernhof, in dem das Museum untergebracht ist, ging Anfang des 20. Jh.s in den Besitz von Dr. José Maria Barreto über. Der auf Lanzarote bekannte Kinderarzt nutzte ihn als Feriensitz. Im Zuge späterer Restaurierungsarbeiten wurde hier ein Landwirtschaftsmuseum eingerichtet und damit ein Stück Geschichte und Volkskultur der Insel erhalten. ***Museo Agricola El Patio**

Man erfährt in dem Museum sehr viel über die Lebens- und Arbeitsbedingungen der ländlichen Bevölkerung, über die Rolle der Dromedare in der Landwirtschaft – auch ein lebendes Exemplar kann aus nächster Nähe bewundert werden –, über verschiedene alte Handwerke und Kunsthandwerke, über traditionelle Architek-

turformen. Verschiedene **Mühlentypen** stehen auf dem Gelände der
Finca. Die kleinere Molino konnte durch ihren beweglichen Aufbau
jeden Windzug optimal ausnutzen. Sie wurde früher hauptsächlich zum Mahlen von gerösteten Maiskörnern eingesetzt, aus denen
man Gofio herstellte. Die zwei Zugmühlen (»tahonas«) wurden von
Dromedaren oder Eseln betrieben. Auch ein Kaktusgarten sowie
ein Gartenareal mit inseltypischen Pflanzen gehören zum Museum.
Schließlich kann man in eine originalgetreu eingerichtete alte Bodega gehen, wie es sie um die Jahrhundertwende in fast jedem lanzarotenischen Dorf gab.

❶ Mo. – Fr. 10.00 – 17.30, Sa. bis 14.30 Uhr, Einlass jeweils bis eine Stunde
vor Schließzeit; Eintritt 5 € (inkl. Wein- und Käseprobe)

Tinajo

⭐ C 5

**Tinajo ist Gemeindehauptstadt eines seit 1802 eigenständi-
gen, östlich der Feuerberge gelegenen Bezirks. Bekannt ist
Tinajo vor allem für seine Ringkampfmannschaft. An der
Straße nach Mancha Blanca steht die Ringkampfhalle (Ter-
rero). Abends kann man mit etwas Glück einen kurzen Blick in
die Halle werfen, wenn dort »Lucha Canaria« trainiert wird.**

In Tinajo gibt es einen wunderschön angelegten Dorfplatz, der 1983
prämiert wurde. Hibiskusbüsche, Palmen, Drachenbäume und Araukarien sorgen auf der Plaza de San Roque für schattige Plätzchen.
Am Nordende des Platzes steht die **Iglesia de San Roque**. Bereits
1679 wurde diese Kirche erwähnt und 1792 zur Pfarrkirche erhoben. Sehenswert sind im Kircheninnern die Mudéjardecke sowie das
Christusbildnis von einem Bildhauer des späten Barock, Luján Pérez
aus Teneriffa, und ein Marienbild, das von seinem Schüler Fernando
Estévez stammt. Auf dem Dach der Kirche sieht man eine Sonnen-
uhr von 1831.

UMGEBUNG VON TINAJO

Mancha Blanca (»Weißer Fleck«), südlicher Nachbarort von Tinajo,
ist eines der Dörfer, die etwas vergessen am Rand der Timanfaya-
Region liegen. Im Jahr 1736 schob sich ein Lavastrom bedrohlich
auf den Ort zu. In diesen grauenvollen Stunden richteten die Dorf-
bewohner ihre Gebete an die Schmerzensmadonna in der Iglesia de

**Mancha
Blanca**

Bäuerliches Leben ist das Thema im Museo Agricola El Patio in Tigua.

Tinajo erleben

ÜBERNACHTEN
Villa El Inti
Calle La Costa 6, Tel. 9 28 83 89 80
www.elinti.com, 2 Apt., 3 Suiten
Bei der Restaurierung des Hauses
wurden Holz und Naturstein verwendet. Die Räume sind mit Antiquitäten
stilvoll ausgestattet. Zur Villa gehören
ein Pool und Lavagarten. Das reichhaltige Frühstück sorgt für einen guten
Start in den Tag.

San Roque im benachbarten Tinajo. **Nuestra Señora de los Dolores** scheint die Bitten erhört zu haben, denn die Lava kam kurz vor
ihrem Dorf zum Stillstand. Daraufhin wurde beschlossen, der Madonna ein Zeugnis der Dankbarkeit zu
erbringen und ihr eine neue Kirche
zu errichten. Es blieb bei den guten Vorsätzen und – so sagt die Legende – die Madonna ließ durch ein
Hirtenkind die Warnung überbrin-
gen, dass es erneut Katastrophen
gäbe, wenn das Versprechen nicht
in die Tat umgesetzt würde. 1780
wurde daraufhin in Windeseile die
Iglesia de los Dolores hochgezogen und das Bildnis der Señora de
los Dolores hier aufgestellt. Die Madonna wird seither auch als Nuestra Señora de los Volcanes verehrt.
Die einschiffige Kirche ist für eine lanzarotenische Dorfkirche relativ
hoch gebaut. Über dem Altar mit einem Madonnenbildnis spannt
sich eine Kuppel, die oben mit einer Licht spendenden Laterne abgeschlossen ist. Diese wurde erst eingesetzt, nachdem die Kuppel im
19. Jh. eingestürzt war.

✳ Yaiza

✳ **B 6**

**Yaiza ist die Hauptstadt der südlichsten und flächenmäßig
größten Gemeinde von Lanzarote. Der Ort ist hübsch in ein
weites Tal gebettet. Nach Norden hin schaut man auf die
Feuerberge, südlich begrenzen die Ausläufer des Höhenzugs
Los Ajaches die Ortschaft.**

Das Städtchen Yaiza lohnt einen ausgedehnten Besuch: Der Ort
mit seinen blendend weißen kubischen Häuschen gilt als einer der
schönsten der Insel, außerdem ist er bekannt für die hier ansässigen
Galerien.

*Ortsbild Großen Wert hat man in Yaiza auf die Bepflanzung von Plätzen und
Straßen gelegt. Die Häuser sind mindestens so schmuck wie in den
anderen Ortschaften der Insel – selbst noch beim Bau des Supermer-
cado an der Hauptstraße scheint man auf Ästhetik geachtet zu haben.
Besonders hübsch sind die beiden Plätze auf der Vorder- und Rück-

Yaiza erleben

EINKAUFEN
Galeria La Villa
Calle La Cuesta 1
Die ehemalige Dorfschule beherbergt ein schmuckes Einkaufszentrum. Besonders schön ist der Laden »Route des Caravanes« mit marokkanischem Schmuck und handgearbeiteten Kleidern.

ÜBERNACHTEN
La Casona de Yaiza €€
Calle El Rincón 11
Tel. 928 83 62 62
www.casonadeyaiza.com, 10 Z.
Herrenhaus mit Charme, Pool und Restaurant (▶Baedeker Wissen S. 82).

Casa de Hilario €€
Calle Garcia Escamez 19
Tel. 928 83 62 62
www.casadehilario.com, 7 Z.
Am Ortsrand gelegenes 200-jähriges Haus mit Kaminsalon, Pool-Garten und romantischer Terrasse. Wunderbar ruhig gelegen, teilweise mit Blick auf die Montañas del Fuego; Zimmer mit Stilmöbeln (▶Baedeker Wissen S. 82).

ESSEN
La Casona de Yaiza €€
▶oben
In rustikalem Ambiente wird fantasievolle Lanzarote-Küche serviert, z. B. gebackener Ziegenkäse auf Feigenmousse, Schweinerippchen auf Datteln und pikante Wurst mit säuerlichem Apfelschaum.

Santiago €€
Calle Moñanas del Fuego
Tel. 928 83 62 04
www.labodegadesantiago.com
In der gemütlichen Bodega an der Straße zu den Montañas del Fuego isst man iberische Schinkenplatten und Lanzarote-Käse, Ziege (»cabra«) und Lamm (»cordero«), Wrackbarsch (»cherne«) und Goldbrasse (»vieja«). Die Gerichte werden nach alten Rezepten zubereitet. Von der schattigen Terrasse genießt man den Ausblick auf die Häuser von Yaiza und die Vulkanlandschaft.

La Era €€
Calle El Barranco 2
Tel. 928 83 00 16
www.laera.com
Wenn keine Busgruppen da sind, kann man sich wohlfühlen: Das traditionsreiche Restaurant in einem restaurierten Gutshaus bietet kanarische Kost mit Käse und Wein.

Uga €€
Carretera Uga – Yaiza, bei Km 19,5
Tel. 928 83 01 47
Do. geschl.
Die Bodega serviert kleine Speisen – u. a. köstlicher Lachs aus der eigenen Räucherei – sowie guten Wein.

seite der Kirche Nuestra Señora de los Remedios. Der größere ist die lang gezogene **Plaza de los Remedios**, die als Versammlungs- und Festplatz dient. Auf der Rückseite der Kirche liegt die stillere, symmetrisch mit Geranien und Palmen bepflanzte **Plazoleta de Víctor Fernández**. Außerdem ziert die inseltypische Plastik einer kanarischen Bäuerin den kleinen Platz.

SEHENSWERTES IN YAIZA UND UMGEBUNG

Iglesia Nuestra Señora de los Remedios
Die Iglesia de Nuestra Señora de los Remedios (18. Jh.) auf der Plaza des los Remedios ist ein asymmetrischer Bau, wie man ihn auf den kanarischen Inseln verhältnismäßig häufig findet. Nur das Mittelschiff erstreckt sich über die gesamte Länge, rechtes und linkes Seitenschiff sind jeweils unterschiedlich verkürzt. Auf dem Hochaltar im Chor steht das **Bildnis der Madonna**, das jedes Jahr an ihrem Festtag im September abgenommen wird.

Casa de la Cultura
Die gegenüberliegende Seite der Plaza de los Remedios säumt die Casa de la Cultura. Diese alte kanarische Villa, die sich um einen hübschen Patio zieht, ist das **Geburtshaus des Literaten und Politikers Benito Pérez Armas** (1871 bis 1937). Heute ist das Haus öffentlich zugänglich. In den Räumlichkeiten sind eine Bibliothek und Ausstellungsräume untergebracht, in denen kanarische Künstler ihre Werke präsentieren können.

Uga – fast schon mit dem Nachbarort Yaiza zusammengewachsen – ist bekannt als »Schlafstadt« für die Dromedare, die tagsüber Touristen durch den Timanfaya-Park tragen (▶Baedeker Wissen, S. 24). Die Lasttiere sind in mehreren Ställen im und um den Ort untergebracht. Nachmittags kommen die Kameltreiber nach getaner Arbeit mit ihren Tieren aus den Montañas del Fuego zurück. Feinschmecker zieht es in die Lachsräucherei von Uga (an der Hauptstraße; tgl. außer So.), deren Produkte in vielen guten Restaurants auf der Insel serviert werden. Im Hinblick auf die Blumenpracht versucht Uga mit dem größeren Yaiza zu konkurrieren. Straßen und Plätze sind üppig begrünt und bilden einen reizvollen Kontrast zur dunklen Vulkanerde. Gerade durch ihre Schlichtheit

---

BAEDEKER TIPP !

Galeria Yaiza

Am westlichen Ortsausgang (Richtung El Golfo) kann linker Hand in der Galeria Yaiza hochwertige zeitgenössische Kunst betrachtet werden. Ausgestellt sind Bilder, die in den letzten Jahrzehnten auf den kanarischen Inseln entstanden sind, u. a. von César Manrique, Ildefonso Aguilar und Veno Leitz. Ein Haus und Apartment stehen zum Übernachten zur Verfügung (Carretera General 13, Tel 928 83 04 83, Mo.–Sa. 17.00–19.00 Uhr).

beeindruckt im Zentrum die einschiffige Kirche San Isidro Labrador. Einen Besuch lohnt ferner die große Halle am Ortsrand, in der regelmäßig für die Lucha Canaria, den Kanarischen Ringkampf, trainiert wird.

WANDERUNG AUF DEN ATALAYA DE FEMÉS

Yaiza ist Ausgangspunkt für eine Wanderung in die **Bergwelt von Los Ajaches** im Inselsüden. Während der Tour steigt man von 183 m (Yaiza) auf 608 m (Atalaya de Femés) an. Für den Aufstieg benötigt man knapp zwei Stunden, hin und zurück rund drei Stunden.

Man verlässt Yaiza bei der Kirche in südöstlicher Richtung. Zunächst folgt man der Straße nach **La Degollada**, biegt jedoch etwa 50 m vor dem mit weißen Mauern umgrenzten Friedhof nach links ab. Die asphaltierte Straße geht am Ortsrand von Yaiza in eine befestigte Piste über, der man immer geradeaus folgt. Der Weg führt durch eine Talsenke und weiter aufwärts an der Ruine eines Turmes vorbei. Ein breiter Weg zieht sich halbrechts den Berghang hinauf; auf ihm kommt man nach einiger Zeit zu einer Weggabelung. Man hält sich rechts, kurze Zeit später an einer zweiten Weggabelung nochmals rechts. Zunehmend gewinnt man an Höhe und erreicht schließlich den Kammweg.
Routen-verlauf

Hier beginnt der schönste Teil der Wanderung, denn es bietet sich ein weiter Blick über große Teile der Insel. Nordwestlich sieht man in das Tal und auf die Häuser von La Degollada, nach Südosten hin schaut man auf das weite, rötlichbraun schimmernde Tal von **Femés**. An einer Stelle scheint der Kammweg im Nichts zu enden, ist aber nach kurzer Zeit als solcher wieder erkennbar – man muss sich immer in Richtung Atalaya de Femés halten. Der 608 m hohe **Atalaya de Femés** , der »Hausberg« von Femés, ist der höchste Berg im Inselsüden. Oberhalb von Femés stößt der Kammweg auf eine Piste, die vom Ort aus auf den Atalaya hinaufführt. Nur noch wenige Minuten dieser folgend, erreicht man den Gipfel, auf dem eine Fernsehstation eingerichtet ist. Von hier geht der Blick in alle Himmelsrichtungen: nach Südwesten über die Rubicón-Ebene zur Küste von Lanzarote bis nach Fuerteventura hinüber, nach Norden auf die Timanfaya-Region, in Richtung Osten in die Küstenebene von Arrecife. Hat man sich an den Schönheiten satt gesehen, folgt man dem befestigten Weg in einer halben Stunde hinab in das rund 250 m tiefer gelegene Femés. Von Femés fährt man mit dem Taxi zurück nach Yaiza oder man nimmt wieder die Route zu Fuß auf dem Kammweg.

PRAKTISCHE INFORMATIONEN

Wie komme ich auf die Insel? Und wie komme ich dort von Ort zu Ort? Wie vermeide ich es, in kanarisch-spanische Fettnäpfchen zu treten? Welche Zeitungen gibt es zu kaufen und wie bestelle ich auf Spanisch ein »desayuno«? Antworten auf diese Fragen und noch viel mehr gibt's auf den nächsten Seiten!

Anreise · Reiseplanung

Mit dem Flugzeug

Lanzarote wird von vielen europäischen Flughäfen aus angeflogen, u. a. auch von verschiedenen Billigfliegern. Die Flugzeit von Deutschland nach **Arrecife** beträgt etwa vier Stunden. Recht günstig sind in der Regel Pauschalangebote, bei denen man zusammen mit dem Flug ein Apartment oder einen Bungalow zumeist in einem der drei großen Touristenzentren mieten kann. Die spanische Fluggesellschaft **Iberia** bietet täglich Linienflüge über Madrid nach Arrecife und mehrmals pro Woche über Barcelona nach Arrecife an. Außerdem fliegt Iberia regelmäßig nach Gran Canaria und Teneriffa; von dort bestehen mehrmals täglich Anschlussverbindungen nach Lanzarote (▶Verkehr S. 226).

> ! **BAEDEKER TIPP**
>
> *Zwei auf einen Schlag*
>
> Warum nicht zwei Inseln in einem Urlaub besuchen? Ideal ist die Kombination Lanzarote – Fuerteventura. Beinahe im Stundentakt pendelt eine Fähre zwischen den beiden östlichen Kanaren hin und her. Aber auch ein Flug auf jede der anderen kanarischen Inseln ist preisgünstig und nimmt nicht viel Zeit in Anspruch. In jedem Reisebüro können solche »Kombi-Urlaube« gebucht werden.

Mit dem Schiff

Wer die lange Anfahrt nicht scheut, kann einmal wöchentlich von Cádiz aus mit Fährschiffen der spanischen Schifffahrtsgesellschaft **Acciona Trasmediterránea** zu den Kanarischen Inseln übersetzen. Die Überfahrt auf der Strecke Cádiz – Arrecife dauert ca. 1,5 Tage. Die Schiffspassage kann im Internet oder über deutsche Reisebüros gebucht werden (▶S. 226).

> **Hinweis**
> Gebührenpflichtige Servicenummern sind mit einem Stern gekennzeichnet: *0180 ...

EIN- UND AUSREISEBESTIMMUNGEN

Reisedokumente

Reisende aus Deutschland, Österreich und der Schweiz benötigen für die Einreise einen gültigen **Personalausweis oder Reisepass**. Für Kinder ist ein gesonderter Ausweis erforderlich.

Führerschein

Autofahrer müssen den nationalen **Führerschein** und den Kraftfahrzeugschein dabeihaben.

Haustiere

Wer Haustiere mitnehmen will, benötigt einen **EU-Heimtierpass** mit Angaben über Alter, Rasse und Geschlecht sowie der Kennzeichnungsnummer. Der Arzt muss im Pass die gültige Tollwutimpfung bescheinigen. Sie muss mindestens 21 Tage zurückliegen, darf aber nicht älter als zwölf Monate sein.

FLUGHAFEN
Aeropuerto de Lanzarote
Apartado de Correos 86
Costa de Guacimeta
Arrecife
Tel. *902 40 47 04
(Flughafeninfo)
www.aena-aeropuertos.es

FÄHRVERKEHR
Acciona Trasmediterránea
Informationen und Buchungen
Tel. *902 45 46 45
Büro Arrecife:
José Antonio 90
Tel. 928 82 49 30
www.trasmediterranea.es

Spanien gehört ebenso wie Deutschland und Österreich zur Europäischen Union. Der Warenverkehr für private Zwecke ist weitgehend zollfrei. Es gelten auch für die Einreise auf die Kanaren lediglich noch gewisse Obergrenzen (z. B. für Reisende über 17 Jahren 800 Zigaretten, 10 l Spirituosen und 90 l Wein). **Einreise auf die Kanaren**

Da die Kanaren nach wie vor innerhalb der EU einen Sonderstatus einnehmen, gelten bei der Wiedereinreise nach Deutschland und Österreich die **Höchstmengen für den Warenverkehr** mit Nicht-EU-Ländern: Zollfrei sind Waren bis zu einem Gesamtwert von 430 €; ferner für Personen über 15 Jahre 500 g Kaffee oder 200 g Pulverkaffee und 100 g Tee oder 40 g Teeauszüge, 50 g Parfüm und 0,25 l Eau de Toilette sowie für Personen über 17 Jahre 1 l Spirituosen über 22 % oder 2 l Spirituosen unter 22 % oder 2 l Schaumwein und 2 l Wein sowie 200 Zigaretten oder 50 Zigarren oder 250 g Tabak. **Wiedereinreise nach Deutschland und Österreich**

Für die Schweiz gelten folgende Freimengengrenzen: 250 g Kaffee, 100 g Tee, 200 Zigaretten oder 50 Zigarren oder 250 g Tabak, 2 l Wein oder andere Getränke bis 15 % Alkoholgehalt sowie 1 l Spirituosen mit mehr als 22 % Alkoholgehalt. Souvenirs dürfen in die Schweiz bis zu einem Wert von 300 SFr zollfrei eingeführt werden. **Wiedereinreise in die Schweiz**

KRANKENVERSICHERUNG

Auch im EU-Ausland müssen die gesetzlichen Krankenkassen die Kosten für ärztliche Leistungen erstatten. Voraussetzung ist, dass dem behandelnden Arzt die **europäische Krankenversicherungskarte** vorgelegt wird. Auch mit dieser Karte müssen in vielen Fällen ein Teil der Behandlungskosten bzw. Ausgaben für spezielle Medikamente selbst gezahlt werden. Gegen Vorlage der Quittungen erstattet die Krankenkasse im Heimatland dann ggf. die Kosten. **Gesetzliche Krankenkassen**

Da die Kosten für ärztliche Behandlung und Medikamente in der Regel teilweise vom Patienten zu tragen sind und die Kosten für ei- **Reisekrankenversicherung** nen eventuellen Rücktransport von den Krankenkassen grundsätzlich nicht übernommen werden, empfiehlt sich der Abschluss einer zusätzlichen Reisekrankenversicherung.

Auskunft

INTERNET
www.spain.info
Website der spanischen Fremdenverkehrsbehörde

TURESPAÑA
in Deutschland
Lietzenburgerstr. 99
D-10707 Berlin
Tel. 03088265 43

Myliusstr. 14
D-60323 Frankfurt/M.
Tel. 0697725033

Postfach 151940
D-80051 München
Tel. 0895307 4611

in Österreich
Walfischgasse 8/14
A-1010 Wien
Tel. 0151295 80-11
www.spain.info/de_AT

in der Schweiz
Seefeldstrasse 19
CH-8008 Zürich
Tel. 0442536050
www.spain.info/de_CH

DIPLOMATISCHE VERTRETUNGEN
Deutschland
Konsulat:
Calle Albareda 3 – 2

Las Palmas
Gran Canaria
Tel. 928491880
www.las-palmas.diplo.de

Honorarkonsulat:
Calle El Varadero 30, Playa Blanca
Lanzarote
Tel. 928519231

Österreich
Botschaft:
Paseo de la Castellana 91
Madrid
Tel. 915565315
www.aussenministerium.at

Schweiz
Botschaft:
Calle Núñez de Balboa 35 A
28001 Madrid
Tel. 914363960
www.eda.admin.ch/madrid

INTERNET
www.turismolanzarote.com
Website des Fremdenverkehrsamtes Lanzarote mit Seheswürdigkeiten, z. B. Museen und Natur, u. a. Stründe

www.gobiernodecanarias.org
Offizielle Website der kanarischen Inselregierung: Informationen zu Tourismus, Kultur, Wirtschaft und Verkehr (auf Spanisch).

www.lanzarote.com
Infos auch auf Deutsch zu Hotels, Restaurants, Verkehrsverbindungen sowie Orte, Kunst- und Kultur, Sehenswürdigkeiten und Sport; auch Reservierungen.

www.centrosturisticos.com
Unter der Adresse der Centros de Arte, Cultura y Turismo sind die wichtigsten Sehenswürdigkeiten der Insel mit Öffnungszeiten und Eintrittspreise aufgelistet, zudem Kulturveranstaltungen.

www.lanzarote37.de
Auszüge aus der in deutscher Sprache erscheinenden Inselmagazin: mit Empfehlungen von Restaurants, mit Veranstaltungen und Nachrichten.

www.lanzarote-web.de
Der Anbieter vermittelt Ferienhäuser und -wohnungen sowie Fincas. Ein »Reiseführer« vermittelt allgmeinen Beschreibungen zu der Insel sowie Infos zu Orten und Sehenswürdigkeiten.

www.cabildodelanzarote.com
Seiten der Inselverwaltung von Lanzarote zu Wirtschaft, Politik, Kultur und aktuellen Ereignissen auf der Insel, bisher nur auf Spanisch; Links zu verschiedenen Themen.

www.turismodecanarias.com
Offizielle Tourismus-Website der Kanaren mit diversen Informationen zu allen Inseln (auf Deutsch). Lanzarote wird mit einem virtuellen Rundgang vorgestellt. Informationen zu Stränden.

www.memoriadelanzarote.com
Lanzarote ab 1900: historische Fotos, Videos, Karten und Texte aus früheren Jahren.

Elektrizität

Das Stromnetz führt in der Regel 220 Volt. In den Hotels sind Europanorm-Gerätestecker verwendbar.

Etikette

Wer eine Auskunft braucht, nach dem Weg fragt oder eine bestimmte Straße sucht, wird auf den Kanaren stets eine **höfliche Antwort** bekommen. Mitunter verwundert eine gewisse Unklarheit, die in der Antwort liegen kann – meist ist das ein Zeichen dafür, dass der oder die Befragte den Weg oder die gesuchte Straße nicht genau kennt, einen aber auf gar keinen Fall ohne Antwort stehen lassen möchte.

Höflich und indirekt

Auf den kanarischen Inseln leben viele Spanier, die von der Iberischen Halbinsel auf eine der beliebten Atlantikinseln gezogen sind. Viele Menschen auf den kanarischen Inseln stammen aber aus kana-

Kanarier sind keine Spanier

rischen Familien, sind seit eh und je hier ansässig und haben mit Spanien nicht allzu viel am Hut. In der Regel sollte man es vermeiden, einen Kanarier aufs Geratewohl als Spanier zu bezeichnen, bevor man sich seiner Herkunft nicht ganz sicher ist.

Treffen Zu Hause trifft man sich normalerweise nicht – **Treffpunkte** für Freunde und Bekannte sind Cafés und Bars. Hier wird bei einem Kaffee alles besprochen und abgehandelt, was gerade ansteht.

Politik Lanzarote gilt als die »politischste« der kanarischen Inseln. In der Tat scheinen hier alle erfolgreichen Werdegänge mehr noch als anderswo davon abzuhängen, mit wem man sich zusammentut. **Inselpolitik** ist im Alltag fast immer ein Thema; auf der Straße, in Cafés und Restaurants wird mit Worten und Gesten ausgiebig diskutiert.

Ein Tisch für sich allein Sind in einem Café alle Tische besetzt, und sei es auch nur mit einer Person, dann ist kein Platz mehr frei. Sich an einen Tisch dazuzusetzen, an dem schon ein oder zwei andere sitzen, ist nicht üblich.

Zu mehreren unterwegs Ist man in einer kleinen Gruppe unterwegs, wird man in der Regel in den Genuss kommen, eingeladen zu werden – bevor man sich's versieht, ist die gesamte Rechnung schon von irgendjemanden beglichen worden. Im nächsten Café bezahlt ein anderer die komplette Runde. Gäste auf diese Weise einzuladen, ist **Ehrensache**. Aber auch als Gast der Insel kann man sich durchaus einmal revanchieren, allerdings ist es nicht ganz einfach, den geeigneten Zeitpunkt abzupassen und einem anderen zuvorzukommen.

Geld

Euro Spanien gehört zur Eurozone. Der Umtauschkurs für einen Schweizer Franken beträgt ca. 0,90 €.

In allen größeren Orten Lanzarotes gibt es rund um die Uhr verfügbare **Bankomaten** (»telebancos«), die mit mehrsprachigen Bedienungshinweisen versehen sind. Dort kann man mit **Bank- und Kreditkarten** Geld abheben.

Die **Banken** haben meist Mo. – Fr. 9.00 – 14.00 und Sa. 9.00 – 13.00 Uhr geöffnet.

Gesundheit

Das gängige Apothekenemblem ist ein **Malteserkreuz** – Weiß auf Grün oder Grün auf Weiß. Öffnungszeiten der Apotheken (»farmacias«) sind Mo. – Fr. 9.00 – 13.00 und 16.00 – 20.00 sowie Sa. 9.00 bis 13.00 Uhr. In den übrigen Zeiten übernimmt in den größeren Orten jeweils eine **Notdienstapotheke** (»farmacia de guardia«) die Arzneimittelversorgung. Die Adresse der diensthabenden Apotheke ist normalerweise an den geschlossenen Apotheken ausgehängt oder der Tageszeitung zu entnehmen. Nach 22.00 Uhr werden Arzneimittel jedoch nur noch auf Rezept ausgehändigt.

Apotheken

Auf Lanzarote gibt es vor allem in Arrecife und in den Touristenzentren eine gute ärztliche Versorgung durch **Krankenhäuser** und **Privatkliniken**. In einigen privaten Kliniken arbeiten deutsche oder deutschsprachige Ärzte und medizinisches Personal. Außerdem verfügen auch fast alle kleineren Orte auf der Insel über ein **Gesundheitszentrum** (»Centro de Salud«), an das man sich wenden kann.

Medizinische Versorgung

Versicherte deutscher Krankenkassen haben im Krankheitsfall in Spanien Anspruch auf eine Behandlung nach den in Spanien gültigen Vorschriften. Nähere Informationen dazu ▶ S. 203.

Krankenversicherung

MEDIZINISCHE NOTRUFE
Tel. 112

Seguridad social
Calle Pérez Galdós, Arrecife
Tel. 928 81 11 02

Rotes Kreuz (cruz roja)
Tel. 928 8 22 22 (Notfälle)
Tel. 928 8 48 66 (Infos)

PRAXEN
Praxis Dr. Mager
Deutsches Ärztezentrum
www.lanzamedic.com
Notfall: Tel. 649 97 33 66

Praxen:
Avenida de las Playas 37
Puerto del Carmen

Tel. 928 51 26 11
Avenida Llegata 1, Playa Blanca
Tel. 928 51 79 38

Avenida Islas Canarias
C. Comercial Tandarena 24
Costa Teguise
Tel. 928 82 60 72

KRANKENHÄUSER
Hospital General de Lanzarote
Carretera San Bartolomé
(an der Straße Arrecife – San Bartolomé)
Arrecife, Tel. 928 80 16 36, 92 59 50 00

Hospital Insular
Calle Juan de Quesada
Arrecife, Tel. 928 81 05 00
Schwerpunktmäßig werden Kinderkrankheiten behandelt.

Literaturempfehlungen

DuMont Bildatlas Nr. 25: Gran Canaria, Lanzarote, Fuerteventura. DuMont Reiseverlag, Ostfildern, 4. Aufl. 2016
Übersicht über die drei Kanareninseln in Wort (Rolf Goetz) und Bild (Sabine Lubenow)

Sachbücher **Harald Braem:** Auf den Spuren der Ureinwohner, Zech Verlag 2008
Einführung in die Kultur der Altkanarier und die ihnen zugeschriebenen Petroglyphen

Fernando Gómez Aguilera: César Manrique en sus palabras. Fundación César Manrique 2009
Manriques Aussagen zur Kunst und Landschaftsgestaltung – auf Spanisch, Englisch und Deutsch

Peter und Ingrid Schönfelder: Die Kosmos-Kanarenflora, Frankh-Kosmos Verlag 2012
Standardwerk zur Botanik der Kanaren mit einer detaillierten Darstellung von über 850 Arten und 48 tropischen Ziergehölzen – für Naturliebhaber.

Silvia Volckmann: Die Zeit ist schwer zu erzählen auf der Insel. Ein literarisches Lanzarote-ABC. Konkursbuch Verlag 2011
Von »Ankunft« über »Kamel« und »Koschenille« bis »Zonzamas« stellt die Autorin Schlüsselbegriffe der Insel vor und beleuchtet sie mit literarischen Zitaten und eigenen Impressionenen. Unterhaltsam und informativ zugleich, erfährt der Leser eine Menge über Lanzarote.

Horst Wilkens: Lanzarote – Blinde Krebse, Wiedehopfe und Vulkane, Naturlanza 2015
Informativer Natur-Reiseführer mit einigen Wanderungen.

Unterhaltungsliteratur **Rafael Arozarena:** Mararia. Konkursbuch Verlag 2009
Mit einer sehr poetischen Sprache gelingt es dem kanarischen Erzähler und Lyriker Arozarena, das Lanzarote der 1940er-Jahre heraufzubeschwören. Auf den Kanaren ist der auf Spanisch bereits 1973 erschienene Roman quasi Pflichtlektüre.

Michel Houellebecq: Lanzarote. DuMont Verlag 2016
Amüsante Reise-Erzählung. In dem Buch hat Houellebecq die Landschaften der Vulkaninsel nicht nur literarisch, sondern auch als Fotograf festgehalten.

Gerta Neuroth (Hrsg.): Meereslaunen / Caprichos de mar. Konkursbuch Verlag 2011
Ein Buch, das Lust macht auf Strand und Meer: Gemalte Bilder, Fotos und Skizzen stimmen auf den Atlantik ein. Texte kanarischer Autoren, die das Meer »mit der Muttermilch« aufgesogen haben, schildern es als Lebenselixier und als todbringende Gefahr. Und da das Buch deutsch und spanisch ediert ist, kann man nebenbei auch noch in die fremde Sprache eintauchen.

Eva Paula Pick: Lapidosa – Text von steinigen Inseln. Konkursbuch Verlag 2012
Impressionen von Lanzarote und und die kleine Insel La Graciosa: Stimmungsvoll gemalte Bilder kontrastieren mit realistisch gefärbten Kurzgeschichten.

Juli Zeh: Nullzeit. Schöffling & Co. 2012
Psycho-Thriller, der in einer Tauchbasis auf Lanzarote spielt. Nicht einmal die asketisch-kargen Insellandschaften können beruhigend einwirken.

Horst Uden: Unter dem Drachenbaum – Legenden und Überlieferungen, Zech Verlag 2013
Der Autor sammelte auf den Inseln Märchen und Mythen sowie Piratenabenteuer und Liebesgeschichten, auch erzählt er über den »Drachen von Arrecife«.

KOMPASS Wanderkarte Lanzarote WK 241: Kompass 2015
GPS-genau, mit beigelegtem Kurzführer zu Wissenswertem in der Region; Maßstab: 1:50 000 — *Wanderkarte*

Medien

Das Programm der Deutschen Welle ist über Kurzwelle oder via Satellit zu empfangen. Nachrichten, regionale Meldungen und Wetterbericht in deutscher Sprache bringt u. a. der Inselsender **Radio Atlantis** auf 98,0 und 101,7 MHz (www.atlantisfm.de). Im Süden kann man den Sender von der Nachbarinsel Fuerteventura empfangen. — *Rundfunk*

Viele Hotels und Kneipen haben Satellitenschüsseln, über die man deutschsprachige Satellitensender wie Sat. 1 oder RTL empfängt. — *Fernsehen*

Führende ausländischen Zeitungen und Zeitschriften sind auf Lanzarote in Arrecife, am Flughafen und in den Touristenzentren einen Tag nach Erscheinen zu erhalten. — *Zeitungen*

Lokale
Anzeiger

Wer sich in deutscher Sprache über das aktuelle Geschehen auf der Insel informieren möchte, kann sich die Zeitschrift **Lanzarote 37** kaufen, die einmal im Monat erscheint. Ein deutschsprachiges Wochenmagazin über die gesamten kanarischen Inseln ist **Info Canarias**, das auf Teneriffa herausgegeben wird. Das Magazin informiert auch über aktuelle Veranstaltungen, Konzerttermine und Ausstellungen.

Notrufe

ALLGEMEINER NOTRUF
Polizei, Feuerwehr, Ambulanz
Tel. 112

NOTRUFDIENSTE IN DEUTSCHLAND
ACE-Notrufzentrale Stuttgart
Tel. *0049 711 15 30 35 36

ADAC-Notrufzentrale München
Tel. 0049 89 22 22 22
(Pannenhilfe)
Tel. 0049 89 76 76 76
(Rückholdienst und Telefonarzt)

DRK-Flugdienst Bonn
Tel. 0049 211 91 74 99 39

Deutsche Rettungsflugwacht Stuttgart
Tel. 0049 711 70 07-0

NOTRUFDIENST IN ÖSTERREICH
ÖAMTC-Notrufzentrale Wien
Tel. 0043 120, www.oeamtc.at

NOTRUFDIENST IN DER SCHWEIZ
Schweizer. Rettungsflugwacht
Tel. 0041 3 33 33 33 33, www.rega.ch

Post · Telekommunikation

Post-
sendungen

Postkarten und Briefe sind nach Mitteleuropa normalerweise ca. fünf Tage unterwegs. Das **Porto** beträgt für Karten (»postales«) und Briefe (»cartas«) bis 20 g innerhalb Europas 1,15 €. Briefmarken (»sellos«) erhält man beim Kauf von Postkarten in Andenkenläden oder bei der Post.

Öffentliche
Fernsprecher

Von den öffentlichen Fernsprechern kann man mit Münzen oder Karte telefonieren. Karten (»tarjeta telefónica«) erhält man in Tabakläden, an Kiosken und bei der Post.

Mobil-
telefone

Handys (»móvil«) wählen sich automatisch in das entsprechende Partnernetz ein. Eine vor Ort in Supermärkten, Kiosken und Tankstellen erworbene spanische Prepaid-SIM-Karte ist günstiger.

REGIONALVORWAHL

Spanische Telefonnummern sind neun-stellig. Sie beginnen mit der Regional-vorwahl (für Lanzarote und Fuerteventu-ra: 928), die auch bei Ortsgesprächen mitgewählt wird. Es steht keine 0 davor! Bei Mobiltelefonen ist nach der Länder-vorwahl die Nummer 608 und dann die Rufnummer zu wählen.

LANDESVORWAHLEN

Aus Deutschland, Österreich und der Schweiz
nach Spanien Tel. 0034

Von den Kanaren
nach Deutschland: Tel. 0049
nach Österreich: Tel. 0043
in die Schweiz: Tel. 0041
Die Null der nachfolgenden Ortsnetz-kennzahl entfällt!

Preise · Vergünstigungen

Auf Lanzarote gibt es **Kombitickets** (»bonos«) für 3, 4 oder 6 wichti-ge Sehenswürdigkeiten, mit denen sich der Eintritt um etwa 25 % re-duziert. Die Tickets sind 7 bzw. 14 Tage gültig. Man erhält sie an den jeweiligen »Centros Turísticos«: Jameos del Agua, Cueva de los Ver-des, Montañas del Fuego, Mirador del Río, Jardín de Cactus und MIAC. Hier wie auch in den Museen der In-sel bekommen **Kinder** bis 12 oder 14 Jahren sowie **Senioren** eine zusätzli-che Preisermäßigung.

Rabatte gibt es auch beim **Busfah-ren**: Am Busbahnhof von Arreci-fe und bei den Fahrern der Über-landbusse kann man die »Tarjeta BONO-BBL« kaufen, mit der man ca. 20 % des Buspreises spart.

Rabatte

BAEDEKER WISSEN ?

Was kostet wie viel?

Einfache Mahlzeit:
  ab 8 €
3-Gänge-Menü:
  ab 12 €
1 Tasse Kaffee: ab 1,50 €
1 Glas Fruchtsaft/Bier/Wein:
  ab 2 €
1 l Benzin: 0,90 €

Reisezeit

Auf den kanarischen Inseln ist es das ganze Jahr über relativ **gleich bleibend warm** und dabei immer etwas **windig**. Die jahreszeitli-chen Temperaturschwankungen sind gering, sie betragen nur um die 5 °C. Im Winter liegen die durchschnittlichen Temperaturen bei etwa 19 °C, im Sommer bei angenehmen 24 °C. Ähnlich ist es mit den Wassertemperaturen: im Winter kann man bei um die 19 °C ba-den, im Sommer um 22 °C.

Immer angenehm

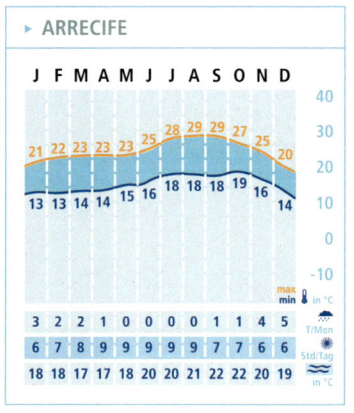

► ARRECIFE

Wegen des milden Klimas sind die Kanarischen Inseln besonders im Winter bei Mitteleuropäern ein sehr **beliebtes Ziel** – vor allem Reisen über Weihnachten und Ostern sollte man deswegen frühzeitig buchen!

Die **heißesten Monate** sind August und September, die **kühlsten** Dezember bis Februar. Zwischen September und Mai muss man schon mal auf einen **Regenschauer** gefasst sein, und auch in den Sommermonaten kann der Himmel stundenweise bedeckt sein.

Lanzarote ist die kargste der Kanarischen Inseln, aber sogar hier gibt es im Februar und März grüne und blühende Flächen.

Sprache

Das Personal in den größeren Hotels und Restaurants spricht meist relativ gut Deutsch oder Englisch. Nur in kleineren Orten im Landesinnern könnte es Verständigungsprobleme geben.

Aussprache Die Vokale a, e, i, o, u werden im Spanischen kurz und offen ausgesprochen. Langvokale (wie in Boot, lieb) existieren nicht, ebenso wenig die geschlossenen e und o (Weg, groß).

Sprachführer Spanisch

Auf einen Blick

Ja..	Sí.
Nein..	No.
Vielleicht.	Quizás./Tal vez.
In Ordnung!/Einverstanden!	¡De acuerdo!/¡Está bien!
Bitte./Danke..	Por favor./Gracias.
Vielen Dank.	Muchas gracias.
Gern geschehen.	No hay de qué./De nada.
Entschuldigung!	¡Perdón!
Wie bitte?.	¿Cómo dice/dices?
Ich verstehe Sie/dich nicht.	No le/la/te entiendo.
Ich spreche nur wenig …	Hablo sólo un poco de …

Können Sie mir bitte helfen?	¿Puede usted ayudarme, por favor?
Ich möchte	Quiero .../Quisiera ...
Das gefällt mir (nicht).	(No) me gusta.
Haben Sie ...?	¿Tiene usted ...?
Wie viel kostet es?	¿Cuánto cuesta?
Wie viel Uhr ist es?	¿Qué hora es?

Kennenlernen

Guten Morgen!	¡Buenos días!
Guten Tag!	¡Buenos días!/¡Buenos tardes!
Guten Abend!	¡Buenos tardes!/¡Buenos noches!
Hallo! Grüß dich!	¡Hola!
Ich heiße ...	Me llamo ...
Wie ist Ihr Name, bitte?	¿Cómo se llama usted, por favor?
Wie geht es Ihnen/dir?	¿Qué tal está usted?/¿Qué tal?
Gut, danke. Und Ihnen/dir?.	Bien, gracias. ¿Y usted/tú?
Auf Wiedersehen!	¡Hasta la vista!/¡Adiós!
Tschüss!	¡Adiós!/¡Hasta luego!
Bis bald!	¡Hasta pronto!
Bis morgen!	¡Hasta mañana!

Unterwegs

links/rechts	a la izquierda/a la derecha
geradeaus	todo seguido/derecho
nah/weit	cerca/ lejos
Wie weit ist das?	¿A qué distancia está?
Ich möchte ... mieten.	Quisiera alquilar ...
... ein Auto	... un coche.
... ein Boot	... una barca/un bote/un barco.
Bitte, wo ist ...	Perdón, dónde está ...
... der Bahnhof?	... la estación (de trenes)?
... der Busbahnhof?.	... la estación de autobuses/la terminal?
... der Flughafen?	... el aeropuerto?

Panne

Ich habe eine Panne.	Tengo una avería.
Würden Sie mir bitte einen Abschleppwagen schicken?	¿Pueden ustedes enviarme un cochegrúa, por favor?
Gibt es in der Nähe eine Werkstatt?.	¿Hay algún taller por aquí cerca?
Wo ist bitte die nächste Tankstelle?	¿Dónde está la estación de servicio/a gasolinera más cercana, por favor?

Ich möchte … Liter …	Quisiera … litros de …
… Normalbenzin…	… gasolina normal.
… Super./…Diesel…	… súper./… diesel.
Volltanken, bitte. …	Lleno, por favor.

Unfall

Hilfe! …	¡Ayuda!, ¡Socorro!
Achtung! …	¡Atención!
Vorsicht!…	¡Cuidado!
Rufen Sie bitte schnell …	Llame enseguida …
… einen Krankenwagen…	… una ambulancia.
… die Polizei…	… a la policía.
… die Feuerwehr. …	… a los bomberos.
Haben Sie	¿Tiene usted botiquín
Verbandszeug? …	de urgencia?
Es war meine (Ihre) Schuld…	Ha sido por mi (su) culpa.
Geben Sie mir bitte Ihren Namen	¿Puede usted darme
	su nombre
und Ihre Anschrift…	y dirección?

Einkaufen

Wo finde ich …	Por favor, dónde hay …
… einen Markt?. …	… un mercado?
… eine Apotheke?…	… una farmacia?
… ein Einkaufszentrum? …	… un centro comercial?

Übernachtung

Können Sie mir bitte …	Perdón, señor/señora/señorita. ¿Podría
empfehlen?…	usted recomendarme …
… ein Hotel…	… un hotel?
… eine Pension …	… una pensión?
Ich habe ein Zimmer reserviert. …	He reservado una habitación.
Haben Sie noch …	¿Tienen ustedes …
… ein Einzelzimmer? …	… una habitación individual?
… ein Doppelzimmer?…	… una habitación doble?
… mit Dusche/Bad?…	… con ducha/baño?
… für eine Nacht? …	… para una noche?
… für eine Woche? …	… para una semana?
Was kostet das Zimmer mit …	¿Cuánto cuesta la habitación con
… Frühstück? …	… desayuno?
… Halbpension?	… media pensión?

Arzt

Können Sie mir einen guten Arzt empfehlen?	¿Puede usted indicarme un buen médico?
Ich habe …	Tengo …
… Durchfall.	… diarrea.
… Fieber.	… fiebre.
… Kopfschmerzen.	… dolor de cabeza.

Bank

Wo ist hier bitte …	Por favor, dónde hay por aquí …
… eine Bank?	… un banco?
… eine Wechselstube?.	… una oficina/casa de cambio?
Ich möchte Schweizer Franken in Euro wechseln.	Quisiera cambiar francos suizos en euros.

Zahlen

0.	cero	18.	dieciocho
1.	un, uno, una	19.	diecinueve
2.	dos	20.	veinte
3.	tres	22.	veintidós
4.	cuatro	30.	treinta
5.	cinco	40.	cuarenta
6.	seis	50.	cincuenta
7.	siete	60.	sesenta
8.	ocho	70.	setenta
9.	nueve	80.	ochenta
10.	diez	90	noventa
11.	once	100	cien, ciento
12.	doce	200	doscientos, -as
13.	trece	1000	mil
14.	catorce	2000	dos mil
15.	quince	10 000	diez mil
16.	dieciséis	½	medio
17.	diecisiete	¼	un cuarto

Post, Telefon, Internet

Was kostet eine Postkarte nach Deutschland?.	¿Cuánto cuesta una postal para Alemania?
Briefmarken	sellos, estampillas
Ich suche eine Prepaidkarte für mein Handy.	Busco una tarjeta prepago para mi móvil.
Computer.	ordenador

Ladegerät	cargador
Akku	recargable
Internetadresse	dirección de internet
E-Mail	correo electrónico
E-Mail-Adresse	dirección de correo electrónico
@-Zeichen	arroba

Restaurante/Restaurant

Wo gibt es hier	¿Dónde hay por aquí cerca …
… ein gutes Restaurant?	… un buen restaurante?
… ein nicht zu teures Restaurant?	… un restaurante no demasiado caro?
Reservieren Sie uns bitte für heute Abend einen Tisch für vier Personen	¿Puede reservarnos para esta noche una mesa para cuatro personas?
Auf Ihr Wohl!	¡Salud!
Bezahlen, bitte!	¡La cuenta, por favor!
Hat es geschmeckt?	¿Le/Les ha gustado la comida?
Das Essen war ausgezeichnet	La comida estaba écelente.
almuerzo, comida	Mittagessen
botella	Flasche
cena	Abendessen
camarero/mozo	Kellner
cubierto	Gedeck, Besteck
cuchara	Löffel
cucharita	Kaffeelöffel
cuchillo	Messer
desayuno	Frühstück
lista de comida	Speisekarte
plato	Teller
tenedor	Gabel
taza	Tasse
vaso	Glas
ahumado	geräuchert
a la plancha	gegrillt
a punto	medium
bien hecho	durchgebraten
crudo	roh
empanado	paniert
frito	frittiert
hervido	gekocht
jugoso	blutig

Desayuno/Frühstück

café con leche	Milchkaffee

café cortado	Espresso mit Milch
café solo	Espresso
café descafeinado	koffeinfreier Kaffee
chocolate	Schokolade
churros	im Fett gebackene Hefekringel
factura	süßes Stückchen
fiambre	Aufschnitt
huevo tibio	weiches Ei
huevos fritos	Spigeleier
huevos revueltos	Rühreier
jamón crudo/cocido	roher/gekochter Schinken
jugo de fruta	Fruchtsaft
lágrima	Milchkaffee mit wenig Kaffee
mantequilla	Butter
medialuna	Croissant
mermelada	Marmelade
miel	Honig
pan/bolillo/pan tostado	Brot/Brötchen/Toast
queso	Käse
té con leche/limón	Tee mit Milch/Zitrone

Entradas, Sopas/Vorspeisen, Suppen

buseca	Kuttel-Gemüsesuppe
caldo	Brühe
cazuela	Eintopf
empañada	kleine Pastete
locro	Eintopf (Fleisch mit Mais)
matambre	eine Art kalter Rinderroulade
puchero	Eintopf (Fleisch mit Gemüse, Kartoffeln)
sopa de fideos	Nudelsuppe
sopa de pescado	Fischsuppe
sopa de verduras/sopa juliana	Gemüsesuppe
tortilla	Omelette

Pescados y Mariscos/Fische und Meeresfrüchte

atún	Tunfisch
besugo	Brasse
centolla	Königskrabbe
corvina	Adlerfisch
dorado	Goldmakrele
langostinos	Riesengarnelen

lenguado	Seezunge
ostras	Austern
pejerrey	La-Plata-Ährenfisch
pulpo	Krake
róbalo	See-, Wolfsbarsch

Carne y Aves/Fleisch und Geflügel

achuras	Innereien
asado de tira	gegrilltes Rippenstück
bife	Steak
cabrito/chivito	Zicklein
carne picada	Hackfleisch
cerdo/chanco	Schwein
ciervo	Wild
charqui	Dörrfleisch
chinchulines	gegrillter Dünndarm
cochinillo	Milchferkel
chorizo	Grillwürstchen
chuleta	Kotelett
conejo	Kaninchen
cordero	Lamm
escalope	Schnitzel
estofado	Schmorfleisch
hígado	Leber
lechón	Spanferkel
lengua	Zunge
lomo/filete	Lenden- oder Rückenstück
milanesa	paniertes Schnitzel
mollejas	Bries
morcilla	Blutwurst
parrillada	Grillplatte (Fleisch)
pato	Ente
pavo/guajolote	Pute
pollo/gallina	Huhn/Henne
riñones	Nieren
res	Rind
ternera	Kalb
ubre	Euter
vacio	Hüftsteak

Ensalada y Verduras/Salat und Gemüse

arroz	Reis

arvejas	Erbsen
berenjenas	Auberginen
chauchas	Bohnen
calabacitas	Zucchini
batata/papa dulce	Süßkartoffel
cebollas	Zwiebeln
choclo	gekochter Mais
espárragos	Spargel
espinaca	Spinat
lechuga	Kopfsalat
papas	Kartoffeln
patatas fritas	Pommes frites
pepinos	Gurken
perejil	Petersilie
(pimiento) morrón	rote Paprikaschote

Postres, Pasteles/Nachspeisen, Gebackenes

alfajor	gefüllte Kekse
anchi	Dessert aus Maismehl und Zitrusfrüchten
café helado/copa de helado	Eiskaffee/Eisbecher
crema	Sahne
dulces	Süßigkeiten, Desserts
dulce de batata	Süßkartoffelaufstrich mit Frischkäse
dulce de leche	Karamellcreme
dulce de membrillo	Paste aus Quittenmus
flan	Karamellpudding

frutas en almíbar.	Kompott
galletitas.	Kekse
helados.	Eis
nieve.	Fruchteis, Sorbet
pan dulce	Kuchen, ähnlich dem italienischen Panettone
panquéque.	Mürbekuchen
pastel/pay de frutas.	Kuchen/Obstkuchen
tocino del cielo	Dessert aus Eiern, Zucker, Sahne

Frutas/Obst

cerezas	Kirschen
ciruelas.	Pflaumen
damascos	Aprikosen
durazno	Pfirsich
limón	Zitrone
manzana.	Apfel
melones	Honigmelonen
membrillos	Quitten
naranjas	Orangen
nueces	Nüsse
peras	Birnen
plátanos	Bananen
sandías	Wassermelonen
uvas	Weintrauben

Bebidas/Getränke

aguardiente	Schnaps
agua mineral.	Mineralwasser
con/sin gas	mit/ohne Kohlensäure
cerveza.	Bier
chopp.	Glas Fassbier
gaseosa	Softdrink
jugo/exprimido de naranja	Orangensaft
leche.	Milch
licuado	Mixgetränk aus Fruchtmus, Milch und Wasser
porrón	Halbliterflasche Bier
vino	Wein
blanco/tinto	weiß/rot
rosado	rosé
trocken/süß.	seco/dulce

Toiletten

Auf Toilettentüren steht »Señoras« für Frauen und »Señores« für Herren. Manchmal heißt es auch pauschal »Aseos« (Toiletten) mit den üblichen grafischen Symbolen für das weibliche und männliche Geschlecht. In der Regel sind öffentliche Toiletten sauber, auch an Papier wird nicht gespart.

Señoras y Señores

Verkehr

Innerhalb geschlossener Ortschaften darf man 50 km/h fahren, außerhalb geschlossener Ortschaften 90 km/h, auf Schnellstraßen 100 km/h, auf Autobahnen 120 km/h.
Vorfahrt hat grundsätzlich das von rechts kommende Fahrzeug (Ausnahmen sind entsprechend beschildert). Im **Kreisverkehr** hat das Fahrzeug Vorfahrt, das sich bereits im Kreisel befindet.
Auf gut beleuchteten Straßen (außer Schnellstraßen und Autobahnen) darf nur mit **Standlicht** gefahren werden.
Beim **Überholen** und vor Kurven ist Hupen (bei Dunkelheit mit der Lichthupe) obligatorisch. Während des gesamten Überholvorgangs muss man zuerst nach links und dann wieder nach rechts blinken.
Überholverbot besteht 100 m vor Kuppen sowie auf Straßen, die nicht auf mindestens 200 m zu überblicken sind.
Sicherheitsgurte müssen während der Fahrt auf den Vorder- und Rücksitzen angelegt werden.
Die **Promillegrenze** liegt bei 0,5 ‰. Alkoholkontrollen in den Touristenzentren sind keine Seltenheit!
Abschleppen durch Privatfahrzeuge ist verboten. **Telefonieren** während der Fahrt ist nur mit einer Freisprechanlage erlaubt – Verstöße werden streng geahndet.

Verkehrs-vorschriften

Bei Unfällen – gleichgültig, ob man sie verschuldet hat oder nicht – kann ein Fahrzeug beschlagnahmt werden und unter Umständen erst nach einer Gerichtsverhandlung freigegeben werden; in schweren Fällen kann der Fahrer sogar inhaftiert werden.
Nach einem Unfall muss man die auf der Internationalen Grünen Versicherungskarte aufgeführte spanische Versicherungsgesellschaft benachrichtigen, damit für die Stellung einer eventuell geforderten Kaution gesorgt werden kann.
Über das Verhalten nach Unfällen mit Mietwagen geben die Mietunterlagen des Fahrzeuges Auskunft.
Wer nach einem Unfall oder einer Panne sein Fahrzeug verlässt, muss eine **reflektierende Signalweste** anziehen.

Unfälle

MIETWAGEN

Kosten und Anbieter Bei den internationalen Mietwagenfirmen kostet ein Wagen der unteren Kategorie pro Woche ca. 200 bis 250 € inklusive Vollkaskoversicherung und unbegrenzter Kilometerzahl. Neben den bekannten internationalen Mietwagenfirmen gibt es zahlreiche **heimische Anbieter**, die in der Regel wesentlich preisgünstiger sind. Auf Lanzarote nimmt **Cabrera Medina** dank des guten Preis-Leistungs-Verhältnisses und der bestens gewarteten Autos eine marktbeherrschende Position ein. Die Firma hat Filialen in allen Ferienorten. Ohne Aufpreis kann man den Wagen z. B. in Puerto del Carmen oder Playa Blanca abholen und am Flughafen abgeben.

Schäden Achtung: Autovermieter weisen darauf hin, dass Schäden am Auto, die durch das Verlassen der asphaltierten Straßen entstehen, vom Mieter selbst zu tragen sind. Das ist etwa bei Ausflügen zu den abgelegeneren Stränden in der Umgebung von Playa Blanca zu bedenken.

BUSVERKEHR

Guaguas (Busse) Die Fahrzeiten kann man bei allen Touristeninfos erfragen. Mitunter gibt es auch im Hotel Pläne, und die Zeiten stehen unter »Guaguas« in der Tageszeitung »La Voz«. Der Plan mit allen Linien ist auch im Busbahnhof in Arrecife und im Internet einzusehen. Mit der **Tarjeta BONO BBL** fährt man ca. 20 % günstiger. Die Karte kann man am Busbahnhof oder auch beim Fahrer kaufen.

Liniennetz Von Arrecife aus fahren 14 Linien in alle Regionen der Insel. Die Verbindung nach Puerto del Carmen und Costa Teguise ist vergleichsweise unproblematisch – hier fahren zu den Hauptzeiten Busse im Halbstundentakt oder öfter. Zwischen Arrecife und dem **Flughafen** verkehren an Wochentagen etwa zwischen 7.00 und 22.00 Uhr halbstündlich Busse, an Wochenenden etwas seltener. In kleinere Orte gelangt man mit Bussen oft nur zweimal täglich. In **Arrecife** fahren alle Busse ab der **Estación de Guaguas** in der Via Medular am Nordrand der Innenstadt. Ausnahmen sind die Busse nach Puerto del Carmen, Puerto Calero, zum Flughafen und nach Costa Teguise, die am **Intercambiador** am Westende der Playa del Reducto starten, den Busbahnhof in der Via Medular aber auch anfahren. Zum Sonntagsmarkt in Teguise gibt es einen speziellen Zubringerdienst ab Puerto del Carmen, Costa Teguise und Playa Blanca.

Bus Turístico Bei den touristischen Informationsbüros und in vielen Hotels kann die Tageskarte für den Doppeldecker »Lanzarote Vision« erworben werden. Mit ihr kann man an über 20 Orten der Insel ein- und aus sowie alle 60 bis 90 Minuten wieder zusteigen. Die Tageskarte kostet 19,50 €, Kinder bekommen 2 € Rabatt.

FÄHREN

Die kanarischen Inseln werden von Schiffen der Reedereien **Fred. Olsen, Naviera Armas** und von der **Acciona Trasmediterránea** regelmäßig angelaufen. Von Lanzarote aus bestehen direkte Verbindungen nach Fuerteventura, nach Gran Canaria und nach Teneriffa mit Zwischenstopp auf El Hierro, La Palma und La Gomera.

Reedereien

Bequem und schnell ist der Schiffstransfer zwischen Playa Blanca (Lanzarote) und Corralejo (Fuerteventura). Die Überfahrtsdauer beträgt 20 – 40 Minuten. Auf dieser Strecke pendeln tagsüber **in fast stündlichem Turnus** Fähren der Lineas Fred. Olsen und der Gesellschaft Naviera Armas hin und her. Fuerteventura kann von Lanzarote aus also in einem Tagesausflug besucht werden. Der Preis für Hin- und Rückfahrt beträgt für zwei Personen um 25 €.

Lanzarote – Fuerteventura

Zur Insel La Graciosa im Nordosten Lanzarotes fahren ab Órzola kleine Personenfähren, die von **Lineas Marítimas Romero** sowie vom **Biosfera Express** betrieben werden. Abfahrtszeiten ab Órzola täglich zwischen 10.00 und 17.00 Uhr etwa einmal pro Stunde und ab La Graciosa täglich zwischen 8.00 und 16.00 Uhr ebenfalls etwa einmal pro Stunde.

Lanzarote – La Graciosa

Kanarische Inseln • Verkehrsverbindungen

FLUGVERKEHR

Flughafen Der Flughafen von Lanzarote liegt 6 km **westlich der Hauptstadt Arrecife**. Hier kommen alle internationalen Flüge und die interinsularen Flüge an (▶S. 205).

Interinsulare Flüge Binter Canarias bietet mehrmals täglich **Linienflüge nach Teneriffa und Gran Canaria** und von dort weiter auf andere Inseln. Die Flugzeit nach Gran Canaria beträgt 40, nach Teneriffa etwa 50 Minuten. Die interinsularen Verbindungen sind von den Kanaren relativ stark frequentiert, sodass sich eine rechtzeitige Buchung empfiehlt.

MIETWAGEN
Avis
Tel. *0180 6 21 77 02, www.avis.es

Cabrera Medina
Tel. 928 82 29 00
www.cabreramedina.com

Europcar
Tel. in Deutschland 040 5 20 18 76 54
www.europcar.de

Hertz
Tel. in Deutschland *0180 33 35 35
www.hertz.es

AUTOMOBILKLUBS
ADAC
Tel. *0180 22 22 22, www.adac.de

ÖAMTC
Tel. 0043 1 2 51 20 00
www.oeamtc.at

TCS
Tel. 0041 224 17 22 20
www.tcs.ch

BUSSE
Intercity Bus Lanzarote
Tel. 928 81 15 22
www.intercitybuslanzarote.es

Lanzarote Vision
Tel. 928 51 10 89
www.lanzarotevision.es

REEDEREIEN
Acciona Trasmediterránea
Tel. *902 45 46 45
www.trasmediterranea.es

Naviera Armas
Tel. *902 45 65 00
www.navieraarmas.com

Líneas Fred. Olsen
Tel. *902 10 01 07, www.fredolsen.es

Líneas Marítimas Romero
Tel. 928 84 20 55
www.lineasromero.com

Biosfera Express
Tel. 928 84 20 55
www.biosferaexpress.com

FLUGGESELLSCHAFTEN
Binter Canarias
Tel. *902 39 13 92
www.bintercanarias.com

TAXIS
Arrecife
Tel. 928 80 31 04

Costa Teguise
Tel. 928 59 08 63

Teguise
Tel. 928 52 42 23

Puerto del Carmen
Tel. 928 52 42 20

Yaiza
Tel. 928 52 42 22

Playa Blanca
Tel. 928 83 01 63

Zeit

Auf den Kanarischen Inseln gilt die **Westeuropäische Zeit** (WEZ = MEZ -1 Std.). Da von April bis Oktober auch hier die Sommerzeit gültig ist, muss man also das ganze Jahr über bei der Ankunft auf Lanzarote die Uhr um eine Stunde zurückstellen. Durch die **Äquatornähe** wird es in den Sommermonaten auf den kanarischen Inseln früher dunkel, und die Dämmerung ist kürzer; im Winter bleibt es dagegen länger hell als in Mitteleuropa.

Register

Verzeichnis der Karten und Grafiken

Bildnachweis

atmosfair

Reisen verbindet Menschen und Kulturen. Doch wer reist, erzeugt auch CO_2. Der Flugverkehr trägt

nachdenken • klimabewusst reisen

atmosfair

mit bis zu 10% zur globalen Erwärmung bei. Wer das Klima schützen will, sollte sich nach Möglichkeit für die schonendere Reiseform entscheiden (wie z.B. die Bahn). Gibt es keine Alternative zum Fliegen, kann man mit atmosfair klimafördernde Projekte unterstützen.

atmosfair ist eine gemeinnützige Klimaschutzorganisation unter der Schirmherrschaft von Klaus Töpfer. Flugpassagiere spenden einen kilometerabhängigen Betrag und finanzieren damit Projekte in Entwicklungsländern, die den Ausstoß von Klimagasen verringern helfen. Dazu berechnet man mit dem Emissionsrechner auf **www. atmosfair.de** wieviel CO_2 der Flug produziert und was es kostet, eine vergleichbare Menge Klimagase einzusparen (z.B. Berlin – London – Berlin 13 €).

atmosfair garantiert die sorgfältige Verwendung Ihres Beitrags. Alle Informationen dazu auf www.atmosfair.de. Auch der Karl Baedeker Verlag fliegt mit atmosfair.

Impressum

Ausstattung:
82 Abbildungen, 22 Karten und
grafische Darstellungen, eine große
Inselkarte
Text: Dr. Eva Missler
Überarbeitung: Rolf Goetz
Bearbeitung: Baedeker-Redaktion
(Carmen Galenschovski)
Kartografie:
Klaus-Peter Lawall, Unterensingen;
Christoph Gallus, Hohberg;
MAIRDUMONT Ostfildern (Inselkarte)
3D-Illustrationen:
jangled nerves, Stuttgart
Infografiken:
Golden Section Graphics GmbH, Berlin
Gestalterisches Konzept:
independent Medien-Design, München
Chefredaktion:
Rainer Eisenschmid, Baedeker Ostfildern

9. Auflage 2016

Anzeigenvermarktung:
MAIRDUMONT MEDIA
Tel. 0049 711 4502 333
Fax 0049 711 4502 1012
media@mairdumont.com
http://media.mairdumont.com

Printed in China

Trotz aller Sorgfalt von Redaktion und Autoren zeigt die Erfahrung, dass Fehler und Änderungen nach Drucklegung nicht ausgeschlossen werden können. Dafür kann der Verlag leider keine Haftung übernehmen.
Kritik, Berichtigungen und Verbesserungsvorschläge sind jederzeit willkommen. Schreiben Sie uns, mailen Sie oder rufen Sie an:

Verlag Karl Baedeker / Redaktion
Postfach 3162
D-73751 Ostfildern
Tel. 0711 4502-262
info@baedeker.com
www.baedeker.com

FSC
www.fsc.org
MIX
Paper from
responsible sources
FSC® C011918

Die Erfindung des Reiseführers

Als **Karl Baedeker** (1801 – 1859) am 1. Juli 1827 in Koblenz seine Verlagsbuchhandlung gründete, hatte er sich kaum träumen lassen, dass sein Name und seine roten Bücher einmal weltweit zum Synonym für Reiseführer werden sollten.

Das erste von ihm verlegte Reisebuch, die 1832 erschienene **Rheinreise**, hatte er noch nicht einmal selbst geschrieben. Aber er entwickelte es von Auflage zu Auflage weiter. Mit der Einteilung in die Kapitel »Allgemein Wissenswertes«, »Praktisches« und »Beschreibung der Merk-(Sehens-)würdigkeiten« fand er die klassische Gliederung des modernen Reiseführers, die bis heute ihre Gültigkeit hat. Der Erfolg war überwältigend: Bis zu seinem Tod erreichten die zwölf von ihm verfassten Titel 74 Auflagen! Seine Söhne und Enkel setzten bis zum Zweiten Weltkrieg sein Werk mit insgesamt 70 Titeln in 500 Auflagen fort.

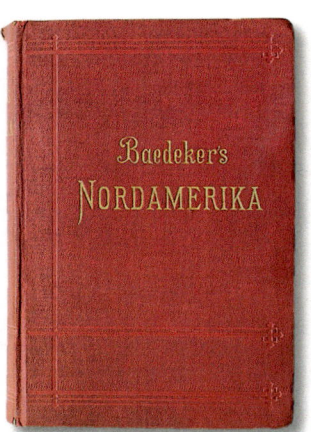

Bis heute versteht der Karl Baedeker Verlag seine große Tradition vor allem als eine Kette von Innovationen: Waren es in der frühen Zeit u. a. die Einführung von Stadtplänen in Lexikonqualität und die Verpflichtung namhafter Wissenschaftler als Autoren, folgte in den 1970ern der erste vierfarbige Reiseführer mit professioneller Extrakarte. Seit 2005 stattet Baedeker seine Bücher mit ausklappbaren 3D-Darstellungen aus. Die neue Generation enthält als erster Reiseführer Infografiken, die (Reise-) Wissen intelligent aufbereiten und Lust auf Entdeckungen machen.

In seiner Zeit, in der es an verlässlichem Wissen für unterwegs fehlte, war Karl Baedeker der Erste, der solche Informationen überhaupt lieferte. In der heutigen Zeit filtern unsere Reiseführer aus dem Überfluss an Informationen heraus, was man für eine Reise wissen muss, auf der man etwas erleben und an die man gerne zurückdenken will. Und damals wie heute gilt für Baedeker: Wissen öffnet Welten.

Baedeker Verlagsprogramm

- Ägypten
- Algarve
- Allgäu
- Amsterdam
- Andalusien
- Argentinien
- Australien

- Australien • Osten
- Bali
- Barcelona
- Bayerischer Wald
- Belgien
- Berlin • Potsdam
- Bodensee
- Brasilien
- Bretagne
- Brüssel
- Budapest
- Burgund
- China
- Dänemark
- Deutsche Nordseeküste
- Deutschland
- Deutschland • Osten
- Dresden
- Dubai • VAE
- Elba
- Elsass • Vogesen
- Finnland

- Florenz
- Florida
- Franken
- Frankfurt am Main
- Frankreich
- Frankreich • Norden
- Fuerteventura
- Gardasee
- Golf von Neapel
- Gomera
- Gran Canaria
- Griechenland
- Großbritannien
- Hamburg
- Harz
- Hongkong • Macao
- Indien
- Irland
- Island
- Israel
- Istanbul
- Istrien • Kvarner Bucht
- Italien
- Italien • Norden
- Italien • Süden
- Italienische Adria
- Italienische Riviera
- Japan
- Jordanien
- Kalifornien
- Kanada • Osten
- Kanada • Westen
- Kanalinseln
- Kapstadt • Garden Route
- Kenia
- Köln
- Kopenhagen
- Korfu • Ionische Inseln
- Korsika

- Kos
- Kreta
- Kroatische Adriaküste • Dalmatien
- Kuba
- La Palma
- Lanzarote
- Leipzig • Halle
- Lissabon
- London
- Madeira
- Madrid
- Malediven
- Mallorca
- Malta • Gozo • Comino
- Marokko
- Mecklenburg-Vorpommern
- Menorca
- Mexiko

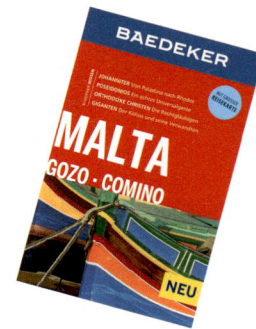

- Moskau
- München
- Namibia
- Neuseeland
- New York
- Niederlande
- Norwegen
- Oberbayern

- Oberital. Seen •
  Lombardei •
  Mailand
- Österreich
- Paris
- Peking
- Polen
- Polnische
  Ostseeküste •
  Danzig • Masuren
- Portugal
- Prag
- Provence •
  Côte d'Azur
- Rhodos
- Rom

- Rügen • Hiddensee
- Rumänien
- Sachsen
- Salzburger Land
- St. Petersburg
- Sardinien
- Schottland
- Schwarzwald
- Schweden
- Schweiz
- Sizilien
- Skandinavien
- Slowenien
- Spanien
- Spanien • Norden •
  Jakobsweg
- Sri Lanka

- Stuttgart
- Südafrika
- Südengland
- Südschweden •
  Stockholm
- Südtirol

- Sylt
- Teneriffa
- Tessin
- Thailand
- Thüringen
- Toskana
- Tschechien
- Tunesien
- Türkei

- Türkische
  Mittelmeerküste
- USA
- USA • Nordosten
- USA • Nordwesten
- USA • Südwesten
- Usedom
- Venedig
- Vietnam
- Weimar
- Wien
- Zürich
- Zypern

**Viele Baedeker-Titel
sind als E-Book
erhältlich:
shop.baedeker.com**

Kurioses Lanzarote

Findige Bürgermeister, Läuse, die als Nutztiere verwendet werden, knifflige spanische Gesetze oder ein ungewöhnlicher Grill – Lanzarotes Kuriositäten überraschen vielleicht nicht nur Inselneulinge.

▸**Kochen mit Erdhitze**
Im Restaurant »El Diablo« (Der Teufel; ▸S. 163) in den Feuerbergen werden auf einem Riesenrost Fleisch und Fisch ausschließlich mit Erdhitze gegrillt – energiesparender geht's kaum!

▸**Amtshilfe**
Der Bürgermeister von Yaiza bewilligte an einem einzigen Tag den Bau von 1500 Hotelbetten und in nur drei Tagen den Bau von sieben Hotels. Diese verletzten allesamt die zu jener Zeit herrschenden Normen, standen zu dicht am Meer und im Naturschutzgebiet. Laut Staatsanwaltschaft hat er mit dieser Aktion 2,4 Mio. € »verdient«.

▸**Zu nah am Wasser gebaut**
Laut spanischem Küstengesetz müssten auf Lanzarote mehrere Fischerorte abgerissen werden, da sie zu nah am Wasser gebaut sind. Bedroht sind u.a. El Golfo und La Santa.

▸**Laus als Farbstoff**
Im Inselnorden wird der rote Naturfarbstoff Koschenille geerntet. Um 1 kg Karminrot zu erzielen, müssen Hunderttausende Läuse zu Pulver zerrieben werden (▸S. 140).

▸**Die achte Kanareninsel**
Die langjährige Bürgermeisterin von La Graciosa will, dass das Lanzarote vorgelagerte Mini-Eiland mit 500 Einwohnern als »eigenständige Insel« anerkannt wird. Damit bekäme sie nicht nur mehr Geld von Madrid, sondern könnte obendrein eigene Abgeordnete ins kanarische Parlament entsenden.

▸**Dinos auf Lanzarote**
In den Feuerbergen wurden Filme gedreht, die weit in der Vergangenheit spielen, z.B. »Eine Million Jahre vor unserer Zeit« (1966) und »Als Dinosaurier die Erde beherrschten« (1970). Zuletzt machte Pedro Almodóvar Lanzarote zum Schauplatz seines Melodrams »Zerrissene Umarmungen« (2009).

▸**Historische Demo**
Im Jahr 2012 demonstrierten in Arrecife 25 000 Menschen – also fast 18 % der Inselbewohner – gegen die Erdölbohrungen vor Lanzarotes Küsten. Nie hat es auf der Insel eine größere Demonstration gegeben.